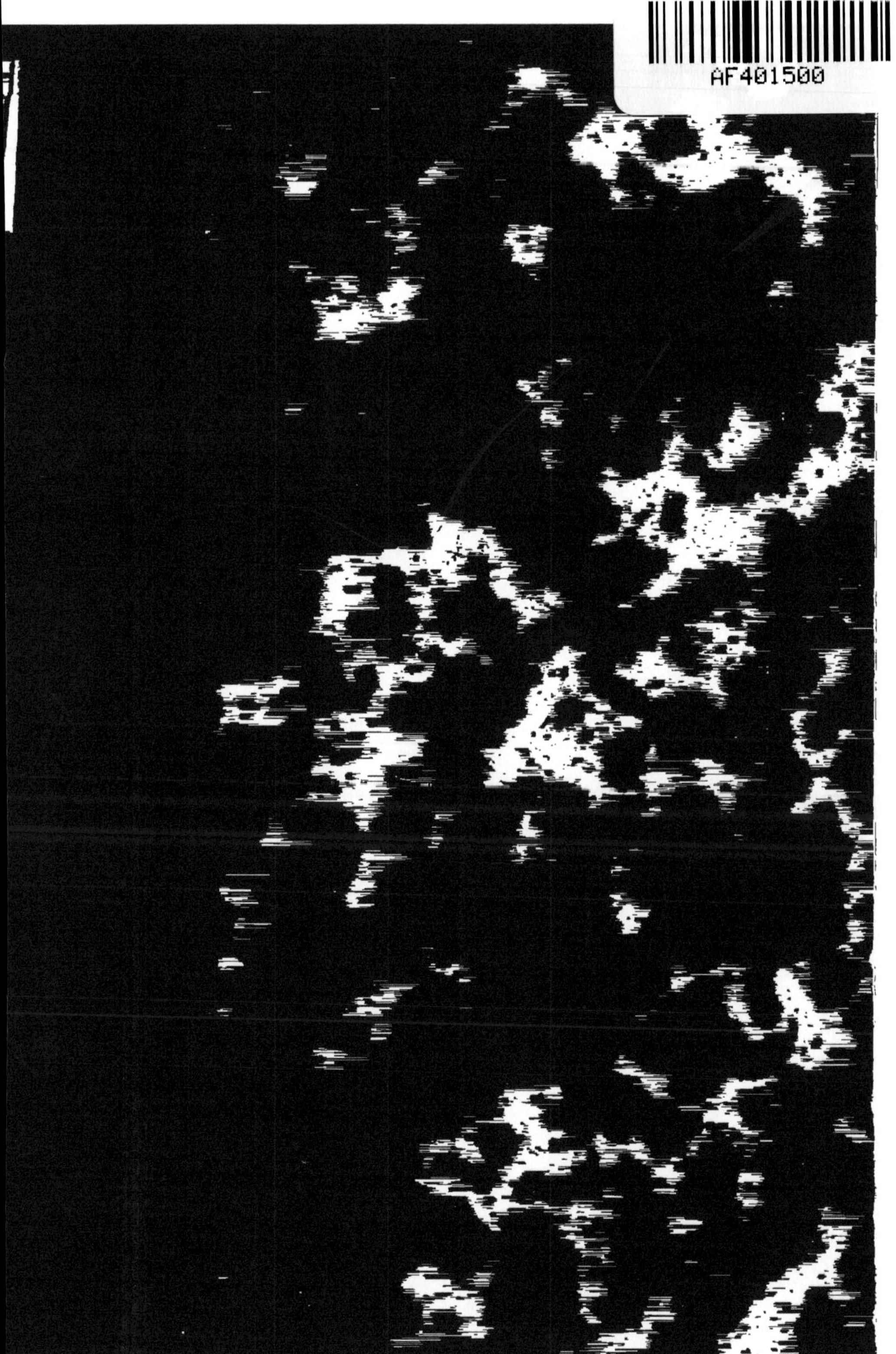

RHÉTORIQUE.

NOUVELLE RHÉTORIQUE.

EXTRAITE DES MEILLEURS ÉCRIVAINS ANCIENS ET MODERNES;

SUIVIE D'OBSERVATIONS SUR LES MATIÈRES DE COMPOSITION
DANS LES CLASSES DE RHÉTORIQUE;

Par JOS.-VICT. LE CLERC,

MEMBRE DE L'INSTITUT,

DOYEN DE LA FACULTÉ DES LETTRES DE PARIS.

SEPTIÈME ÉDITION.

Ouvrage adopté par l'Université.

PARIS.

IMPRIMERIE ET LIBRAIRIE CLASSIQUES DE JULES DELALAIN,

Fils et Successeur d'Auguste Delalain,

RUE DES MATHURINS St-JACQUES, N° 5, PRÈS LA SORBONNE.

M DCCC XLIII.

PRÉFACE

DE LA PREMIÈRE ÉDITION.

« Il serait à souhaiter, dit Rollin, qu'on
se servît dans l'Université d'une Rhétorique
imprimée, qui fût courte, nette, précise ;
qui donnât des définitions bien exactes ; qui
joignît aux préceptes quelques réflexions et
quelques exemples, et qui indiquât sur chaque
matière les plus beaux endroits de Cicéron,
de Quintilien, de Longin, etc. »

Fénelon avait dit avant lui : « Une excel-
lente Rhéthorique serait bien au-dessus d'une
Grammaire et de tous les travaux bornés à
perfectionner une langue. Celui qui entre-
prendrait cet ouvrage y rassemblerait tous
les plus beaux préceptes d'Aristote, de Cicéron, de Quintilien, de Lucien, de Longin, et
des autres célèbres auteurs ; leurs textes, qu'il
citerait, seraient les ornements du sien. En
ne prenant que la fleur de la plus pure anti-

quité, il ferait un ouvrage court, exquis et délicieux. »

Il fallait renoncer à l'amour-propre d'auteur pour exécuter un tel plan, et il nous semble que c'est ce qu'on n'a pas assez fait jusqu'ici ; on a voulu trop souvent donner une autre forme, un autre tour aux définitions et aux préceptes des anciens rhéteurs ; on a interverti leur méthode ; on s'est exposé même, en abandonnant leurs traces, à déparer l'ensemble d'un ouvrage où Fénelon voulait que tout fût exquis. Notre premier devoir a donc été de nous soumettre au rôle modeste et simple qui nous était imposé par deux hommes d'une autorité si respectable : nous avons transcrit les rhéteurs grecs et romains avec une exactitude qu'il sera facile de vérifier en recourant à nos modèles ; nous les avons traduits avec le soin que nous avons toujours donné à ces sortes de travaux ; et quand leur texte nous a manqué, ou qu'il nous a semblé que la Rhétorique des anciens se renfermait trop dans le genre judiciaire, et que le caractère

classique de cet ouvrage appelait des observations nouvelles, nous avons laissé parler
ceux de nos écrivains français qui nous ont
paru les plus dignes d'établir les principes
généraux de l'art oratoire après Aristote et
Cicéron.

En effet, nos jeunes rhétoriciens ont sans
cesse les yeux fixés sur les plus belles pro-
ductions de la poésie et de l'éloquence ; ils
les analysent, ils s'en pénètrent par l'étude
et par l'imitation. N'est-il point nécessaire,
pour que les préceptes les intéressent, qu'ils
retrouvent dans leurs livres élémentaires ce
goût correct et pur dont ils étudient tous les
jours les exemples, et quelques étincelles de
ce génie créateur, qui souvent est seul capable de se juger lui-même ? Quel critique,
quel rhéteur ne doit pas se croire au-dessous
de cette tâche ? et n'est-ce pas alors pour nous
une obligation autant qu'un plaisir, de nous
adresser à ceux même qui ont dicté les premiers ces préceptes d'une vérité éternelle, ou
à ceux qui les ont mis en pratique, et dont
le nom seul fait loi ? « Quand le bon est

trouvé, dit Quintilien, chercher autre chose, c'est chercher le mauvais. » Si nous ne pouvons mettre dans les mains de nos élèves les grands traités didactiques d'Aristote et de Cicéron, qu'ils connaissent au moins, outre les règles fondamentales des anciens rhéteurs, les définitions élégantes et précises, les observations délicates ou profondes de tant d'écrivains qui ont honoré la littérature française. Ils écouteront avec bien plus de confiance comme précepteurs et comme maîtres ceux qu'ils sont accoutumés à admirer comme modèles.

On peut même le dire, un pareil recueil est bien plus facile à faire chez nous que chez aucun autre peuple. Plusieurs de nos grands écrivains ont donné les règles de l'art dont ils nous fournissent aussi les exemples. On entendra tour à tour parler ici Fénelon, dont les Dialogues sur l'Eloquence rappellent si souvent le Gorgias de Platon et le traité de l'Orateur ; La Bruyère, critique subtil et ingénieux dans plusieurs chapitres des Caractères ; Montesquieu, qui, dans son fragment sur le Goût, ne nous paraît pas inférieur à lui-même ; d'Aguesseau, nourri de la lecture des anciens, interprète éclairé de leurs sages préceptes ; Buffon, qui s'élève si haut dans son Discours sur le Style ; Racine le fils, dont les Réflexions semblent reproduire avec fidélité les entretiens et les leçons de Despréaux ; Rollin, La Harpe, Maury, Marmontel, et quelques autres, qui, moins célèbres comme écrivains, tiennent cependant un rang distingué parmi les critiques. Ceux-là même qui n'ont été que rhéteurs, Lamy, Colin, Gibert, Crevier, Batteux, etc., sont remplis de remarques utiles, qui seraient perdues pour la jeunesse si on les laissait éparses dans un si grand nombre d'ouvrages, et dont nous avons fait un choix sévère, en essayant de donner quelquefois plus de clarté à la pensée et plus d'élégance à l'expression.

Quant à l'ordre méthodique, nous ne pouvions balancer à suivre celui d'Aristote, consacré, pendant vingt siècles, par l'approbation des plus grands génies, et que toutes les innovations faites depuis quelque temps n'ont pu parvenir à remplacer. Les réflexions de nos meilleurs écrivains sont venues comme d'elles-mêmes se ranger dans les divisions établies par ce philosophe. Quelque opinion qu'on ait de lui, il nous semble du moins impossible de ne pas reconnaître que les classifications régulières qu'il a introduites sont nécessaires à toute espèce d'enseignement. Nous avons donné, à l'exemple de Cicéron, plus de développement à la partie de l'Élocution ; ce n'était plus ici le logicien qu'il fallait consulter, mais les orateurs et les poëtes.

Il y a sans doute peu de mérite à ce travail ; mais lorsqu'on écrit pour l'instruction de la jeunesse, on ne doit avoir qu'une ambition, celle d'être utile. Quoique ce ne soit pas ici une compilation servile, et que nous nous soyons permis quelquefois de parler après nos maîtres, nous n'avons fait souvent que transcrire textuellement leurs leçons, et nous avons cru que, dans un livre de préceptes, la correction du style, la clarté, l'ordre, et surtout de grandes autorités, étaient les plus sûrs moyens d'intéresser et d'instruire. Le jugement qu'on portera de ce recueil nous sera toujours assez favorable, si l'on convient qu'un ouvrage entièrement original n'aurait pu atteindre le même but.

Nous plaçons à la fin de ces Éléments de courtes observations sur les matières de composition dans les classes de Rhétorique, accompagnées de quelques essais qui pourront donner une idée de ces exercices littéraires.

RHÉTORIQUE.

La *Rhétorique* est l'art de bien dire : bien dire, c'est parler de manière à persuader.

Il ne faut pas faire à l'art de bien dire le tort de croire qu'il ne soit qu'un art frivole dont un déclamateur se sert pour imposer à la faible imagination de la multitude, et pour trafiquer de la parole. C'est un art très-sérieux, qui est destiné à instruire, à gouverner les passions, à corriger les mœurs, à soutenir les lois, à diriger les délibérations publiques, à rendre les hommes bons et heureux. L'homme digne d'être écouté est celui qui ne se sert de la parole que pour la pensée, et de la pensée que pour la vérité et la vertu [1].

Ne confondez pas l'*Éloquence*, ou le talent de persuader, avec la *Rhétorique*, ou l'art qui développe ce talent. L'éloquence est née avant les règles de la rhétorique, comme les langues se sont formées avant la grammaire. La nature fait donc l'éloquence ; et si l'on a dit que les poëtes naissent, et que les orateurs se forment, on l'a dit quand l'éloquence a été forcée d'étudier les lois, le génie des juges, la méthode usitée, les habitudes des peuples, pour être

1. Fénelon.

Le Clerc. *Rhétor*.　　　　　1

plus sûre des moyens de persuasion : la nature seule n'est éloquente que par élans.

Nous distinguerons aussi l'homme *disert*, et l'homme *éloquent*. Celui dont le style est facile, clair, pur, élégant, est disert : un discours est éloquent lorsqu'il y a du nerf, de la chaleur, de la noblesse, du sentiment ; il émeut, il élève l'âme, il la maîtrise [1]. Ainsi Fléchier n'est, le plus souvent, que disert ; Bossuet sera l'homme éloquent [2].

Les règles de l'art de bien dire, comme celles de tous les arts, ont leur fondement dans la nature et dans l'expérience ; elles sont le fruit des observations que des philosophes ont faites sur les discours des plus grands orateurs : de ces observations on a formé un corps de préceptes nommé Rhétorique. *Non eloquentia ex artificio*, dit Cicéron, *sed artificium ex eloquentia* (*de Orat.*, I, 32). Les règles sont insuffisantes ; et l'on ne réussira jamais, si l'on n'a cultivé son cœur, orné son esprit, et si à la connaissance de l'art on ne joint l'exercice,

1. Beauzée.

2. Notre mot *disert* n'est donc pas synonyme du *disertius* des Latins ; car ils disaient, *Pectus est quod disertos facit* (Quintil., X, 7), que nous traduisons : *l'éloquence vient du cœur*. Cependant les Latins eux-mêmes font quelquefois cette distinction : *M. Antonius disertos ait se vidisse multos, eloquentem omnino neminem*. Cic., *Orat.*, c. 5. On la trouve encore, *de Orat.*, I, 21 ; et dans Quintilien même, l. VIII, *proœm.*

l'enthousiasme, l'étude réfléchie des modèles.
Les préceptes n'en sont pas moins utiles à l'orateur pour perfectionner ses talents, et pour
être le frein du génie qui s'égare. Ils servent
encore à ceux qui se contentent de juger les
ouvrages d'éloquence, et qui veulent se rendre
compte des impressions qu'ils reçoivent.

Dans cette étude, l'essentiel n'est pas de
connaître les règles, mais d'en découvrir l'esprit et l'usage; il faut s'attacher à trouver les
principes et les motifs, et chercher ensuite à
mettre, pour ainsi dire, les préceptes en action,
sans quoi la science des règles n'est qu'une
science morte et stérile. Si on ne les anime
pas, si l'imagination n'essaye pas de rendre la
vie et le mouvement à ces beautés oratoires
dont elles offrent à peine l'ombre, elles rem-
plissent la mémoire sans être d'aucun secours
pour l'esprit. C'est alors qu'on pourrait dire
que quelques lignes tracées par un homme de
génie seraient plus utiles au talent que les méthodes écrites par de froids spéculateurs. Rien
n'est plus vrai quand il s'agit d'échauffer l'âme
et de l'élever. Mais les modèles les plus frap-
pants ne jettent leur lumière que sur un point ;
celle des règles est plus étendue, elle éclaire
toute la route. Il ne faut donc avoir, pour les
règles tracées, ni un présomptueux mépris, ni
un respect superstitieux et servile. Aristote,
Cicéron et Quintilien, pour les orateurs ; Ari-

stote, Horace, Longin et Boileau, pour les poëtes, sont des guides que le génie lui-même ne doit pas dédaigner de suivre : pour marcher d'un pas plus sûr, il n'en sera pas moins libre[1].

Les distinctions et les divisions sont ici nécessaires, et l'on ne doit pas s'étonner quelles aient régné de tout temps dans toutes les écoles. Nous l'avons dit ailleurs[2] : on ne peut enseigner des principes de goût, des vérités, des opinions même, sans les réduire à de certaines formules, à des classifications précises, qui semblent donner un corps à des abstractions. Si vous bannissez les divisions, c'est-à-dire la méthode artificielle, il n'y a plus de science. Nous en sommes encore là, malgré le progrès des siècles ; et nous ne pouvons, même aujourd'hui, réunir en un corps de doctrine les préceptes de la Rhétorique sans commencer par établir, comme Aristote, la division des trois genres.

DES TROIS GENRES.

Le domaine de l'éloquence est infini ; mais tous les sujets dont elle s'occupe peuvent se réduire à trois classes, que les anciens ont appelées *genres de causes* : le démonstratif, le délibératif, et le judiciaire. Le premier a, le plus souvent, pour objet le présent ;

1. Marmontel.
2. Recherches sur la *Rhétorique à Herennius.*

le second, l'avenir ; le troisième, le passé.

Dans le genre *démonstratif*, on blâme, ou loue : à ce genre appartiennent les invectives contre les vices et même contre les personnes, les anciennes *mercuriales*, les satires ; et pour la louange, les panégyriques, les remercîments ou compliments, les éloges, les oraisons funèbres, les discours académiques. L'orateur doit louer par les faits ; les éloges de la flatterie avilissent celui qui les prodigue et celui qui les reçoit. Tout panégyrique est une sorte de triomphe accordé à la vertu. Il faut donc en retrancher toutes les louanges excessives ; il n'y faut laisser aucune de ces pensées vagues qui ne concluent rien pour l'instruction de l'auditeur. Trajan, tout grand qu'il est, ne devrait pas être la fin du discours de Pline : Trajan ne devrait être qu'un exemple proposé aux hommes pour les inviter à être vertueux. Quand un panégyriste n'a que cette vue basse de louer un seul homme, ce n'est plus que la flatterie qui parle à la vanité [1].

Dans le genre *délibératif*, on conseille, on dissuade ; on exhorte ceux qui délibèrent à prendre tel ou tel parti sur la paix, sur la guerre, sur l'administration des gouvernements ou des corps qui les composent, sur les points généraux de législation. Dans les républiques anciennes, où les questions civiles et poli-

[1] J. Fénelon.

tiques se traitaient devant le peuple assemblé,
les discours du genre délibératif étaient communs ; la fortune, la réputation, l'autorité,
étaient attachées à la persuasion de la multitude ; le peuple était entraîné par les orateurs
habiles et véhéments ; tout dépendait de la parole. Les discours délibératifs sont plus rares
dans les gouvernements modernes. On peut
cependant assigner à ce genre les sermons qui
se prononcent dans nos temples, puisqu'ils ont
pour but ordinaire d'inspirer l'amour de la
vertu et l'horreur du vice. La tribune politique
offre aussi une brillante carrière à l'orateur, et
nous permet de nouvelles espérances.

Enfin dans le genre *judiciaire*, on accuse,
on défend. Ce genre, qui est proprement celui
du barreau, discute le juste et l'injuste, et a
pour objet toutes les questions de fait, de droit
ou de nom, portées devant les tribunaux. Milon a-t-il tué Clodius? Voilà une question de
fait ; il faut l'éclaircir. Milon avoue qu'il a tué
Clodius, parce qu'il en avait le droit, et qu'il ne
pouvait défendre autrement ses jours attaqués
par son ennemi : c'est une question de droit.
Telle démarche d'un soldat est-elle désertion?
ne l'est-elle pas? c'est une question de nom[1].

1. Sur les trois sortes de questions, qu'on nomme aussi
conjecturale, *légale* et *juridiciaire*, on peut consulter surtout la *Rhétorique à Herennius*, I, 11, et II, 2-18; l'*Invention*, I, 8-13; II, 4, etc.; les *Partitions oratoires*, c. 18-39·

Il s'agit toujours ici d'un tort, ou réel, ou pré-
tendu réel. Un tort suppose un droit : or il y
a deux espèces de droit ; l'un naturel, gravé
dans le cœur de tous les hommes ; l'autre ci-
vil, qui astreint tous les citoyens d'une même
ville, d'une même république, à faire ou à ne
pas faire certaines choses pour le repos et l'intérêt commun. On ne peut violer cette loi sans
être mauvais citoyen ; on ne peut violer la loi
naturelle sans offenser l'humanité. C'est donc
à l'orateur à faire valoir l'autorité de ces lois.
Il se fera écouter avec attention et bienveillance, s'il montre que l'intérêt commun est
blessé, que l'humanité est outragée dans l'action dont il demande justice ; ce n'est que par
là que l'intérêt particulier est touchant pour les
autres hommes :

Nam tua res agitur, paries quum proximus ardet.

HORAT., *Epist.*, 1, 18, v. 80.

Nous avons suivi la division reçue depuis
Aristote ; mais nous remarquerons que ces trois
genres ne sont pas tellement séparés, qu'ils ne
se réunissent jamais : le contraire arrive dans
la plupart des discours. Que sont presque tous
les éloges et les panégyriques, sinon des exhor-
tations à la vertu ? On délibère sur le choix
d'un général ; l'éloge de Pompée détermine les
suffrages en sa faveur (Cic., *pro lege Man.*) :
voilà le *démonstratif* uni au *délibératif*. On

prouve qu'il faut admettre Archias au nombre des citoyens romains; pourquoi? parce qu'il a un génie qui fera honneur à l'empire (Id., *pro Archia*) : voilà le *démonstratif* uni au *judiciaire*. Il n'y a point de plaidoirie importante qui ne réunisse les trois genres, et qui ne donne occasion de louer ou de blâmer, d'exhorter ou de dissuader : l'orateur romain défend Milon, et il exhorte ses juges à le conserver dans Rome à cause de son innocence, de son courage, et de l'utilité qui en reviendra à la patrie : voilà le *délibératif* et le *démonstratif* unis au *judiciaire.* On donne au discours le nom du genre qui y domine [1].

L'honnêteté, l'utilité, l'équité, qui ont servi à distinguer ces trois genres, rentrant dans le même point, puisque tout ce qui est vraiment utile est juste et honnête, et réciproquement, des rhéteurs modernes ont regardé comme peu fondée cette division si célèbre, adoptée par les Grecs et les Latins. Cependant cette classification, établie par Aristote [2] d'après les différents genres d'auditeurs, ceux qui viennent écouter l'orateur pour leur plaisir, ceux qui délibèrent, ceux qui jugent, aura toujours le grand avantage de ranger sous trois chefs principaux presque toutes les opérations de la parole : louer ou blâmer, conseiller ou dissuader, accuser ou défendre.

1. Batteux. — 2. *Rhétorique*, I, 3.

DIVISION DE LA RHÉTORIQUE.

Quelque sujet que traite l'orateur, il a nécessairement trois fonctions à remplir : la première, de trouver les choses qu'il doit dire ; la seconde, de les mettre en ordre ; la troisième, de les exprimer. De là les trois parties de la Rhétorique : INVENTION, DISPOSITION, ELOCUTION ; *Quid dicat, et quo quidque loco, et quo modo* (Cic., *Orat.*, c. 14).

A ces trois parties de l'art oratoire on en ajoute une quatrième, l'ACTION, qui renferme la Prononciation, le Geste et la Mémoire. Aristote n'en a rien dit ; Cicéron et Quintilien y ont consacré peu de place dans leurs ouvrages. Cette partie, quoique nécessaire à l'*orateur*, est indépendante de l'*éloquence*. Nous en dirons quelque chose à la fin de ces Eléments, pour donner une idée générale et complète de tous les préceptes des rhéteurs.

La division des trois *genres de causes*, et celle des trois *états de question* dans le genre judiciaire, ont été combattues par quelques critiques comme arbitraires et douteuses : on voit du moins que, malgré les limites que les anciens ont voulu tracer à ces diverses parties de l'art, elles rentrent souvent les unes dans les autres. Il n'en est pas ainsi de la classification qu'ils avaient adoptée pour les parties de la composition : dans tous les temps, chez tous les peuples, ceux qui ont réfléchi sur l'art de la parole ont reconnu que rien n'est plus sage et plus vrai que cette division. Quelles que soient les matières sur lesquelles s'exerce l'art oratoire, il faut toujours commencer par concevoir son sujet, et les idées, les preuves, les moyens de succès qu'il peut offrir; en disposer ensuite les parties dans un ordre naturel et judicieux; savoir enfin les traiter dans un style adapté au caractère du discours; et ce dernier devoir de l'orateur, qui était, au jugement de Cicéron et de Quintilien, le plus difficile de tous, l'est encore aujourd'hui : car c'est en charmant l'oreille et l'imagination que l'on arrive jusqu'au cœur, et que l'on parvient à éclairer et à persuader [1]. Ce n'est donc pas ici une de ces divisions inventées seulement pour les écoles; c'est l'expression même de la nature des choses. Nous suivrons cet ordre dans nos préceptes de Rhétorique.

1. La Harpe.

PREMIÈRE PARTIE.

DE L'INVENTION.

Un poëte dessine d'abord l'ordonnance de son tableau ; la raison alors tient le crayon. Mais veut-il animer ses personnages et leur donner le caractère des passions, alors l'imagination s'échauffe, l'enthousiasme agit : c'est un coursier qui s'emporte dans sa carrière ; mais la carrière est régulièrement tracée [1]. Voilà l'image de l'orateur.

L'objet de l'éloquence est de persuader ; or, pour persuader les hommes, il faut prouver, plaire, toucher : *Ut probet, ut delectet, ut flectat* (Cic., *Orat.*, c. 21). Quelquefois un seul de ces moyens suffit ; le plus souvent ce n'est pas trop de les réunir tous trois. On prouve par les *Arguments*, on plaît par les *Mœurs*, on touche par les *Passions*.

---

1. DES ARGUMENTS.

C'est ici la partie de l'art oratoire la plus nécessaire, la plus indispensable, qui en est comme le fondement, et à laquelle on peut dire que toutes les autres se rapportent ; car les ex-

---

1. Voltaire.

pressions, les pensées, les figures, et toutes les autres sortes d'ornements dont nous parlerons dans la suite, viennent au secours des preuves, et ne sont employées que pour les faire valoir, pour les mettre dans un plus grand jour. Sans doute il faut s'étudier à plaire, et encore plus à toucher; mais on fera l'un et l'autre avec bien plus de succès lorsqu'on aura instruit et convaincu les auditeurs; et on ne peut y parvenir que par la force du raisonnement et des preuves[1].

On distingue ordinairement ici les preuves mêmes, et la manière de les trouver; c'est-à-dire les *Arguments* proprement dits, et les *Lieux* des arguments, ou *Lieux communs.* Nous commencerons par les premiers.

1. *Arguments proprement dits.*

Le bon sens naturel et l'habitude de raisonner se passent, il est vrai, des règles logiques d'Aristote, comme un homme qui a l'oreille et la voix justes peut bien chanter sans les règles de la musique; mais il vaut mieux la savoir[2].

Les deux principales sortes d'arguments sont e *syllogisme* et l'*enthymème.*

Le *syllogisme* est un argument composé de trois propositions:

1. Rollin. — 2. Voltaire.

Il faut aimer ce qui nous rend heureux ;
Or la vertu nous rend heureux ;
Donc il faut aimer la vertu.

La première de ces trois propositions se nomme *majeure*, la seconde *mineure*, la troisième *conclusion*; les deux premières s'appellent *prémisses*, parce qu'elles sont mises avant la conclusion, qui doit en être une suite nécessaire, si le syllogisme est en forme ; c'est-à-dire que, supposé la vérité des prémisses, il faut nécessairement que la conclusion soit vraie.

L'enthymème est un syllogisme réduit à deux propositions, parce qu'on en sous-entend une, qu'il est aisé de suppléer ; c'est un syllogisme parfait dans l'esprit, mais imparfait dans l'expression :

La vertu nous rend heureux ;
Donc il faut aimer la vertu.

La première proposition se nomme *antécédent*, et la seconde *conséquent*[1].

Ce vers de la Médée d'Ovide, cité par Quintilien, VIII, 5, est un enthymème :

Servare potui ; perdere an possim, rogas ?

Voici l'argument complet : « Celui qui peut conserver peut perdre ; or je t'ai pu conserver ; donc je te pourrais perdre. » On trouve

_____

1. Batteux.

encore un enthymème dans ce beau vers :

’Αθάνατον ὀργὴν μὴ φύλαττε, θνητὸς ὤν.
Mortel, ne garde pas une haine immortelle.

Lorsque Prométhée dit à Jupiter, dans Lucien : *Tu prends ta foudre, Jupiter, tu as donc tort;* et Acomat, dans Racine, en parlant de Bajazet :

Il n’est point condamné puisqu’on veut le confondre ;

ce sont là des enthymèmes vivement exprimés, et dont le sens est facile à pénétrer. Mais en exerçant l’intelligence du lecteur ou de l’auditeur, il ne faut ni la fatiguer ni la mettre en défaut; car c’est là que, de peur d’être diffus, on risque d’être obscur ; et le grand art de celui qui emploie l’enthymème est de bien pressentir ce qu’il peut sous-entendre sans être moins entendu [1].

Le syllogisme en forme se rencontre rarement dans la composition oratoire, c’est l’enthymème qui en occupe la place [2]; ou, s’il y est, ses parties sont arrangées autrement que dans la forme philosophique.

Cicéron nous donne un exemple de cet arrangement dans l’exorde de son plaidoyer pour le poëte Licinius Archias : « S’il y a en moi,

1. Marmontel.

2. L’enthymème, dit Aristote, *est le syllogisme de l’orateur.* Ἔστι δ’ ἀπόδειξις ῥητορικὴ ἐνθύμημα. *Rhétorique,* I, 1.

« juges, quelque talent, et je sens toute la fai-
« blesse du mien; si j'ai quelque habitude de
« la parole, qui a fait pendant longtemps, je
« ne le cache pas, l'objet de mon application;
« enfin si je dois en cela quelque chose à
« l'étude des lettres, qui, je l'avoue, n'ont
« jamais été sans charme pour moi, c'est à
« Licinius qu'appartient surtout le droit d'en
« recueillir le fruit. Du plus loin que je puis
« me rappeler le souvenir du passé, en remon-
« tant jusqu'à ma plus tendre jeunesse, je le
« vois déjà qui m'introduit et qui me guide
« dans ces études littéraires. Si donc cette voix,
« animée par ses conseils et formée par ses le-
« çons, a quelquefois servi utilement nos con-
« citoyens, celui qui m'a donné le pouvoir de
« défendre et de secourir les autres, n'a-t-il
« pas droit d'exiger que je fasse tous les efforts
« dont je suis capable pour le défendre et le se-
« courir lui-même ? »

Voici ces trois périodes réduites en syllogisme : « Si Archias a formé mon talent, il
doit en recueillir le fruit; or, ses leçons ont
contribué surtout à mes progrès; donc il doit
en recueillir le fruit. La majeure est, *Si donc
cette voix, etc.*; la mineure, *Du plus loin que je
puis me rappeler, etc.*; la conclusion, *S'il y a en
moi, juges, quelque talent..... c'est à Licinius, etc.*; et c'est par là que commence le discours.

L'enthymème ne se montre pas non plus d'ordinaire sous l'extérieur de l'école. Que diriez-vous d'un homme qui prouverait la vérité d'une manière exacte, sèche, nue ; qui mettrait ses arguments en bonne forme, ou qui se servirait de la méthode des géomètres dans ses discours publics, sans y ajouter rien de vif et de figuré ? serait-ce un orateur ?

En logique on dit : *La vertu nous rend heureux ; donc il faut aimer la vertu.* Dans un ouvrage de goût, on présente d'abord la proposition à prouver, et la raison qui la prouve n'arrive qu'après : *Il faut aimer la vertu, car elle nous rend heureux.*

On donne souvent plus d'étendue au syllogisme oratoire en y ajoutant deux autres propositions, dont l'une sert de preuve à la majeure, et l'autre à la mineure, quand elles en ont besoin. Les Grecs appelaient cette forme de syllogisme *épichérème*. L'épichérème, ou le syllogisme développé, est une suite de raisonnements qui, par degrés, procèdent de preuve en preuve, de conséquence en conséquence, et sont tellement enchaînés les uns aux autres, que la conclusion du premier sert de majeure au second, la conclusion du second sert de majeure aux troisième, et qu'un long discours n'est souvent que la preuve graduelle de la proposition, ou des prémisses dont elle est la conséquence immédiate. Cicéron, *de In-*

ventione, I, 34, appelle l'épichérème *ratio-cinatio*; il le regarde sans doute comme le raisonnement oratoire par excellence. On peut voir aussi Quintilien, V, 10; Hermogène, περὶ Εὑρέσεων, III, 1, etc.

L'exemple suivant suffira pour en donner une idée :

> Il faut aimer ce qui nous rend plus parfaits;
> Or les belles-lettres nous rendent plus parfaits ;
> Donc il faut aimer les belles-lettres.

Voilà un argument philosophique ; nous allons le rendre oratoire :

> Il faut aimer ce qui nous rend plus parfaits.

C'est une vérité qui est gravée en nous-mêmes, et dont le bon sens et l'amour-propre nous fournissent des preuves que nous ne saurions désavouer.

> Or les belles-lettres nous rendent plus parfaits.

Qui peut en douter ? Elles enrichissent l'esprit, adoucissent les mœurs, répandent sur l'homme tout entier un air de probité et de politesse :

> Donc il faut aimer les belles-lettres.

Mais le goût ne souffrant pas cet arrangement si compassé, qui donnerait au discours une sorte de roideur, il est facile de le renverser et de le déguiser : « Qui peut ne pas aimer « les lettres? ce sont elles qui enrichissent l'es-

« prit, qui adoucissent les mœurs ; ce sont elles
« qui polissent et perfectionnent l'humanité.
« L'amour-propre et le bon sens suffisent pour
« nous les rendre précieuses et nous engager à
« les cultiver[1]. »

Zénon comparait l'argument philosophique
à la main fermée, et l'argument oratoire à la
main ouverte (Cic., *Orat.*, c. 32).

Les autres espèces d'arguments se rapportent
au syllogisme ou à l'enthymème.

Dans toute espèce de syllogisme, il s'agit de
montrer le rapport de deux termes entre eux
par le rapport qu'ils ont, chacun de son côté,
avec un moyen terme. Or souvent il arrive
que ce milieu n'a pas avec les deux extrêmes
un rapport aussi évident, aussi étroit d'un côté
que de l'autre. Que faites-vous alors? vous
faites ce que vous feriez d'une chaîne à laquelle, pour être continue, il manquerait quelques chaînons : vous y ajoutez dans l'intervalle
un, ou deux, ou plusieurs anneaux. C'est cet
enchaînement de plusieurs milieux l'un à l'autre pour réunir les deux extrêmes, qui forme
l'argument qu'on appelle *sorite*.

Prenons pour exemple celui du renard dont
parle Montaigne, que les Thraces, dit-il[2],
lâchent devant eux sur une rivière gelée, pour
savoir s'ils la peuvent passer en sûreté. On

1. Batteux. — 2. *Essais*, II, 12, d'après Plutarque.

voit le renard approcher son oreille de la glace,
et il semble dire : « Ce qui fait du bruit se
« remue ; ce qui se remue n'est pas gelé ; ce
« qui n'est pas gelé est liquide ; et ce qui est
« liquide plie sous le faix : donc si j'entends,
« près de mon oreille, le bruit de l'eau, elle
« n'est pas gelée, et la glace n'est pas assez
« épaisse pour me porter. » Aussi voit-on le
renard s'arrêter et reculer lorsqu'il entend le
bruit de l'eau.

Voyez cette forme de preuve dans le *plaidoyer pour Roscius d'Amérie*, c. 27.

La meilleure manière de donner au *sorite*
de la force et de la vérité, c'est d'en motiver
les moyens à mesure qu'on les emploie. Mais
ce n'est pas le seul argument dans lequel,
pour ne laisser aucun doute en arrière, on mo-
tive, en les énonçant, chacune des propositions. Cette méthode générale, singulièrement
observée dans le syllogisme oratoire, est celle
dont se servent tous les bons écrivains[1].

Le *dilemme*, autre sorte de raisonnement
composé, est un argument où, après avoir divisé les différents moyens que l'adversaire
peut avoir pour se défendre, on oppose à chacun de ces moyens une réponse qui doit être
sans réplique : ce ne sont proprement que plusieurs enthymèmes joints ensemble.

Saint Charles disait aux évêques, à l'entrée

1. Marmontel.

d'un de ses conciles provinciaux : « Si tanto
« muneri impares, cur tam ambitiosi? si pares,
« cur tam negligentes? »

Cicéron emploie cet argument dans le discours contre Cécilius. Les villes de Sicile avaient
engagé l'orateur à accuser Verrès, fameux par
les cruautés et les rapines dont il s'était rendu
coupable, pendant trois ans qu'il avait gouverné cette île en qualité de préteur. Cécilius
voulait être préféré à Cicéron : il était ami secret de Verrès, et ne cherchait à faire tomber
la cause entre ses mains que pour la trahir.
Cicéron, après avoir rapporté une énorme concussion de Verrès, déconcerte son adversaire
par ce dilemme[1] : « Que ferez-vous d'un chef
« si important, Cécilius? L'opposerez-vous à
« l'accusé, ou le passerez-vous sous silence?
« Si vous le lui opposez, ferez-vous un crime
« à autrui de ce que vous avez fait vous-même,
« dans le même temps, dans la même pro-
« vince? oserez-vous accuser autrui, au risque
« de vous condamner vous-même? Si vous

---

1. Tu, Cæcili, quid facies? Utrum hoc tantum crimen
prætermittes? an objicies? Si objicies? idne alteri crimini
dabis, quod eodem tempore, in eadem provincia, tu ipse
fecisti? audebis ita accusare alterum, ut, quominus tute
condemnere, recusare non possis? Sin prætermittes, qualis
erit ista tua accusatio, quæ, domestici periculi metu, cer-
tissimi et maximi criminis non modo suspicionem, verum
etiam mentionem ipsam pertimescat? *In Q. Cæcilium Divi-
natio*, c. 10.

« n'en parlez pas, que sera-ce que votre accu-
« sation, où, de peur de vous compromettre,
« vous serez contraint de ne pas laisser soup-
« çonner l'accusé d'un tel crime, de ne pas
« même en parler ? »

Il y a encore deux espèces de raisonnements
qu'Aristote distingue du syllogisme proprement
dit, l'*exemple* et l'*induction*.

L'*exemple* n'est autre chose qu'un syllogisme dont la majeure est prouvée par un
exemple qui est un quatrième terme. Si l'on
veut prouver que ce soit un mal pour Athènes
de faire la guerre aux Thébains, on pose en
principe que c'est un mal pour un peuple de
faire la guerre à ses voisins ; et c'est ainsi,
ajoute-t-on, que les Thébains se sont mal
trouvés d'avoir fait la guerre aux peuples de
Phocide. Cet argument a peu de force, attendu
que l'exemple n'est jamais une preuve nécessaire et incontestable. Aussi n'est-il compté que
pour un syllogisme oratoire, et il convient particulièrement aux délibérations.

L'*induction* est un argument par lequel on
tire de l'énumération des parties la conclusion
du tout. Si je voulais prouver que les méchants
ne peuvent être heureux, j'examinerais la
destinée de tous ceux qui se sont signalés par
des crimes ; je prendrais surtout mes preuves
dans les conditions les plus fortunées en appa-

rence ; je montrerais Tibère , ce tyran cruel et
subtil , avouant lui-même que ses forfaits sont
devenus pour lui un supplice , faisant retentir
de ses cris les antres de Caprée , et cherchant
en vain dans son infâme solitude un remède
à ses tourments ; je citerais Néron , le meurtrier
de son frère , de sa mère , de ses femmes , de
ses maîtres , l'auteur de tant de crimes , livré
à d'éternelles horreurs , dans des transes qui
vont jusqu'à l'aliénation d'esprit , croyant apercevoir les enfers entr'ouverts sous ses pas et
les Furies qui le poursuivent, ne sachant comment échapper à leurs flambeaux vengeurs , et
cherchant moins des amusements que des dis-
tractions dans ses fêtes somptueuses et insen-
sées ; je parcourrais l'histoire de cette foule de
scélérats qui , au comble de la grandeur et de
la puissance , n'ont pu trouver le bonheur ; et
de tous ces exemples, je conclurais que le bonheur n'est point fait pour les méchants. Comme
il arrive le plus souvent que l'énumération
ne peut être complète, l'induction n'est aussi
qu'un raisonnement oratoire.

Enfin l'*argument personnel* (*argumentum ad
hominem*) est une espèce d'enthymème qui
renverse les moyens et les prétentions de l'adversaire par ses propres faits ou ses propres
paroles. Tubéron accusait Ligarius de s'être
battu en Afrique contre César. Cicéron justifie

l'accusé par la conduite de l'accusateur [1] : « Mais
« je le demande, qui donc fait un crime à
« Ligarius d'avoir été en Afrique ? C'est un
« homme qui a voulu être en Afrique, un
« homme qui se plaint que Ligarius lui en dé-
« fendit l'accès, et qu'on a vu portant les armes
« contre César lui-même. O Tubéron, que fai-
« sait ton épée nue à la bataille de Pharsale ?
« quel flanc voulais-tu percer ? dans quel sein
« voulaient se plonger tes armes sanglantes ?
« d'où te venait cette ardeur, ce courage ? ces
« yeux, ce bras, que cherchaient-ils ? que pré-
« tendais-tu ? que voulais-tu ? » C'est ce trait
d'éloquence qui fit une si vive impression sur
César, qu'il laissa tomber en frémissant les
papiers qu'il tenait à la main, et qui renfermaient l'acte de condamnation [2]. Il s'étonna de
pardonner à Ligarius.

Cette analyse rapide des principaux arguments prouve assez que l'étude de la Logique

1. Sed hoc quæro, quis putet esse crimen, fuisse in
Africa Ligarium? Nempe is, qui et ipse in eadem Africa esse
voluit, et prohibitum se a Ligario queritur, et certe contra
ipsum Cæsarem est congressus armatus. Quid enim, Tu-
bero, districtus ille tuus in acie Pharsalica gladius agebat?
cujus latus ille mucro petebat? qui sensus erat armorum
tuorum? quæ tua mens? oculi? manus? ardor animi? quid
cupiebas? quid optabas? *Pro Ligario*, c. 3.

2. Τέλος δὲ τῶν κατὰ Φάρσαλον ἁψαμένου τοῦ ῥήτορος
ἀγώνων, ἐκπαθῆ γενόμενον τιναχθῆναι τῷ σώματι (τὸν
Καίσαρα), καὶ τῆς χειρὸς ἐκβαλεῖν ἔνια τῶν γραμματίων.
Plutarque, *Vie de Cicéron*, c. 39.

est nécessaire à l'orateur. Persuadé que la Rhétorique n'est qu'un art frivole sans la science du raisonnement, il en épuisera toutes les sources, et découvrira tous les canaux par lesquels la vérité peut entrer dans l'esprit de ceux qui l'écoutent. Il ne négligera pas même ces doctrines abstraites que le commun des hommes ne méprise que parce qu'il les ignore. La connaissance de l'homme lui apprendra quelles sont comme les routes naturelles, et, si l'on peut s'exprimer ainsi, les avenues de l'esprit humain. Mais, attentif à ne pas confondre les moyens avec la fin, il ne s'y arrêtera pas trop longtemps ; il se hâtera de les parcourir avec l'empressement d'un voyageur qui retourne dans sa patrie ; on ne s'apercevra point de la sécheresse des pays qu'il aura traversés ; il pensera comme un philosophe, et il parlera comme un orateur [1].

2. *Lieux des Arguments*, ou *Lieux communs*.

Les *Lieux des Arguments*, ou *Lieux communs* [2], sont des espèces de répertoires où les anciens rhéteurs trouvaient toutes les preuves

---

1. D'Aguesseau.

2. Cicéron, *de Inv.*, II, 15, paraît distinguer ces deux mots, et il entend par *lieux communs* les *lieux* amplifiés et développés ; mais le plus souvent il les confond. Ils sont appelés *communs*, parce qu'ils servent indifféremment à toutes les causes, à tous les sujets. *Orat.*, c. 36 ; *de Orat.*, III, 27, etc.

possibles. Ramus, qui semble y attacher beaucoup de prix, blâme Aristote et quelques autres
de n'avoir traité des *Lieux* qu'après avoir donné
les règles des Arguments. L'auteur de l'*Art de
penser* répond avec raison, que, comme on
prétend, par ces chefs généraux auxquels se
rapportent toutes les preuves, enseigner à trouver des syllogismes et des arguments, il est
nécessaire de savoir auparavant ce que c'est
qu'argument et syllogisme.

On peut considérer une cause selon ses aspects intérieurs ou extérieurs : de là, deux
sortes de lieux, les lieux *intrinsèques* ou pris
dans le sujet même, ou les lieux *extrinsèques*
ou accessoires.

1. Les principaux lieux *intrinsèques* sont :
la définition, l'énumération des parties, le
genre et l'espèce, la comparaison, les contraires, les choses qui répugnent entre elles, les
circonstances, les antécédents et les conséquents, la cause et l'effet.

1°. Par la *définition*, l'orateur trouve dans
la nature même de la chose dont il parle une
raison pour persuader ce qu'il en dit. L'art ici
consiste à ne pas négliger des traits essentiels,
favorables à l'opinion qu'on soutient, et à ne
point insister aussi sur des circonstances inutiles.

D'Aguesseau veut montrer combien l'abus
de l'esprit est blâmable ; il définit le genre d'esprit qu'il attaque : « Qu'est-ce que cet esprit,
« dit-il, dont tant de jeunes magistrats se flat-
« tent vainement ? Penser peu, parler de tout,
« ne douter de rien ; n'habiter que les dehors
« de son âme, et ne cultiver que la superficie
« de son esprit ; s'exprimer heureusement,
« avoir un tour d'imagination agréable, une
« conversation légère et délicate, et savoir
« plaire sans savoir se faire estimer ; être né
« avec le talent équivoque d'une conception
« prompte, et se croire par là au-dessus de la
« réflexion ; voler d'objets en objets sans en
« approfondir aucun ; cueillir rapidement toutes
« les fleurs, et ne donner jamais aux fruits le
« temps de parvenir à leur maturité : c'est une
« faible peinture de ce qu'il plaît à notre siècle
« d'honorer du nom d'esprit. » Vous trouverez une autre définition presque pareille dans
le discours du même orateur *sur la décadence
de l'éloquence.* Il y joint cette comparaison :
« Semblable à ces arbres dont la stérile beauté
« a chassé des jardins l'utile ornement des
« arbres fertiles, cette agréable délicatesse,
« cette heureuse légèreté d'un génie vif et na-
« turel, qui est devenue l'unique ornement de
« notre âge, en a banni la force et la solidité
« d'un génie profond et laborieux ; et le bon
« esprit n'a point eu de plus dangereux ni de

« plus mortel ennemi que ce que l'on honore
« dans le monde du nom trompeur de bel
« esprit. »

On voit que la définition oratoire ou poétique est bien différente de la définition philosophique ou morale. Qu'est-ce que l'homme ?
C'est, dit le philosophe, un animal raisonnable ; mais écoutons J. B. Rousseau :

> L'homme, en sa course passagère,
> N'est qu'une vapeur légère
> Que le soleil fait dissiper ;
> Sa clarté n'est qu'une nuit sombre ;
> Et ses jours passent comme l'ombre
> Que l'œil suit et voit échapper !
>
> Liv. I, ode 13.

Rien n'est plus sensé ni plus capable de
donner une idée de l'éloquence, que la définition du véritable orateur par Fénelon :
« L'homme digne d'être écouté est celui qui ne
« se sert de la parole que pour la pensée, et
« de la pensée que pour la vérité et la vertu. »
(*Lettre à l'Académie française.*)

2°. *L'énumération des parties* consiste à parcourir les différentes parties d'un tout, les principales subdivisions d'une idée.

Massillon (*du petit nombre des élus*) veut
prouver que peu de chrétiens ont droit de prétendre au salut à titre d'innocence ; il parcourt
les états, les conditions, les diverses occupa-
tions des hommes : « Le frère dresse des em-

« bûches au frère ; le père est séparé de ses
« enfants, l'époux de son épouse ; il n'est point
« de lien qu'un vil intérêt ne divise ; la bonne
« foi n'est plus que la vertu des simples ; les
« haines sont éternelles ; les réconciliations sont
« des feintes, et jamais on ne regarde un en-
« nemi comme un frère : on se déchire, on se
« dévore les uns les autres. Les assemblées ne
« sont plus que des censures publiques ; la vertu
« la plus entière n'est plus à couvert de la con-
« tradiction des langues ; les jeux sont devenus
« des trafics, ou des fraudes, ou des fureurs ;
« les repas, ces liens innocents de la société,
« des excès dont on n'oserait parler ; les plaisirs
« publics, des écoles de lubricité : notre siècle
« voit des horreurs que nos pères ne connais-
« saient même pas. La ville est une Ninive pé-
« cheresse ; la cour est le centre de toutes les
« passions humaines ; et la vertu, autorisée
« par l'exemple du souverain, honorée de sa
« bienveillance, animée par ses bienfaits, y
« rend le crime plus circonspect, mais ne l'y
« rend pas peut-être plus rare. Tous les états,
« toutes les conditions ont corrompu leurs
« voies ; les pauvres murmurent contre la main
« qui les frappe ; les riches oublient l'auteur de
« leur abondance ; les grands ne semblent nés
« que pour eux-mêmes, et la licence paraît le
« seul privilége de leur élévation ; le sel même
« de la terre s'est affadi ; les lampes de Jacob

« se sont éteintes ; les pierres du sanctuaire se
« traînent indignement dans la boue des places
« publiques, et le prêtre est devenu semblable
« au peuple. Tous les hommes se sont égarés. »

Le premier chœur d'*Athalie* nous fournira
un autre exemple :

> Tout l'univers est plein de sa magnificence ;
>   Chantons, publions ses bienfaits.

Voilà l'idée générale, les bienfaits de Dieu. En
voici le développement :

> Il donne aux fleurs leur aimable peinture ;
>   Il fait naître et mûrir les fruits ;
>   Il leur dispense avec mesure
> Et la chaleur des jours et la fraîcheur des nuits ;
> Le champ qui les reçut les rend avec usure.
> Il commande au soleil d'animer la nature,
>   Et la lumière est un don de ses mains ;
>   Mais sa loi sainte, sa loi pure
> Est le plus riche don qu'il ait fait aux humains.

3°. On emploie le *genre* et l'*espèce* lorsqu'on
prouve qu'il faut aimer la justice parce qu'il
faut aimer la vertu, qui est *genre* par rapport
à la justice ; et réciproquement, qu'on doit aimer, par exemple, la justice, qui est une des
espèces de la vertu.

Nous ne parlerons point de la *similitude*, qui
est presque la même chose que la comparaison,
ni de la *dissimilitude* ou *différence*, qui se confond presque avec les contraires.

4°. La *comparaison*, qu'il ne faut point confondre avec la figure ainsi nommée, établit des rapprochements, et nous force à conclure du plus au moins, du moins au plus, ou d'égal à égal [1].

Bourdaloue, voulant faire sentir combien est déraisonnable et inconséquent celui qui ose nier la Providence, argumente ainsi par la comparaison du moins au plus : « Il croit qu'un « État ne peut être bien gouverné que par la « sagesse et le conseil d'un prince ; il croit « qu'une maison ne peut subsister sans la vi- « gilance et l'économie d'un père de famille ; « il croit qu'un vaisseau ne peut être bien « conduit sans l'attention et l'habileté d'un pi- « lote ; et quand il voit ce vaisseau voguer en « pleine mer, cette famille bien réglée, ce « royaume dans l'ordre et dans la paix ; il con- « clut sans hésiter qu'il y a un esprit, une in- « telligence qui y préside ; mais il prétend « raisonner tout autrement à l'égard du monde « entier, et il veut que, sans Providence, sans « prudence, sans intelligence, par un effet du « hasard, ce grand et vaste univers se main- « tienne dans l'ordre merveilleux où nous le « voyons. N'est-ce pas aller contre ses propres « lumières et contre sa raison ? »

1. Quod in re majore valet, valeat in minore ; quod in minore valet, valeat in majore ; quod in re pari valet, va-leat in hac quæ par est. CICER., *Topic.*, c. 4.

5°. Les *contraires* sont d'un grand usage; c'est souvent la meilleure manière d'exposer une pensée. Disons d'abord ce qu'une chose n'est point : l'esprit de l'auditeur se met en action, et essaye lui-même de trouver ce qu'elle est réellement; ensuite une description dans ce genre sert d'ombre à l'autre qu'on prépare.

Fléchier s'exprime ainsi : « M. Le Tellier ne « ressembla pas à ces âmes oisives qui n'appor- « tent d'autre préparation à leurs charges que « celle de les avoir désirées; qui mettent leur « gloire à les acquérir, non pas à les exer- « cer; qui s'y jettent sans discernement, et s'y « maintiennent sans mérite; et qui n'achètent « ces titres vains d'occupation et de dignité « que pour satisfaire leur orgueil et pour ho- « norer leur paresse : il se fit connaître au « public par l'application à ses devoirs, la con- « naissance des affaires, l'éloignement de tout « intérêt. »

Aristote, au sujet des *contraires*, donne un conseil qui sent l'école et la dispute : « Si l'on vous allègue les lois, dit-il, appelez-en à la nature; et si l'on fait parler la nature, rangez-vous du côté des lois. » De tous les préceptes de la logique et de l'art oratoire, c'est peut-être le plus communément suivi.

6°. Les *choses qui répugnent entre elles* (*negantia*, seu *repugnantia*, ἀποφταικά) servent à prouver l'impossibilité d'un fait. Vous accusez Pierre d'avoir tué Paul ; mais il était son ami, il n'avait nul intérêt à sa mort, il était loin de lui : il *répugne* qu'il soit l'auteur de ce meurtre. (Cicér., *pro Cælio*, c. 2 ; *pro Sylla*, c. 30.)

7°. Les *circonstances* sont d'un grand poids dans les preuves. Milon, dites-vous, a tendu des embûches à Clodius ; mais considérez les circonstances où il était, dans une voiture, enveloppé d'habits embarrassants, accompagné de sa femme, des nombreuses esclaves de sa femme, etc. Des rhéteurs ont rassemblé les *circonstances* dans un vers technique qui exprime la personne, la chose, le lieu, les facilités, les motifs, la manière et le temps :

Quis, quid, ubi, quibus auxiliis, cur, quomodo, quando.

Voyez toutes ces circonstances réunies, *pro Milone*, c. 10, 20, etc.

8°. Les *antécédents* et les *conséquents* sont les choses qui précèdent ou qui suivent un fait, et qui aident à le reconnaître. Vous aviez eu des démêlés avec Clodius ; vous l'aviez menacé : voilà des antécédents. Il est tué, vous disparaissez ; vous vous défiez de ses amis : voilà des conséquents.

9°. Enfin, en considérant la *cause* et l'*effet*,

on loue, on blâme une action ; on conseille une entreprise, on en détourne. Quoi de plus grand, de plus généreux que l'action des Horaces, si l'on en regarde le principe ? C'est un entier dévouement au salut de la patrie que les mène au danger. L'effet qui en résulte n'est pas moins beau : c'est la gloire et la conservation de la patrie.

Virgile, après avoir représenté Euryale surpris et environné des Rutules qui vont venger sur lui la mort de leurs compagnons, que Nisus, ami d'Euryale, avait immolés, met dans la bouche de Nisus ces paroles pleines de mouvement et de passion :

Me ! me ! adsum qui feci ! in me convertite ferrum,
O Rutuli ! mea fraus omnis : nihil iste nec ausus ;
Nec potuit ; cœlum hoc et conscia sidera testor :
Tantum infelicem nimium dilexit amicum.

Æneid., IX , 427.

C'est un argument , dit Ramus, *a causa effi- ciente*. Mais il faut que Virgile , pour produire des vers si nobles et si touchants, ait non-seulement oublié ces règles , s'il les savait, mais qu'il se soit oublié lui-même : il est devenu le héros qu'il fait parler. Les rhéteurs cherchent des lieux communs ; l'orateur , le poëte , trouvent la nature.

II. Les lieux *extrinsèques* sont ceux qui ne naissent point du sujet même. Cicéron les ap-

pelle en général *témoignages* [1], et il les divise
en deux classes, les autorités divines et les autorités humaines. Il compte parmi les premières, les oracles, les augures, les prodiges,
et les réponses des prêtres, des aruspices, des
devins ; il range dans la seconde division les
lois, les titres, les promesses, les serments,
les informations, et surtout les dépositions des
témoins.

Toute personne, dit-il, n'est pas propre à
servir de témoin ; pour être digne de foi, il
faut jouir d'un certain crédit. Ce crédit vient de
la nature ou des circonstances. Celui qu'on
doit à la nature repose principalement sur la
vertu ; celui que donnent les circonstances vient
de l'éducation, des richesses, de l'âge, de l'industrie, de l'expérience, de la nécessité, et
quelquefois même d'une réunion de choses
fortuites. Et d'abord on accorde plus de créance
à ceux qui ont de l'esprit, des richesses, de
l'âge ; on a tort peut-être ; mais l'opinion du
vulgaire ne changera pas, et ceux qui jugent,
soit avec un caractère public, soit comme simples particuliers, y conforment ordinairement
leurs décisions ; car les hommes qui ont pour
eux quelqu'une de ces recommandations passent aisément pour vertueux. Parmi les autres
fondements que je donne à l'autorité, je ne vois
rien non plus qui soit une garantie de vertu ;

1. *Topiques*, c. 19 ; *Partitions oratoires*, c. 2.

mais il n'en est pas moins vrai que l'art et l'expérience augmentent le crédit : l'instruction est un grand moyen de persuasion, et l'on aime à croire ceux que l'expérience paraît avoir éclairés.

Par la nécessité, il entend les aveux arrachés au milieu des tortures, ou qui échappent dans la crise des passions, telles que la douleur, le désir, la colère, la crainte, dont la puissance lui paraît également irrésistible ; les paroles d'un enfant, les propos tenus dans le sommeil, dans l'ivresse, dans la folie, etc.

Il donne pour exemple du concours des choses fortuites le malheur de Palamède, que plusieurs circonstances, rassemblées par Ulysse, firent juger coupable de trahison. Enfin, il trouve un témoignage du même genre dans les bruits vulgaires et dans l'opinion publique.

On peut donc reconnaître six principaux lieux *extérieurs*, la loi, les titres (et ce mot comprend tous les genres de pièces ou d'autorités écrites), la renommée, le serment, les témoins, et autrefois la question.

Le serment, les aveux tirés par les tourments dans les anciennes causes, les témoins, sont des moyens de droit. Les réponses qu'on y oppose sont presque partout les mêmes.

Le *serment* est traité de parjure. (Cicér. *pro Rabirio Postumo*, c. 13.)

L'aveu tiré par la *question* est l'aveu de la

douleur plutôt que celui de la conscience.

Les *témoins* ont été subornés, corrompus, etc. (Id., *pro Flacco*, c. 3 ; *pro Cœlio*, c. 26.)

La *renommée* est, selon les intérêts différents, le cri de la vérité ou du mensonge : c'est un vain bruit, ou un oracle de Dieu même. (Id., *pro Cœlio*, c. 16.)

Quant à la *loi* et aux *titres*, c'est une discussion qui regarde aujourd'hui la jurisprudence plutôt que l'art oratoire.

—Les anciens rhéteurs ont beaucoup vanté les lieux communs : et il est vrai qu'on peut rapporter à quelqu'un de ces lieux tous les arguments qu'on emploie ; mais ce n'est point par cette méthode qu'on les trouve. Il est absurde de penser que les grands orateurs soient allés frapper à la porte de chaque lieu pour construire leurs preuves. Sans argumenter *a causa*, *ab effectu*, *ab adjunctis*, ils ont su prouver et persuader. Rien ne serait plus propre que ces calculs à ralentir le feu de la composition, à embarrasser le discours d'une stérile abondance de preuves vagues et banales, et à détourner l'esprit de celles qui, naissant du fond du sujet, *ex visceribus rei*, sont uniquement applicablesà la matière qu'on traite. Nous n'avons parlé des lieux communs que pour ne pas laisser ignorer ce qu'on en dit, et le cas qu'on en doit faire : ils servent à réduire sous certains chefs les parties d'un discours.

Les disciples de l'éloquence, dit Marmontel, *ne doivent point dédaigner ces théories*. Mais la meilleure manière de trouver les preuves est de méditer à fond son sujet, et de le considérer attentivement sous toutes ses faces.

> Cui lecta potenter erit res,
> Nec facundia deserct hunc, nec lucidus ordo.
>
> HORAT., *Ars poet.*, v. 40.

C'est l'avis de Quintilien, qui cependant témoigne assez d'estime pour cet art des sophistes : « N'allez pas croire qu'il faille, sur chaque sujet, sur chaque pensée, interroger tous les lieux communs les uns après les autres ; ce serait ne prouver ni expérience ni facilité. » (V., 10.) En effet, les lieux *intrinsèques* ou *extrinsèques* ne sont point l'éloquence. Il est permis de dire seulement que si une fois on y a donné quelque attention, l'esprit, exercé déjà par ces méthodes artificielles, saura en profiter dans l'occasion, même à son insu : on les met alors en pratique sans y songer. C'est là peut-être ce qui avait engagé des hommes tels qu'Aristote et Cicéron à consacrer un ouvrage particulier [1] à la doctrine des lieux communs.

---

1. L'ouvrage d'Aristote, Τοπικῶν βιϐλία, est en huit livres. Boëce a commenté et développé en sept livres le court traité de Cicéron.

II. DES MŒURS.

Toutes les paroles du véritable orateur portent l'empreinte de la justice, de l'humanité, de la vertu. Soit qu'il défende les accusés, qu'il délibère sur les questions importantes, ou qu'il célèbre les grands hommes, il cherche moins l'admiration que l'amour. Dès qu'il se fait entendre, tous ceux qui ont le sentiment du juste et du beau se rangent du côté de son éloquence, et applaudissent à ses triomphes, parce qu'ils sont toujours honorables. Ses paroles même les plus simples, les moindres sons de sa voix, inspirent cette confiance que n'obtiendra jamais le déclamateur mercenaire, dont les cris étourdissent et ne persuadent pas. A quoi servent, dit Fénelon, les beaux discours d'un homme, si ces discours, tout beaux qu'ils sont, ne font aucun bien au public, s'ils ne contribuent pas à instruire les hommes et à les rendre meilleurs? Plus un déclamateur ferait d'efforts pour m'éblouir par les prestiges de son discours, plus je me révolterais contre sa vanité.

Les mœurs oratoires consistent donc dans le talent et l'aptitude de l'orateur à se concilier les esprits, en se peignant sous des traits aimables et qui donnent de lui une honorable opinion. Quiconque veut persuader les hommes et mériter leur confiance, doit paraître également éclairé et vertueux ; sans ce noble caractère de probité et de bonne foi , il court risque d'échouer , même avec tous les autres moyens de persuasion. Le précepte de Boileau n'est pas moins pour les orateurs que pour les poëtes :

> Que votre âme et vos mœurs, peintes dans vos ouvrages ,
> N'offrent jamais de vous que de nobles images.
>
> *Art poét.*, ch. IV.

Ainsi, la première qualité que l'orateur doit exprimer dans son discours , c'est la *probité.* Les anciens (Quintil. XII, 1) ont défini l'orateur, un homme de bien qui sait parler, *vir bonus dicendi peritus.* Pour être digne de persuader les peuples , il doit être incorruptible ; ou bien , son talent et son art se tourneraient en poison mortel contre l'État. Dans tout ce que dit un homme véritablement éloquent , on reconnaît la double autorité du talent et de la vertu ; dans ses jugements , dans ses maximes éclate son respect pour la religion, pour les mœurs, pour les lois. On ne peut s'empêcher d'aimer et d'estimer un tel caractère. *Plurimum ad omnia momenti est in hoc positum , si vir bonus orator creditur.* (Quintil. , IV, 1.) Sa voix , dit La Harpe , au moment où elle s'élève dans le temple de la justice, est comme un premier jugement.

De même, dans le genre évangélique, il y a des hommes saints , et dont le seul caractère est efficace pour la persuasion : ils paraissent, et tout un peuple qui doit les écouter est déjà ému et comme persuadé par leur présence ; le discours qu'ils vont prononcer fera le reste [1].

La seconde qualité morale de l'orateur, c'est la *modestie*. Rien n'offense l'auditeur plus que l'orgueil de l'homme qui parle devant lui. (Quintilien, IX, 1.) Alors il prend fièrement la qualité de juge, de censeur impitoyable ; il ne consent à rien de ce qui peut être contesté ; lors même qu'il se trouve sans réplique, il résiste encore, il n'est ni persuadé ni convaincu. Ce n'est point ici le lieu de faire l'éloge de la modestie ; mais on peut dire en général qu'elle est le caractère du vrai savoir aussi bien que du vrai mérite. « Le *moi* est haïssable, dit Pascal ; je le haïrai toujours : il est l'ennemi et voudrait être le tyran de tous les autres. »

A la probité et à la modestie l'orateur doit joindre la *bienveillance*, ou plutôt le zèle pour le bien de ceux qui l'écoutent. Tous les hommes sont portés à croire les discours de leurs amis. Que l'orateur paraisse avoir à cœur nos intérêts, il n'est pas possible alors que nous ne soyons de son avis.

Une quatrième qualité, c'est la *prudence*. Elle suppose nécessairement les lumières : que nous servirait d'être conduits par un homme de

1. La Bruyère.

bien, par un ami véritable, si lui-même il ignorait la route?

L'orateur doit donc établir son autorité sur ces vertus. Il n'annonce pas qu'il les possède ; mais elles se peignent d'elles-mêmes dans toutes ses paroles [1].

Cette doctrine ne peut être mise dans un plus beau jour que par l'exemple du discours de Burrhus à Néron, dans Racine, pour le faire renoncer au projet d'empoisonner Britannicus; c'est le plus parfait modèle de l'expression des mœurs. La sagesse et la vertu ont dicté ce discours. L'affection vive et tendre pour le prince y règne et le remplit d'un bout à l'autre. Combien est insinuante la peinture des sentiments exprimés dans ces beaux vers :

> Ah ! de vos premiers ans l'heureuse expérience
> Vous fait-elle, seigneur, haïr votre innocence ?
> Songez-vous au bonheur qui les a signalés ?
> Dans quel repos, ô ciel ! les avez-vous coulés !
> Quel plaisir de penser et de dire en vous-même :
> Partout, en ce moment, on me bénit, on m'aime ;
> On ne voit point le peuple à mon nom s'alarmer ;
> Le ciel dans tous leurs pleurs ne m'entend point nommer ;
> Leur sombre inimitié ne fuit point mon visage ;
> Je vois voler partout les cœurs à mon passage !

Celui qui exprime si bien de tels sentiments fait croire qu'il les a dans le cœur : c'est là le langage de la vertu et de l'affection. Aussi le poëte a-t-il le droit de supposer que Néron lui-

______
1. Aristote, *Rhétor.*, II, 1.

même est désarmé par cette douce éloquence.
Mais le vice, la fourberie, l'adulation, imitent
trop aisément les traits de la vertu, de la prudence et de l'affection sincère : le même auteur
nous en fournit ensuite la preuve quand Narcisse, avec une adresse savante, mais qui laisse
percer l'imposture, détruit l'ouvrage de Burrhus. Cependant la trace du discours de Burrhus est si profonde dans le cœur de Néron,
que Narcisse ne peut le vaincre que par un
dernier mensonge :

Burrhus ne pense pas, seigneur, tout ce qu'il dit.

Au contraire, l'orateur Cassius Sévérus,
malgré sa réputation d'éloquence (*orandi va-
lidus*, Tacite, *Ann.*, IV, 21), nous donne
une mauvaise idée de son caractère, lorsqu'en
commençant son plaidoyer contre Asprénas,
qu'il accusait d'empoisonnement, il s'exprime
ainsi : « Grands dieux! je vis, et je me réjouis
« de vivre, puisque je vois Asprénas accusé!
« Dii boni, vivo, et quod me vivere juvet,
« Asprenatem reum video! » (*Quintil.*, XI, 1.)
Ce trait, aussi odieux que malhabile, décèle
un mauvais cœur, et ne peut qu'aliéner les
esprits[1]. Quelle opposition entre cette joie mé-
chante, causée par le mal d'autrui, et ces
préceptes auxquels tous les grands orateurs se
sont conformés! Il importe, dit Cicéron, au

---

1. Crevier.

succès de la cause, que les juges conçoivent
une bonne opinion des mœurs, des principes,
des actions, de la conduite de l'orateur et de
son client ; qu'ils aient, sous les mêmes rapports, une opinion défavorable de l'adversaire ;
enfin que l'orateur inspire, autant que possible, à ceux qui l'écoutent, de la bienveillance
pour lui-même et pour celui dont il défend
les intérêts. Or, ce qui inspire la bienveillance,
c'est la dignité du caractère, ce sont les belles
actions, c'est une vie irréprochable ; et il est
plus facile d'embellir ce fond s'il est vrai, que
de l'imaginer s'il n'existe pas. Ces moyens sont
fortifiés encore par le ton de l'orateur, son
air, sa réserve, la douceur de ses expressions :
s'il s'engage dans une discussion trop vive, il
faut qu'il paraisse agir à regret et par devoir.
Il faut que tout en lui annonce une humeur facile, la générosité, la douceur, la piété, la
reconnaissance, jamais la passion ni la cupidité. Tout ce qui prouve une âme droite, un
caractère modeste, sans aigreur, sans achar-
nement, ennemi des querelles et de la chicane,
inspire de la bienveillance à l'auditeur, et l'in-
dispose contre ceux qui ne possèdent pas ces
qualités. Si l'adversaire a les défauts opposés,
on ne manquera pas d'en tirer avantage. Ces
mouvements affectueux ont surtout un grand
pouvoir, quand le sujet ne permet pas d'enflammer l'esprit des juges par des mouvements

impétueux et passionnés... En représentant les mœurs de son client comme celles d'un homme juste, intègre, religieux, paisible, souffrant patiemment les injures, on produit un effet merveilleux ; et ce moyen, employé avec art et discernement dans l'exorde, la narration ou la péroraison, est souvent plus puissant que la cause même. C'est le secret de la vraie éloquence, que le discours retrace en quelque sorte le caractère de l'orateur. Il est un certain choix de pensées et d'expressions qui, joint à une action douce et naturelle, semble offrir l'image de la probité, des bonnes mœurs et de la vertu [1].

Le chancelier d'Aguesseau veut aussi que l'avocat, comme s'il ne faisait qu'une même personne avec ceux qu'il défend, s'applique à donner une idée avantageuse de leur caractère et de leur conduite. « Si l'orateur, dit-il dans son discours *sur la Connaissance de l'homme*, veut être toujours sûr de plaire et de réussir, il faut que, sans prendre ni les passions ni les erreurs de ses parties, il se transforme, pour ainsi dire, en elles-mêmes, et que, les exprimant avec art dans sa personne, il paraisse aux yeux du public, non tel qu'elles sont, mais tel qu'elles devraient être. »

Il est donc important de ne pas confondre les mœurs *réelles* et les mœurs *oratoires*. L'o-

1. Cicér., *de Orat.*, II, 43.

rateur a des mœurs réelles lorsqu'il a véritablement de la probité, du zèle; il a des mœurs oratoires lorsque ces vertus qu'il a dans le cœur se peignent dans tout son discours [1].

N'oublions pas de dire qu'il n'est point de genre littéraire où ce parfum de probité et de vertu ne puisse communiquer aux pensées et au style un charme indéfinissable, que le talent seul ne saurait donner. C'est là ce qui a fait chérir de toute l'Europe et ce qui fera éternellement aimer les ouvrages de Rollin. Son nom, qui sera toujours en France comme le protecteur de l'instruction publique et des bonnes études, doit nous être sacré, puisqu'il est pour nous tous celui d'un bienfaiteur et d'un père. Il est impossible de ne point nous sentir une affection filiale pour celui dont la bonté attentive semble n'avoir cherché dans le récit même des faits de l'histoire qu'une occasion de salutaires conseils, qu'un moyen de nous rendre meilleurs et plus heureux; il ne veut pas d'autre gloire; il n'écrit que pour faire le bien. Rollin, selon l'expression d'un auteur moderne [2], a répandu sur les crimes des hommes le calme d'une conscience sans reproche et la charité d'un apôtre.

Les *mœurs oratoires* produisent ces mouvements doux, insinuants, qui vont au cœur et y portent la confiance; mais pour renverser,

1. Gibert. — 2. M. de Châteaubriand.

pour entraîner, l'orateur a besoin de ces mouvements impétueux qu'on appelle les *passions*, ou le pathétique.

III. DES PASSIONS.

Platon dit qu'un discours n'est éloquent qu'autant qu'il agit dans l'âme de l'auditeur. Tout discours qui vous laissera froid, qui ne fera qu'amuser votre esprit, et qui ne remuera point vos entrailles, votre cœur, quelque beau qu'il paraisse, ne sera point éloquent. Voulez-vous entendre Cicéron parler comme Platon en cette matière? Il vous dira que toute la force de la parole ne doit tendre qu'à mouvoir les ressorts cachés que la nature a mis dans le cœur des hommes. Si donc les orateurs que vous écoutez font une vive impression en vous, s'ils rendent votre âme attentive et sensible aux choses qu'ils disent, s'ils vous échauffent et vous enlèvent au-dessus de vous-même, croyez hardiment qu'ils ont atteint le but de l'éloquence. Si, au lieu de vous attendrir ou de vous inspirer de fortes passions, ils ne font que vous plaire et que vous faire admirer l'éclat et la justesse de leurs pensées et de leurs expressions, dites que ce sont de faux orateurs [1].

Les rhéteurs, comme les philosophes, nomment *passions* ces mouvements vifs et irrésisti-

---

1. Fénelon.

bles qui nous emportent vers un objet, ou qui nous en détournent. C'est en excitant les passions que l'orateur achève de triompher de la résistance qu'on lui oppose ; c'est par les passions que Démosthène a régné dans la tribune d'Athènes, Cicéron dans celle de Rome, et Massillon dans nos temples.

On peut définir les passions, considérées relativement à l'éloquence, des sentiments de l'âme, accompagnés de douleur et de plaisir, et qui apportent un tel changement dans l'esprit, que, sur les mêmes objets, son jugement n'est plus le même [1].

La fonction de l'entendement est de voir, de connaître ; celle de la volonté est d'aimer ou de haïr. Si la volonté tend à s'unir à l'objet qui lui est présenté, c'est l'amour ; si elle veut s'en éloigner, c'est la haine. Ces deux passions, l'amour et la haine, sont le fond de toutes les autres, parce qu'elles comprennent les deux rapports de notre âme avec le bien et le mal [2].

Pour exciter la première de ces passions, il faut peindre l'objet avec des qualités agréables et utiles à ceux à qui l'on s'adresse. On inspire l'amour de la campagne, de la liberté, du repos, du travail, de la vertu, lorsqu'on en peint fortement les avantages. C'est ainsi qu'Horace

1. Gibert. — 2. Batteux.

nous attendrit pour sa solitude, quand il s'é-
crie :

> O rus, quando ego te aspiciam ! quandoque licebit,
> Nunc veterum libris, nunc somno, et inertibus horis,
> Ducere sollicitæ jucunda oblivia vitæ !
>
> *Sat.*, II, 6, 60.

On excite la haine par les moyens opposés à ceux qui produisent l'amour. Andromaque, dans Racine, pour rendre Pyrrhus odieux, rappelle les fureurs qu'il avait exercées au siége de Troie :

> Songe, songe, Céphise, à cette nuit cruelle
> Qui fut pour tout un peuple une nuit éternelle ;
> Figure-toi Pyrrhus, les yeux étincelants,
> Entrant à la lueur de nos palais brûlants,
> Sur tous mes frères morts se faisant un passage,
> Et, de sang tout couvert, échauffant le carnage ;
> Songe aux cris des vainqueurs, songe aux cris des mourants
> Dans la flamme étouffés, sous le fer expirants ;
> Peins-toi dans ces horreurs Andromaque éperdue :
> Voilà comme Pyrrhus vint s'offrir à ma vue.

Les ressorts qui produisent l'amour et la haine servent de même à exciter les passions qui en dépendent, la joie, la compassion, la terreur, l'indignation, la colère, etc.

Les anciens ne se sont pas contentés de peindre simplement d'après nature ; ils ont joint la passion à la vérité. Homère ne nous montre pas un jeune homme qui va périr dans les combats, sans lui donner des grâces tou-chantes. Il le représente plein de courage et de vertu ; il vous intéresse pour lui ; il veut le faire aimer ; il vous engage à craindre pour sa vie ; il vous montre son père accablé de vieillesse et alarmé des périls de ce cher enfant ; il vous fait voir la nouvelle épouse de ce jeune homme, qui tremble pour lui ; vous tremblez avec elle. C'est une espèce de trahison : le poëte ne vous attendrit avec tant de grâce et de douceur, que pour vous mener au moment fatal où vous voyez tout à coup celui que vous aimez qui nage dans son sang et dont les yeux sont fermés par l'éternelle nuit [1].

Virgile prend pour Pallas, fils d'Evandre, les mêmes soins de nous affliger, qu'Homère avait pris de nous faire pleurer Patrocle. Nous sommes charmés de la douleur que Nisus et Euryale nous coûtent. J'ai vu , dit Fénelon , un jeune prince , à huit ans, saisi de douleur à la vue du péril du petit Joas. Je l'ai vu pleurer amèrement en écoutant ces vers :

> Ah ! miseram Eurydicen anima fugiente vocabat ;
> Eurydicen toto referebant flumine ripæ.

Mais, pour exciter les passions, il faut les éprouver en soi-même, soit par un sentiment réel et profond , soit par une imagination vive qui supplée au sentiment.

> Si vis me flere, dolendum est
> Primum ipsi tibi ;

____

1. Fénelon.

Pour me tirer des pleurs, il faut que vous pleuriez,

disent les deux maîtres de l'art, les deux législateurs du goût. On peut ajouter à ce précepte : Tremblez et frémissez, si vous voulez me faire trembler et frémir. Tous les grands maîtres se sont réunis, comme de concert, pour dicter cette loi.

Il est impossible que l'auditeur se livre à la douleur, à la haine, à l'indignation, à la crainte, à la pitié, si tous ces sentiments ne sont profondément imprimés dans l'âme de l'orateur qui veut les inspirer. S'il devait feindre la douleur, et si son discours n'exprimait rien que de faux et d'emprunté, il lui faudrait peut-être un art plus grand encore. Je ne sais point, dit Antoine à Crassus [1], ce qui se passe en vous et dans les autres orateurs ; pour moi, que nul motif ne porte à déguiser la vérité à des hommes si éclairés et qui me sont si chers, je le proteste, je n'ai jamais essayé d'inspirer aux juges la douleur, la pitié, l'indignation ou la haine, que je n'aie vivement ressenti les émotions que je voulais faire passer dans leur âme. Eh ! com-

---

1. Cicéron, *de Orat.*, II, 45. *Voy.* aussi Quintilien, IV,
2. Cicéron dit même, dans un ouvrage philosophique, en rapportant l'opinion des péripatéticiens : « Oratorem denique non modo accusantem, sed ne defendentem quidem probant sine aculeis iracundiæ ; quæ etiamsi non adsit, tamen verbis atque motu simulandam arbitrantur, ut auditoris iram oratoris incendat actio. *Tusculan.*, IV, 19.

ment le juge pourait-il s'irriter contre votre
adversaire, si vous êtes vous-même froid et
indifférent; le haïr, s'il ne voit pas la haine dans
vos regards; éprouver de la compassion, si vos
paroles, vos pensées, votre voix, vos traits,
vos larmes enfin, ne manifestent une profonde
douleur? Les matières les plus combustibles ne
sauraient s'enflammer si vous n'en approchez
le feu : ainsi les âmes même les plus disposées
à recevoir les impressions de l'orateur ne s'ani-
meront cependant du feu des passions qu'autant
que l'orateur en sera lui-même embrasé. Et
qu'on n'aille pas regarder comme un phénomène surprenant et merveilleux que le même
homme se livre si souvent aux transports de la
haine ou de la douleur, et à tout autre mouvement de l'âme, surtout pour des intérêts qui lui
sont étrangers. Telle est la force des pensées et
des sentiments dont l'orateur fait usage, qu'il
n'a pas besoin de feinte et d'artifice. La nature
même des moyens qu'il emploie pour remuer
les cœurs agit plus fortement encore sur lui
que sur aucun de ceux qui l'écoutent.........
L'homme qui nous est le plus étranger, du
moment que nous nous sommes chargés de sa
cause, si nous ayons de l'honneur, n'est plus
étranger pour nous.

On voit que Cicéron ne donne point ici de
préceptes, et qu'il conseille seulement à l'orateur de s'abandonner aux inspirations de son

âme. C'est qu'on ne parvient point à sentir par système ni par règles. La sensibilité de l'âme est un don de la nature, et non un effet de l'art. L'unique usage des règles est d'empêcher que l'orateur ne tombe dans des fautes de goût quand il veut employer les passions. Contentons-nous donc des observations suivantes.

1°. La première attention de l'orateur est de voir si sa matière comporte le pathétique ; car les grands mouvements ne conviennent pas aux petites affaires : ce serait, dit Quintilien (VI , 1), chausser le cothurne à un enfant, et lui mettre en main la massue d'Hercule. *Quale si personam Herculis et cothurnos aptare infantibus velit.* Ce vice va jusqu'au ridicule, et un avocat qui y tomberait serait un vrai personnage de comédie. Il nous rappellerait l'avocat des *Plaideurs.* L'Intimé, parlant pour un chien qui a mangé un chapon , commence son plaidoyer par ce grave début , traduit de Cicéron (*pro Quintio* , c. 1) :

> Messieurs , tout ce qui peut étonner un coupable ,
> Tout ce que les mortels ont de plus redoutable ;
> Semble s'être assemblé contre nous par hasard ;
> Je veux dire la brigue et l'éloquence....

Cet exorde est soutenu par des traits risibles d'une véhémence déplacée :

> Qu'arrive-t-il , messieurs? On vient. Comment vient-on ?
> On poursuit ma partie ; on force une maison.

Quelle maison? Maison de notre propre juge.
On brise le cellier qui nous sert de refuge ;
De vol, de brigandage on nous déclare auteurs,
On nous traîne, on nous livre à nos accusateurs.

Ce portrait est chargé, sans doute ; mais il n'en est que plus propre à faire sentir le ridicule du vice qui s'y trouve exprimé [1].

2°. Lors même que la nature du sujet donne lieu aux mouvements passionnés, l'orateur ne doit pas s'y jeter brusquement et sans préparation. L'éloquence pathétique n'entraîne les esprits que quand ils ont été soumis par la force des raisons, et la passion n'a de prise que sur ceux qui sont déjà convaincus. Un orateur qui éclate avant d'avoir préparé l'esprit des juges ou des auditeurs, ressemble, dit Cicéron (*Orat.*, c. 28), à un homme ivre au milieu d'une assemblée à jeun, *vinolentus inter sobrios.*

3°. Il serait quelquefois dangereux d'insister trop longtemps sur les passions oratoires. Ne rien dire de trop est une règle générale ; mais nulle part il n'est plus nécessaire de l'observer que dans les mouvements excités par le discours. Rien ne tarit si aisément que les larmes, dit Cicéron (*ad Herennium*, II, 31 ; *de Invent.*, I, 55) : *nihil enim lacryma citius arescit.* Celui qui ne sait pas s'arrêter à propos fatigue au lieu de toucher. On a donc besoin d'un goût délicat pour discerner ce qui suffit et ce qui dégénère-

1. Crevier.

rait en surabondance nuisible. Cette sage économie est indispensable, surtout dans notre
barreau; le trop y nuirait plus que le trop peu :
les anciens avaient ici plus de liberté, et nous
entendrons tout à l'heure Cicéron lui-même
recommander de ne pas être trop court dans
les morceaux pathétiques.

Mais, si les grands mouvements ne peuvent
régner que par intervalles dans un discours de
quelque étendue, il n'est aucune partie du
discours qui ne doive être animée par une
heureuse chaleur et par ces mouvements plus
doux auxquels on a donné le nom de *mœurs*.
Il faut jeter de l'intérêt dans tout ce qu'on dit,
dans tout ce qu'on écrit, sous peine de n'être
point écouté ou de n'être point lu [1].

4°. C'est dans la péroraison que les passions
ont une plus libre carrière. Alors, comme toutes
les preuves ont été traitées, et que la disposition
où l'orateur va laisser les juges, est celle dans
laquelle ils donneront leurs suffrages, il doit
redoubler ses efforts et mettre en œuvre le
ressort puissant des passions, si la cause en est
susceptible. Mais le pathétique n'est pas exclus
pour cela de la narration ni de la confirmation.
Si, dans tout le corps de votre discours, vous
aviez traité froidement votre sujet, il serait trop
tard d'entreprendre, en finissant, d'y intéresser

1. Crevier.

votre auditoire : accoutumé à le considérer avec indifférence lorsqu'il lui était nouveau, il ne s'enflammerait pas à votre gré en le voyant reparaître. Chaque chose doit être présentée selon ce qu'elle est ; et la nature du sujet décide souverainement de la manière de le traiter. Si donc le fait que vous exposez dans la narration est grand, atroce, digne de pitié, si les moyens que vous faites valoir dans la confirmation sont vifs et pressants, donnez au fait et aux moyens les sentiments qui leur conviennent, mais ne les épuisez pas, et réservez les grands coups pour la péroraison.

Cicéron, ayant à raconter dans la cinquième *Verrine* le supplice de Gavius battu de verges dans la place de Messine, quoiqu'il réclamât le privilége des citoyens, puis attaché à une croix sur un rivage d'où il pouvait contempler l'Italie en expirant, décrit non-seulement toutes ces circonstances de la manière la plus vive et la plus passionnée, mais il entremêle son récit de traits vifs et pathétiques. C'est là qu'on voit ces grandes idées : « Mettre aux fers un citoyen « romain, c'est un crime ; le battre de verges, « c'est un attentat ; le faire mourir, c'est presque « un parricide ; que sera-ce de l'attacher à une « croix ?... Si je parlais aux rochers de quelque « désert sauvage, ils seraient touchés de ces « actions barbares : combien ne doivent-elles « pas émouvoir des sénateurs romains, protec-

« teurs des lois et de la liberté ?... » *De Suppli-ciis*, cap. 66, 67.

5°. L'orateur qui veut toucher les esprits doit en étudier les dispositions ; sans quoi il produira quelquefois un effet tout contraire à celui qu'il désire. Si celui qui vous écoute est dans l'afflic-tion, et que vous entrepreniez de lui inspirer subitement de la joie, vous le rebuterez, vous l'offenserez. Soyez d'abord triste comme lui, si vous voulez trouver accès dans son cœur : c'est l'art d'Horace lorsqu'il entreprend de consoler Virgile de la perte de son ami Quintilius (*Od.*, 1, 24). On doit de même avoir égard à la diffé-rence des âges, des conditions, des mœurs, des caractères. On ne parlera point aux gens d'esprit comme aux simples ; aux hommes sensibles à l'honneur comme à ceux que l'intérêt seul peut toucher ; à un sage vieillard comme à un jeune homme qu'il faut instruire. Mentor (liv. VII), voulant détourner Télémaque de rester dans l'île de Calypso, lui explique d'abord quelle est l'adresse des passions à se déguiser sous des prétextes spécieux ; puis, prenant le ton d'auto-rité et de reproche, il lui dit : « Lâche fils d'un « père si généreux ! menez ici une vie molle, « sans honneur, au milieu des femmes ; faites « malgré les dieux ce que votre père crut in-« digne de lui. » Ce discours était propre à faire impression sur un jeune prince accoutumé de longue main à respecter les avis de Mentor ;

mais il eût irrité un homme plus âgé, sur qui Mentor n'aurait pas eu la même puissance. Ailleurs (liv. X), invitant Nestor à rompre le projet de la guerre contre Idoménée, il lui tient un bien autre langage ; il loue sa sagesse, il atteste l'expérience de sa longue vie : « O Nestor, « sage Nestor, vous n'ignorez pas combien la « guerre est funeste à ceux même qui l'entre- « prennent avec justice, et sous la protection « des dieux. » Voilà un motif bien fait pour toucher un sage vieillard, et présenté du ton qui lui convient [1].

6°. Une observation importante qui ne doit pas échapper à l'orateur, c'est que la sévérité de notre barreau ne nous permet pas de faire un aussi grand usage du pathétique que les orateurs romains. Du temps de la république, où il y avait peu de lois, et où les juges étaient souvent pris au hasard, il suffisait presque toujours de les émouvoir ou de se les rendre favorables, même par les moyens les plus hardis. Nous lisons (*de Orat.*, II, 47 ; *in Verrem*, V, 1) que l'orateur Antoine, dans la péroraison de son plaidoyer pour M'. Aquilius, accusé de concussion, prit son client par le bras, le fit lever, lui déchira sa tunique, et montra aux juges les cicatrices des blessures honorables qu'il avait reçues dans plusieurs combats. Cicéron nous apprend aussi (*Orat.*, c. 38) qu'ils

1. Crevier.

* 3

fut interrompu par les gémissements et les sanglots de l'auditoire, lorsqu'au milieu du *forum*, animant par ses pleurs le discours le plus touchant, il prit le fils de Flaccus entre ses bras, le présenta aux juges, et implora pour lui l'humanité et les lois (*pro Flacco*, c. 42). Mais aujourd'hui cette pratique semblerait plus digne du théâtre que de la gravité des juges. Dans nos tribunaux, il faut convaincre, et l'on y demande plus de raisonnement que de pathétique. Cette différence doit nous faire sentir jusqu'à quel point il faut imiter les anciens ; l'éloquence a ses modes, et un avocat qui se piquerait aujourd'hui de plaider exactement comme eux, nous paraîtrait peut-être aussi singulier qu'un magistrat qui affecterait de porter la toge des sénateurs de Rome. L'éloquence de la chaire donne plus de liberté dans l'usage des passions. En un mot, *erit ars maxima semper circumspicere, quid personæ, quid loco, quid tempori conveniat.* (J. Severianus, *Præcept. rhetor.*, p. 333.)

Exemples du pathétique.

Dans ces républiques où de grands intérêts étaient traités au milieu des assemblées de la nation, le ressort des passions devait être souvent employé : tout dépendait du peuple, et le peuple dépendait de la parole. La Grèce, qui

fut la première et la plus parfaite école de l'é-
loquence ; produisit de nombreux orateurs ,
également admirables par la force du raisonnement et par le talent d'émouvoir ; mais aucun
n'égala Démosthène. « Il est plus aisé, dit Longin , d'envisager fixement les foudres qui tombent du ciel , que de n'être point ému des
violentes passions qui règnent en foule dans ses
ouvrages [1]. » De son temps les Athéniens, plon-
gés dans l'oisiveté, amollis par le luxe , continuellement occupés de jeux et de spectacles ,
souffraient sans murmurer , et presque sans
s'en apercevoir, que Philippe, roi de Macédoine,
envahit le reste de la Grèce pour les assujettir
à leur tour. Démosthène veut les tirer de cette
funeste léthargie ; il leur parle en ces termes
(Ire. *Philippique* , c. 4 et 5) :

« Athéniens, si dès maintenant, puisque vous
« ne l'avez pas fait plus tôt , vous voulez raison-
« ner comme lui ; si chacun de vous, lorsqu'il
« en est besoin, veut sans feinte et sans détour
« se tenir prêt à servir de toute sa force la ré-
« publique, les riches en contribuant de leurs
« biens ; les jeunes en prenant les armes ; et ,
« pour tout dire en un mot , si chacun veut
« agir pour soi-même, et ne plus attendre dans
« l'inaction qu'un autre agisse pour lui , alors ,

---

1. Καὶ θᾶττον ἄν τις κεραυνοῖς φερομένοις ἀνταναῖξαι τὰ
ὄμματα δύναιτο, ἢ ἀντοφθαλμῆσαι τοῖς ἐπαλλήλοις ἐκείνου
πάθεσιν. (Περὶ Ὕψους, c. 28 ; *al.* 34.)

« avec la volonté divine, vous rétablirez vos
« affaires ; alors vous réparerez les malheurs de
« votre négligence ; alors vous serez vengés
« de Philippe. Car ne vous imaginez pas que
« son bonheur présent soit immuable, éternel,
« comme celui d'un dieu : il en est qui le
« haïssent, qui le craignent, qui lui portent
« envie, même parmi ceux qui lui paraissent le
« plus dévoués ; et toutes les passions humaines,
« quelles qu'elles soient, agitent aussi, croyez-
« moi, ceux qui l'environnent. Si jusqu'à pré-
« sent elles ont été comprimées par la terreur,
« si elles n'ont pu éclater, n'en accusez que
« cette mollesse, que cette lenteur, qu'il faut,
« comme je vous l'ai prouvé, secouer aujour-
« d'hui. Voyez, en effet, vous-mêmes, Athé-
« niens, à quel point d'arrogance il est monté :
« cet homme vous ôte le choix de la guerre ou
« de la paix ; il vous menace ; il tient, dit-on,
« des discours insolents. Et ne croyez pas qu'il
« se contente de ses anciennes usurpations :
« sans cesse il recule ses frontières ; et tandis
« que, tranquillement assis, nous temporisons
« au lieu d'agir, il nous investit de toutes parts.
« Quand donc, Athéniens, quand ferez-vous ce
« qu'il convient de faire ? Qu'attendez-vous ? un
« événement, ou la nécessité sans doute ? Et
« quel autre nom donner à ce qui arrive ? Moi,
« je ne connais point de nécessité plus pressante
« pour des âmes libres que l'instant du déshon-

« neur. Voulez-vous toujours[1], dites-moi, vous
« promener dans la place publique en vous de-
« mandant l'un à l'autre : *Qu'y a-t-il de nou-*
« *veau ?* Eh ! qu'y aurait-il de plus nouveau
« qu'un homme de Macédoine, vainqueur et
« dominateur de la Grèce ? *Philippe est-il mort ?*
« *Non, mais il est malade.* Mort ou malade,
« que vous importe ? Si les dieux vous déli-
« vraient de lui, bientôt, pour peu que votre
« conduite ne changeât pas, vous vous seriez
« fait vous-mêmes un autre Philippe ; car il doit
« bien moins ce qu'il est à ses propres forces
« qu'à votre inaction[2]. »

Voilà ces traits qui faisaient dire à Philippe :
*Je ne crains point les Athéniens, je ne crains
que Démosthène.* On voit un homme qui porte
la patrie dans le cœur ; il ne cherche pas à plaire,
mais à être utile : c'est le bons sens qui parle,
sans autre ornement que sa force. Il rend la
vérité sensible à tout le peuple ; il le réveille, il
le pique, il lui montre l'abîme ouvert. Tout est
dit pour le salut commun ; aucun mot n'est pour
l'orateur ; on le perd de vue, on ne pense qu'à
Philippe qui envahit tout[3]. Telle est la véritable
éloquence, l'éloquence des *passions.*

Les Romains, occupés des lois, de la guerre,

---

1. Morceau cité par Longin, περὶ Ὕψους, c. 16 ; *al.* 18.
2. Nous donnons une traduction nouvelle de tous les
morceaux grecs et latins.
3. Fénelon.

de l'agriculture et du commerce, suivirent assez tard l'exemple des Grecs pour cultiver les lettres : cependant, si l'on en croit Tite-Live, l'éloquence nerveuse et populaire était déjà florissante à Rome dès le temps de Manlius. Cet homme, qui avait sauvé le Capitole contre les Gaulois, voulait soulever le peuple contre les patriciens. « Jusques à quand, lui disait-« il, méconnaîtrez-vous vos forces, lorsque la « nature a voulu instruire les animaux eux-« mêmes de celles qu'elle leur a données? « Comptez au moins combien vous êtes, comp-« tez vos ennemis. Supposez qu'ils soient autant « que vous; sans doute vous combattrez avec « plus de courage pour la liberté qu'eux pour la « tyrannie.... Jusques à quand aurez-vous les « yeux attachés sur moi? Je ne manquerai à « aucun de vous; mais faites en sorte que ma « fortune ne manque pas à la patrie, etc. [1] » Ce puissant orateur, pour se procurer l'impunité, enlevait tout le peuple en montrant les citoyens qu'il avait conservés, les dépouilles des ennemis qu'il avait tués, les couronnes et les dons militaires que lui avait mérités son

1. Quousque tandem ignorabitis vires vestras, quas natura ne belluas quidem ignorare voluit? Numerate saltem quot ipsi sitis, quot adversarios habeatis. Si singuli singulos aggressuri essetis, tamen acrius crederem vos pro libertate, quam illos pro dominatione, certaturos.... Quousque me circumspectabitis? Ego quidem nulli vestrum deero; ne fortuna mea desit, videte. *Tit. Liv.*, VI, 18.

courage, les cicatrices des blessures honorables qu'il avait reçues, et surtout ce Capitole qu'il avait sauvé. On ne put obtenir sa mort de la multitude qu'en le menant dans un bois sacré, d'où il ne pouvait plus montrer le Capitole aux citoyens. *Apparuit tribunis* (dit Tite-Live., VI, 20), *nisi oculos quoque hominum liberassent ab tanti memoria decoris , nunquam fore in præoccupatis beneficio animis vero crimini locum..... Ibi crimen valuit, et obstinatis animis triste judicium,* etc. Chacun sait combien l'éloquence des Gracques causa de troubles. Celle de Catilina mit la république dans le plus grand péril. Mais cette éloquence ne tendait qu'à persuader et à émouvoir les passions : le bel esprit n'y était d'aucun usage. Un déclamateur fleuri n'aurait eu aucune force dans les affaires. Le genre fleuri n'atteint jamais au sublime [1].

Les exemples du pathétique sont plus rares dans nos gouvernements modernes. On en trouve encore dans la chaire évangélique. La première fois que Massillon prêcha son fameux sermon *du petit nombre des élus*, il y eut un endroit où un transport de saisissement s'empara de tout l'auditoire : presque tout le monde se leva à moitié par un mouvement involontaire ; le murmure d'acclamation et de surprise fut si fort, qu'il troubla l'orateur ; et ce trouble ne

1. Fénelon.

servit qu'à augmenter le pathétique de ce morceau. Voltaire, qui l'a cité avec admiration,
nous paraît l'avoir affaibli en voulant l'abréger.
Massillon avait dit :

« Je ne parle plus du reste des hommes ; je
« vous regarde comme si vous étiez seuls sur
« la terre, et voici la pensée qui m'occupe et
« qui m'épouvante. Je suppose que c'est ici votre
« dernière heure et la fin de l'univers ; que les
« cieux vont s'ouvrir sur vos têtes, J. C. pa-
« raître dans sa gloire au milieu de ce temple ;
« et que vous n'y êtes assemblés que pour l'at-
« tendre, et comme des criminels tremblants
« à qui l'on va prononcer ou une sentence de
« grâce ou un arrêt de mort éternelle...... Or,
« je vous le demande, et je vous le demande
« frappé de terreur, ne séparant pas en ce point
« mon sort du vôtre, et me mettant dans la
« même disposition où je souhaite que vous
« entriez : si J. C. paraissait dans ce temple,
« au milieu de cette assemblée, la plus auguste
« de l'univers, pour nous juger, pour faire le
« terrible discernement des boucs et des brebis,
« croyez-vous que le plus grand nombre de tout
« ce que nous sommes ici fût placé à la droite ?
« croyez-vous que les choses du moins fussent
« égales ? croyez-vous qu'il s'y trouvât seule-
« ment dix justes, que le Seigneur ne put trou-
« ver autrefois en cinq villes tout entières ? Je
« vous le demande ; vous l'ignorez, et je l'ignore

« moi-même. Vous seul , ô mon Dieu , con-
« naissez ceux qui vous appartiennent. Mais si
« nous ne connaissons pas ceux qui lui appar-
« tiennent, nous savons au moins que les pé-
« cheurs ne lui appartiennent pas. Or, qui sont
« les fidèles ici assemblés ? les titres et les di-
« gnités ne doivent être comptés pour rien ;
« vous en serez dépouillés devant J. C. Qui
« sont-ils ? beaucoup de pécheurs qui ne veu-
« lent pas se convertir ; encore plus qui le vou-
« draient, mais qui diffèrent leur conversion ;
« plusieurs autres qui ne se convertissent ja-
« mais que pour retomber ; enfin un grand
« nombre qui croient n'avoir pas besoin de con-
« version : voilà le parti des réprouvés. Retran-
« chez ces quatre sortes de pécheurs de cette
« assemblée sainte ; car ils en seront retranchés
« au grand jour. Paraissez maintenant , justes !
« où êtes-vous ? restes d'Israël , passez à la
« droite ; froment de J. C., démêlez-vous de
« cette paille destinée au feu. O Dieu, où sont
« vos élus ? et que reste-t-il pour votre par-
« tage ? »

Cette figure , la plus hardie qu'on ait jamais
employée , et en même temps la plus à sa place,
est un des plus beaux traits d'éloquence qu'on
puisse lire chez les nations anciennes et modernes ; et le reste du discours n'est pas indigne
de cet endroit si saillant : de pareils chefs-
d'œuvre sont très-rares.

Nos autres orateurs ont également fait usage du pathétique lorsqu'ils ont eu à traiter de grands intérêts. Un éloquent écrivain réfute ainsi, par la bouche d'un ami généreux et sage, les raisons spécieuses d'un jeune homme égaré qui se préparait au suicide : « ...... Qui es-tu ? qu'as-
« tu fait ? Crois-tu t'excuser sur ton obscurité ?
« Ta faiblesse t'exempte-t-elle de tes devoirs ?
« et pour n'avoir ni nom ni rang dans ta pa-
« trie, en es-tu moins soumis à ses lois ? Il te
« sied bien d'oser parler de mourir, tandis que
« tu dois l'usage de ta vie à tes semblables !
« Apprends qu'une mort telle que tu la mé-
« dites est honteuse et furtive ; c'est un vol fait
« au genre humain. Avant de le quitter, rends-
« lui ce qu'il a fait pour toi. — Mais je ne tiens
« à rien, je suis inutile au monde.... — Philo-
« sophe d'un jour ! ignores-tu que tu ne sau-
« rais faire un pas sur la terre sans y trouver
« quelque devoir à remplir, et que tout homme
« est utile à l'humanité par cela seul qu'il existe !
« Ecoute-moi, jeune insensé : tu m'es cher,
« j'ai pitié de tes erreurs. S'il te reste au fond du
« cœur le moindre sentiment de vertu, viens,
« que je t'apprenne à aimer la vie. Chaque fois
« que tu seras tenté d'en sortir, dis en toi-
« même : Que je fasse encore une bonne action
« avant que de mourir. Puis va chercher quel-
« que indigent à secourir, quelque infortuné à
« consoler, quelque opprimé à défendre. Rap-

« proche de moi les malheureux que mon abord
« intimide : ne crains d'abuser ni de ma bourse
« ni de mon crédit ; prends, épuise mes biens,
« fais-moi riche. Si cette considération te re-
« tient aujourd'hui, elle te retiendra encore de-
« main, après-demain, toute la vie. Si elle ne te
« retient pas, meurs : tu n'es qu'un méchant. »
Etudiez nos grands tragiques ; dans plusieurs
scènes admirables, ils vous offriront ce genre
de beauté.

— Les *Mœurs* et les *Passions* (ἦθος καὶ πάθος)
tenaient une grande place dans les préceptes
des anciens rhéteurs, parce qu'elles dominaient
partout dans l'éloquence. Aristote y consacre
presque tout le second livre de sa *Rhétorique*,
le plus précieux des trois, et celui où l'on admire le plus cet esprit d'observation qu'il porta
dans toutes les connaissances humaines. Cicéron
a traité le même sujet avec sa propre expérience (*de Orat.*, II, 42-53), et nous avons
conservé ici quelques-unes de ses leçons. Il les
termine par ces réflexions, qu'Aristote n'a point
faites, et qu'on ne pouvait attendre que d'un
orateur encore plein du souvenir de ses efforts
et de ses succès.

« Entre ces deux genres, la douceur et la
véhémence, il existe des rapports intimes, difficiles à saisir. La douceur, qui gagne la bienveillance des juges, doit se faire encore sentir
dans l'impétuosité qui remue leur âme ; et réci-

proquement l'impétuosité doit quelquefois animer la douceur. L'éloquence, en général, n'a pas de plus heureuse combinaison que celle où la violence de la discussion est tempérée par l'aménité de l'orateur, et où l'abandon et la grâce sont soutenus par la vigueur et la fermeté. Il faut aussi, dans ces deux genres, ménager ses moyens et réserver pour la fin les développements étendus. Ne vous jetez pas dès l'abord dans ces sortes de mouvements; ils sont le plus souvent étrangers à la cause et au point de la question qu'on veut connaître avant tout. Mais, une fois que vous y êtes entré, ne vous pressez point d'en sortir. Un argument est saisi par l'auditeur aussitôt qu'il est proposé, et l'on peut passer à un second, à un troisième : il n'en est pas ainsi des passions, et l'on ne saurait du premier coup exciter la pitié, la haine, la colère. La preuve confirmative sert d'appui à l'argument, et il suffit de la montrer pour qu'elle en soit comme inséparable; mais ici ce n'est pas l'esprit du juge qu'on attaque, c'est la sensibilité de son cœur; et on ne peut le toucher que par une éloquence riche, variée, abondante, soutenue d'un débit animé. L'orateur qui parle avec concision et ne s'élève jamais, peut donc instruire les juges, mais il ne peut émouvoir leur âme, et c'est là toute l'éloquence [1]. »

1. Cicéron, *de Orat.*, II, 53.

L'auteur de ces préceptes sur les deux plus grandes ressources de l'art oratoire , parle ainsi de lui-même [1] : « Tout médiocre que je suis, c'est par cette noble véhémence (le pathétique) que j'ai souvent terrassé mes adversaires ; c'est par elle que j'ai réduit au silence Hortensius , cet illustre orateur, défendant un ami ; c'est elle qui m'entraînait quand j'accusai en plein sénat le plus audacieux des hommes , Catilina , qui resta muet; c'est elle encore qui , dans une cause particulière , mais importante et grave , me fit presser si vivement Curion le père , qu'o- bligé de s'asseoir sans pouvoir répondre un seul mot , il s'écria qu'on l'avait ensorcelé. Que dirai-je de l'art qui consiste à émouvoir la compassion ? Je m'y suis d'autant plus exercé , que , dans les causes que nous plaidions plu- sieurs ensemble , on ne manquait pas de me charger de la péroraison [2] ; mais si j'obtenais quelques succès en ce genre, je le devais moins à mes talents qu'à ma sensibilité naturelle. Quel que soit d'ailleurs ce mérite , dont je reconnais la faiblesse , on peut en juger par la lecture de mes discours, quoique la lecture ne puisse sup- pléer à cette chaleur de l'action qui semble don- ner à nos compositions oratoires plus de force et d'éclat..... Ainsi mes discours contre Ver- rès fourniront des exemples pour les passions fortes , et mes défenses , pour les sentiments

1. *Orat.*, c. 37 et 38. — 2. *Brutus ,* c. 51.

doux ; car il n'est pas de moyens d'émouvoir ou de calmer les esprits que je n'aie tentés, je dirais presque portés à la perfection, si je le pensais ainsi, ou si je ne craignais d'être accusé de présomption, même en disant la vérité. Mais, je le répète, je dois alors mes succès moins au talent qu'à la véhémence des passions qui m'enflamment et me transportent moi-même. Jamais l'auditeur ne s'échaufferait si des paroles brûlantes ne pénétraient dans son âme. »

SECONDE PARTIE.

DE LA DISPOSITION.

La *Disposition*, dans l'art oratoire, consiste à mettre en ordre toutes les parties fournies par l'*Invention*, selon la nature et l'intérêt du sujet qu'on traite. La fécondité de l'esprit brille dans l'invention ; la prudence et le jugement, dans la disposition.

Il ne suffit pas de montrer à l'esprit beaucoup de choses, dit Montesquieu, il faut les montrer avec ordre : alors nous nous ressouvenons de ce que nous avons vu, et nous commençons à imaginer ce que nous verrons ; notre âme se félicite de son étendue et de sa pénétration. Mais dans un ouvrage où il n'y a point d'ordre, l'âme sent à chaque instant troubler celui qu'elle veut y mettre.

Quiconque ne sent pas la beauté et la force de l'unité et de l'ordre, n'a encore rien vu au grand jour ; il n'a vu que des ombres dans la caverne de Platon [1].

C'est faute de plan, c'est pour n'avoir pas

1. Fénelon. *Voy.* la *République*, liv. VII, édit. d'Henri Estienne, tom. II, p. 514 ; ou les *Pensées de Platon*, seconde édition, p. 88.

assez réfléchi sur son sujet , qu'un homme d'esprit se trouve embarrassé et ne sait par où commencer à écrire. Il aperçoit à la fois un grand nombre d'idées ; et , comme il ne les a ni comparées ni subordonnées, rien ne le détermine à préférer les unes aux autres ; il demeure donc dans la perplexité : mais , lorsqu'il se sera fait un plan , lorsqu'une fois il aura rassemblé et mis en ordre toutes les pensées essentielles à son sujet , il sentira aisément le point de maturité de la production de l'esprit ; il sera pressé de la faire éclore ; les idées se succéderont sans peine , et le style sera naturel et facile [1].

Les rhéteurs comptent six parties du discours oratoire ; non qu'elles y entrent toutes , ni toujours essentiellement , mais parce qu'elles y peuvent entrer ; savoir : l'exorde , la proposition (où la division se trouve comprise) , la narration , la preuve ou confirmation , la réfutation , la péroraison.

Dans la plupart des causes , les avocats se contentent de bien narrer les faits, d'établir solidement leurs moyens et de répondre à ceux de leur partie adverse. Les exordes et les péroraisons n'ont lieu que dans les grands sujets.

Il nous semble à propos de faire précéder ces règles d'une observation générale, qu'on a trop souvent négligée : « A la disposition régulière,

1. Buffon.

dit Cicéron [1], il faut joindre une autre sorte de disposition qui s'écarte de la rigueur des préceptes et s'accommode aux circonstances. L'orateur peut, selon le besoin de sa cause, commencer par la narration, ou par quelque argument solide, ou par la lecture de quelque pièce ; ou bien, aussitôt après l'exorde, il arrive à la preuve, et la fait suivre de la narration ; il peut se permettre quelques autres changements semblables dans l'ordre usité, pourvu qu'il ne les fasse jamais que si sa cause le demande. Par exemple, si les oreilles de l'auditeur sont fatiguées, si sa patience est épuisée par les longs discours de l'adversaire, il vaudra mieux se dispenser de l'exorde, et placer dès l'abord le récit des faits, ou quelque argument victorieux. Ensuite, si vous le jugez nécessaire (car il n'en est pas toujours ainsi), vous pouvez revenir à l'idée principale de cet exorde supprimé.... Quand la narration vous paraîtra peu favorable à la cause, vous mettrez en tête une des meilleures preuves. Ces changements et ces transpositions deviennent quelquefois indispensables, et l'art même vous ordonne alors de renoncer aux préceptes de l'art sur l'ordre du discours. »

Nous allons maintenant examiner, dans leur ordre habituel, les différentes parties de la Disposition.

---

1. *Rhetor. ad Herennium*, III, 9.

I. DE L'EXORDE.

L'*exorde* est la première partie du discours, qui prépare l'auditeur à entendre la suite. L'objet de l'orateur est de s'y concilier la bienveillance et l'attention de ceux qui l'écoutent [1].

1°. Il méritera la bienveillance par l'expression des *mœurs*, par un air de probité et de modestie. Ces qualités doivent régner dans tout le discours ; mais c'est surtout en commençant que l'orateur doit les montrer. Il nuirait à sa cause par un ton trop décisif, trop plein de confiance. La modestie, qui rehausse toujours le prix des talents et des vertus, porte un caractère de candeur qui ouvre le chemin à la persuasion. Soyez modeste, mais non pas timide ; imitez la sage hardiesse de Démosthène : *Athéniens, je voudrais vous plaire, mais j'aime mieux vous sauver.*

L'orateur mettra encore l'auditeur ou le juge

---

1. Si auditorem fecerit BENEVOLUM, ATTENTUM, DOCILEM... *De Orat.*, II, 19, etc. Telles sont les expressions ordinaires de Cicéron et de Quintilien, toutes les fois qu'ils parlent de l'exorde. *Docilem facere* veut dire ici : mettre l'auditeur à portée de s'instruire, éclairer son esprit en établissant la question, le préparer à tous les développements qui doivent suivre. Cicéron lui-même nous explique ce mot, *Part. orat.*, c. 8 : Sumuntur autem (exordia) trium rerum gratia, ut amice ut *intelligenter*, ut attente audiamur.

dans ses intérêts, s'il donne une idée avantageuse de ceux qu'il défend, et s'il les représente exempts de haine, d'injustice, d'opiniâtreté (Cicer., *de Orat.*, II, 43). C'est avec des couleurs opposées qu'il doit peindre ses adversaires, pour peu que leur conduite et leur caractère donnent lieu à la censure. Mais qu'il prenne garde de montrer de la passion, et de manquer aux égards qui sont dus aux talents, au rang, à la naissance. Ses plaintes doivent être justifiées par la nécessité de défendre ses clients. Plus il usera de ménagement, plus sa modération lui conciliera les esprits et tournera au désavantage de ses adversaires.

Les anciens rhéteurs voulaient enfin que, selon les circonstances, l'orateur intéressât les juges par des motifs tirés de la personne de l'orateur et des juges eux-mêmes. Du temps de la république romaine, où l'avocat était quelquefois supérieur aux juges en dignité, il faisait souvent mention de lui. Aujourd'hui on exige qu'il ne parle de lui que par nécessité : on veut qu'il paraisse s'oublier ; et la précaution même de celui qui affecte de parler de la faiblesse de ses talents passe presque toujours pour une subtilité de l'amour-propre, qui aime mieux dire du mal de soi que de s'en taire. L'orateur cesse d'être quelque chose dès qu'il fait penser à lui. De même, dans un temps où les juges, pris au hasard, ne se croyaient pas astreints à suivre les lois en rigueur, on pouvait plus facilement espérer de les captiver par des louanges. Il faut maintenant plus d'art et de circonspection pour louer les juges, esclaves de la loi et de la vérité. Ne louez pas, si vous ignorez l'art très-difficile de louer. On ne souffre plus les compliments fades; on ne dit plus :

Devant le grand Dandin l'innocence est hardie;
Oui, devant ce Caton de basse Normandie,
Ce soleil d'équité qui n'est jamais terni,
Victrix causa diis placuit, sed victa Catoni.

2°. L'orateur commandera l'*attention*, s'il fait envisager l'affaire dont il parle comme importante et capable d'intéresser la société ; si la manière dont il débute donne une bonne opinion de son talent et de ses lumières ; si enfin il est court et précis : car rien ne déplaît tant à l'auditeur que la perspective d'une longue discussion. Il faut donc travailler l'exorde avec beaucoup de soin et de scrupule : cette partie étant écoutée la première, est celle que la critique épargne le moins. Si l'exorde est mauvais, il entraîne souvent tout le discours dans sa disgrâce ; s'il est bon, il aveugle sur les défauts du reste de l'ouvrage. Cicéron a dit : *Vestibula honesta, aditusque ad causam faciet illustres* (Orat., c. 15).

On trouve dans les anciens une troisième condition de l'exorde, *ut docilem auditorem faciat*, c'est-à-dire l'*intérêt*. On voit que cette règle peut rentrer dans la seconde ; car un des meilleurs moyens de rendre l'auditeur attentif, c'est d'éclairer son esprit, et de lui présenter sous un jour lumineux l'état de la question. « L'auditeur, dit Cicéron [1], trouvera de la facilité et du plaisir à vous suivre, si dès l'abord vous lui expliquez le genre et la nature de l'affaire, si vous la divisez, mais en évitant les divisions multipliées qui chargent et embarrassent la mémoire. » Nous devons conclure de ces paroles que Cicéron n'exigeait proprement de l'exorde cette troisième qualité que parce qu'il y comprenait la proposition et la division. Cette remarque a échappé à la plupart des rhéteurs modernes qui ont répété les préceptes des anciens sur l'art oratoire.

Cicéron veut aussi, et c'est un des meilleurs préceptes de l'exorde, que si par hasard le temps, le lieu, l'arrivée de quelqu'un, une interpellation ou un mot de l'adversaire, surtout dans sa péroraison, nous donne occasion de commencer par un trait propre à la circonstance, nous sachions en profiter. Mais nous ne parlons encore ici que de l'exorde par insinuation, nommé par les Grecs ἔφοδος [2], *aditus ad causam*, et qui consiste surtout à préparer les esprits.

La comparaison de l'exorde du plaidoyer

1. *Partit. Orat.*, c. 8.
2. *Rhet. ad Herenn.*, 1, 4.

d'Ajax et de celui d'Ulysse dans Ovide (*Méta-*
morph. XIII, 3), peut nous faire connaître
surtout combien cet art de préparer les esprits
est ici important et nécessaire. Après la mort
d'Achille, Ajax et Ulysse se disputaient les armes
de ce héros. Ils exposent tous deux leurs prétentions devant les princes confédérés. Ajax,
qui parle le premier, dit précisément tout ce
qu'il faut pour indisposer l'esprit de ses juges [1] :
« Impatient et fougueux, il regarde d'un œil
« farouche le rivage de Sigée et la flotte des
« Grecs ; ensuite, levant les mains, il s'écrie :
« Grands dieux ! c'est à la vue de la flotte que
« nous parlons, et c'est Ulysse qu'on m'oppose !
« Cependant il n'a pas rougi de fuir devant les
« flammes que lançait Hector ; et moi je les ai
« bravées, je les ai repoussées loin des vais-
« seaux ! » Cette présomption, ces éclats, cet
emportement contre Ulysse et contre les juges,
à qui il semble reprocher leur injustice et leur
ingratitude, ce grand service rappelé d'une
manière si dure, tout cela devait aliéner les
esprits. Cet exorde brusque et sans art décèle
un grand art dans le poëte ; il a voulu peindre
le caractère d'Ajax, héros sans doute moins

1. Utque erat impatiens iræ, Sigeia torvo
   Littora respexit, classemque in littore, vultu,
   Intendensque manus : Agimus, proh Jupiter ! inquit,
   Ante rates causam, et mecum confertur Ulysses !
   At non Hectoreis dubitavit cedere flammis,
   Quas ego sustinui, quas hac a classe fugavi.

instruit dans l'art de parler qu'habile à manier les armes. Ecoutons maintenant Ulysse, Ulysse, le plus adroit comme le plus éloquent des Grecs :

« [1] Il se lève, et, après avoir tenu quelque
« temps ses yeux fixés à terre, il les porte sur
« les chefs avides de l'entendre ; il parle, et la
« grâce vient embellir son éloquence : O Grecs !
« si vos vœux et les miens avaient été remplis,
« l'héritier de ces armes ne serait pas incertain ;
« tu les posséderais, Achille, et nous te possé-
« derions encore ! Mais, puisqu'un sort fatal
« nous l'enlève et à vous et à moi (en même
« temps il porte la main à ses yeux, comme
« pour essuyer des larmes), qui doit jouir de
« l'héritage du grand Achille, si ce n'est celui

1. Adstitit, atque oculos paulum tellure moratos
   Sustulit ad proceres, exspectatoque resolvit
   Ora sono, neque abest facundis gratia dictis :
   Si mea cum vestris valuissent vota, Pelasgi,
   Non foret ambiguus tanti certaminis hæres,
   Tuque tuis armis, nos te poteremur, Achille !
   Quem quoniam non æqua mihi vobisque negarunt
   Fata (manuque simul veluti lacrymantia tersit
   Lumina), quis magno melius succedat Achilli,
   Quam per quem magnus Danais successit Achilles ?

Dans les premiers vers de ce récit, le poète semble déjà mettre en action les préceptes des rhéteurs sur l'exorde. Cette règle, comme toutes les autres, a son fondement dans la nature. Ovide même ne fait que traduire Homère, *Iliad.*, III, 216 :

Ἀλλ' ὅτε δὴ πολύμητις ἀναΐξειεν Ὀδυσσεύς,

Στάσκεν, ὑπαὶ δ' ἴδεσκε, κατὰ χθονὸς ὄμματα πήξας, κ. τ.).

« qui a fait jouir les Grecs d'Achille et de sa
« gloire ? » On ne voit rien dans cet exorde qui
n'intéresse et ne séduise. Modération, désinté-
ressement, piété, dévouement à la cause commune, amour des grands hommes, regrets
pour celui dont on pleure la perte, respect
pour les juges, tout contribue à gagner les
auditeurs [1].

Précautions oratoires.

Le talent se montre surtout lorsqu'il lutte
contre les obstacles et les dangers : sa force est
dans le combat. Un brave soldat disait, à la vue
de la citadelle de Namur, le lendemain de
l'assaut : « J'escaladai hier ce rocher au milieu
du feu ; je n'y grimperais pas aujourd'hui. »
Vraiment, je le crois bien, répondit un autre,
*on ne nous tire plus des coups de fusil de là-
haut.* Voilà l'image de l'éloquence lorsqu'elle
rencontre des difficultés et qu'elle en triomphe [2].

Souvent le premier coup d'œil n'est pas favorable ; on a des préventions à combattre.
Vouloir les attaquer de front, ce serait se mettre
en risque d'échouer ; l'orateur a besoin de beaucoup de dextérité pour ramener les esprits.
C'est alors que l'éloquence lui fournit ces tours
adroits qui adoucissent ce qui paraît choquant,

1. Gibert.
2. Maury.

et que Rollin appelle *Précautions oratoires*. Cet art est nécessaire toutes les fois qu'on est obligé d'exprimer des idées qui pourraient ne pas être agréables à l'auditeur ; mais il est plus essentiel dans l'exorde : si l'on blesse dès l'entrée, on prépare un mauvais accueil à tout le reste.

Cicéron donna un bel exemple de cet art quand il osa se déclarer contre la loi *agraire*. On appelait ainsi la loi qui ordonnait des distributions de terres pour ceux d'entre le peuple qui étaient les plus pauvres. Cette loi avait, dans tous les temps, servi d'appât et d'amorce aux tribuns pour gagner la multitude et pour se l'attacher. Elle paraissait, en effet, lui être très-favorable, en lui procurant un repos tranquille et une retraite assurée. Cependant Cicéron entreprend de la faire rejeter par le peuple même, qui venait de le nommer consul avec une distinction sans exemple. S'il eût commencé par se déclarer ouvertement contre cette loi, il aurait trouvé toutes les oreilles et tous les cœurs fermés, et le peuple se serait généralement révolté contre lui ; mais il était trop habile et connaissait trop les hommes pour ne pas éviter cette faute. C'est une chose admirable de voir pendant combien de temps il tient l'esprit de ses auditeurs en suspens, sans leur laisser entrevoir le parti qu'il avait pris, ni le sentiment qu'il voulait leur inspirer. Il commence sa harangue

par des actions de grâces pour la dignité consulaire dont il vient d'être honoré. Il relève
toutes les circonstances de ce bienfait, qui le
lui rendent plus cher et plus précieux. Il déclare
ensuite qu'étant redevable au peuple de tout ce
qu'il est, il veut être un consul *populaire*. Mais
il avertit que ce mot a besoin d'explication ; et,
après en avoir démêlé les différents sens, après
avoir découvert les secrètes intrigues des tribuns qui couvraient de ce spécieux titre leurs
desseins ambitieux ; après avoir loué hautement
les Gracques, zélés défenseurs de la loi agraire,
et dont la mémoire, par cette raison, était si
chère au peuple romain ; après s'être insinué
peu à peu dans l'esprit de ses auditeurs, et s'en
être enfin rendu maître, il n'ose pas encore
cependant attaquer la loi dont il s'agissait : il se
contente de protester que, si le peuple lui-même
ne reconnaît pas que cette loi, sous un dehors
flatteur, donne en effet atteinte à son repos et à
sa liberté, il se joindra à lui, et se rendra à son
sentiment. Rien n'était plus insinuant que ce
début ; il produisit tout ce qu'on en devait
attendre, et le peuple, détrompé par l'éloquent
discours de son consul, rejeta lui-même la
loi [1].

Aussi Pline l'ancien, frappé de ce beau triomphe de l'art oratoire, s'écrie-t-il, en faisant
l'éloge de Cicéron : *Te dicente, legem agra-*

---

1. Rollin.

riam , hoc est alimenta sua , abdicaverunt tri-
bus ! (Natur. hist. , **VII** , 30.)

Le respect inviolable que les enfants doivent
à leurs pères et mères , lors même qu'ils en sont
traités avec dureté et avec injustice , rend très-
difficiles certaines conjonctures où ils sont obligés de parler contre eux ; il faut alors qu'on
sente qu'il n'y a qu'une nécessité indispensable
qui arrache de la bouche des enfants des plaintes
que le cœur voudrait supprimer. On peut voir
un exemple de ce précepte dans le plaidoyer
pour Cluentius [1] , traité indignement par sa
mère [2].

Cette règle regarde aussi tout inférieur qui a
des prétentions légitimes à faire valoir contre
un supérieur qu'il doit respecter et honorer.
Cochin emploie ce tour dans la cause des religieuses de Maubuisson , qui plaident contre
leur abbesse : « Les religieuses de Maubuisson ,
« dit-il , gémiraient encore en secret des dés-
« ordres qu'elles vont exposer aux yeux de la
« justice, si la religion, si l'intérêt d'une maison
« qui leur est chère , ne les avaient forcées de
« rompre le silence.... Les fonds du monastère
« aliénés, les revenus dissipés, les fermes et les
« bâtiments dégradés , ont fait craindre avec
« raison que l'abbaye ne se trouvât bientôt sur
« le penchant de sa ruine. Enfin la tyrannie
« exercée même sur les consciences a achevé

1. Chap. 5 , 6 , etc.— 2. Rollin.

« de porter partout l'horreur et la désolation.
« Etait-il permis à des religieuses instruites des
« devoirs de leur état d'être insensibles à des
« maux si pressants ? et ne les aurait-on pas
« regardées comme complices de tant de dés-
« ordres, si elles n'avaient enfin fait éclater
« leurs plaintes, peut-être trop longtemps rete-
« nues ? C'est donc ce qui les engage aujour-
« d'hui, malgré elles, à donner au public le
« triste spectacle des troubles dont leur maison
« est agitée. Si la nécessité d'une défense les
« oblige de s'élever avec force contre leur ab-
« besse, elles se flattent que ce sera sans s'é-
« carter du respect qu'elles doivent conserver
« pour elle. » C'est ainsi que l'orateur habile
intéresse en faveur de ses clientes, lorsqu'elles
se trouvent dans le cas d'une démarche qui, au
premier coup d'œil, paraissait devoir indisposer
contre elles.

Bossuet, ayant à traiter, dans l'oraison funèbre du grand Condé, l'article de ses guerres
civiles, dit qu'il y a une pénitence aussi glorieuse que l'innocence même. Il manie ce morceau habilement : dans le reste, il parle avec
grandeur [1].

Sources de l'exorde.

N'imitons point ces rhéteurs qui, au lieu
d'entrer d'abord en matière, se tournent et se

1.- Voltaire.

retournent dans tous les sens, comme un voyageur qui ne connaît pas sa route. L'exorde ne
commence véritablement qu'au moment où l'on
découvre l'objet et le dessein du discours [1].

Il faut donc tirer l'exorde du fond même de
la question, puisqu'il est fait pour y préparer ;
autrement, il ne serait plus qu'un hors-d'œuvre.
L'orateur ne s'occupera de son exorde, du
moins dans les grandes compositions, que lorsqu'il aura pleinement envisagé son sujet. Sans
cette précaution, il s'expose à amplifier inutile-
ment des idées vagues, communes, étrangères
à la matière qu'il va traiter. *Id quod primum
est dicendum, postremum soleo cogitare, quo
utar exordio ; nam si quando id primum in-
venire volui, nullum mihi occurrit, nisi aut
exile, aut nugatorium, aut vulgare atque commune* (de Orat., II, 77).

L'exorde, comme nous l'avons dit, est surtout d'un grand effet quand il est pris d'une
circonstance locale dont l'orateur sait profiter.
Tel est celui du discours de saint Paul dans
l'Aréopage [2] : « Athéniens, il me semble que la
« puissance divine vous inspire, plus qu'à tous
« les hommes, une crainte religieuse ; car, en
« traversant votre ville, et en contemplant les
« objets de votre culte, j'ai rencontré un autel

1. Maury.
2. *Act. Apost.*, XVII, 22.

« avec cette inscription : Au Dieu inconnu. Ce
« Dieu que vous adorez sans le connaître, c'est
« lui que je vous annonce. Dieu, créateur du
« monde et de tout ce qui est dans le monde,
« Dieu, maître du ciel et de la terre, n'habite
« point dans les temples bâtis par les hommes.
« Les ouvrages de leurs mains ne peuvent être
« un honneur pour lui, et il n'en a pas besoin,
« lui qui donne à tous la vie, le souffle et
« toutes choses, etc. »

Il faut craindre seulement que ces exordes,
comme ceux des autres genres, ne paraissent
affectés et tirés de trop loin ; car rien ne nuit
plus à l'effet d'un discours qu'un début où l'on
aperçoit la recherche et l'étude. Cette prétention est encore plus blâmable, lorsqu'il y a une
disproportion sensible entre les pensées de
l'exorde et la nature du sujet. C'est pour tourner en ridicule l'un et l'autre de ces défauts
que Racine, dans sa comédie des *Plaideurs*,
introduit de prétendus avocats qui, parlant d'un
chapon dérobé, remontent jusqu'au chaos, à
la naissance du monde et à la fondation des
empires. Ne vous faites pas dire, comme à L'Intimé : *Avocat, ah ! passons au déluge !*

L'exorde est vicieux lorsqu'il peut convenir
à plusieurs causes ; c'est ce qu'on appelle exorde
banal ou vulgaire. Il ne l'est pas moins lorsque
l'adversaire en peut aussi faire usage, ou qu'il
n'aurait besoin que de légers changements pour

l'employer contre nous ; c'est ce qu'on appelle exorde commun. On l'appelle étranger ou d'emprunt (*separatum* , *translatum*) , lorsqu'il ne naît point de la cause ou n'y convient pas. Il peut être encore , ou trop brillant , ou trop long, ou peu d'accord avec la narration ; enfin, il est défectueux toutes les fois qu'il n'inspire pas à l'auditeur la bienveillance , l'envie de se laisser instruire , le besoin d'écouter [1].

Style de l'exorde.

Le style de l'exorde n'exclut pas seulement l'affectation et l'emphase ; mais, quoiqu'il doive être conforme au sujet , il ne doit pas étaler d'abord les richesses de l'éloquence. Cette règle est puisée dans la nature. De tout ce qui existe, dit Cicéron , il n'est rien qui en naissant se développe tout entier [2]. Dans le genre judiciaire, et lorsqu'il s'agit d'affaires sérieuses et délicates, on veut que l'orateur se présente avec un air simple et modeste , qui inspire la confiance ; mais il est des harangues, surtout dans le genre démonstratif, qui lui permettent d'employer dès le commencement un style pompeux et magnifique. Les oraisons funèbres de Bossuet et de Fléchier nous en fournissent assez d'exemples.

1. Cicéron , *ad Herenn.*, 1 , 7 ; *de Invent.*, 1 , 18.

2. Nihil est in natura rerum omnium , quod se universum profundat, et quod totum repente evolet (*de Orat.*, II, 78).

La raison de cette différence est que, dans le genre judiciaire, l'auditeur se défie de celui qui paraît vouloir l'éblouir par l'éclat des figures et des termes étudiés ; au lieu que dans le démonstratif, loin d'être en garde contre l'orateur, il le favorise d'avance, il s'intéresse au sujet, et tout l'embarras de celui qui parle est de remplir l'attente de ceux qui l'écoutent. Il peut donc commencer d'un air grand et majestueux, si sa matière le permet.

L'exorde, en général, ne doit point être véhément. La modestie, la douceur, la tranquillité, sont les caractères qui lui sont propres ; il n'est pas temps de déployer le ressort du pathétique lorsque la cause n'est pas encore bien connue. C'est pour cette raison que l'exorde admet le nombre et l'harmonie de la période, qui s'allie avec la situation de l'orateur et de son auditoire. Le seul exorde *ex abrupto* est une exception à cette règle.

On appelle ainsi l'exorde où l'on entre brusquement en matière. Lorsqu'une vive douleur, une grande joie, une indignation violente, ou quelqu'autre passion se trouve déjà dans le cœur de ceux qui écoutent, on ne risque rien d'éclater en commençant.

La dernière fois que Catilina parut dans le sénat assemblé, tous les sénateurs, instruits de ses desseins pernicieux, furent saisis d'indignation à sa présence ; et ceux qui se trouvèrent près de la place qu'il choisit, s'en éloignèrent avec horreur. Alors Cicéron, qui, en qualité de consul, présidait l'assemblée, adressa au coupable ces foudroyantes paroles :

« Jusques à quand enfin, Catilina, abuseras-
« tu de notre patience? combien de temps
« encore serons-nous le jouet de ta fureur?
« quelles seront les bornes de l'audace effrénée
« qui t'emporte? Quoi! ni ces gardes posées
« de nuit sur le mont Palatin, ni les sentinelles
« distribuées dans la ville, ni la consternation
« du peuple, ni ce frémissement général des
« citoyens vertueux, ni ce lieu fortifié où s'as-
« semble le sénat, ni ces visages irrités, ces
« yeux fixés sur toi, n'ont rien qui puisse
« t'émouvoir? Ne sens-tu pas que tes complots
« sont dévoilés? ne vois-tu pas, même dans le
« silence de ceux qui t'environnent, que ton
« crime est découvert? Tes actions de la nuit
« dernière et de la précédente, le lieu de l'as-
« semblée, ceux qui la composaient, les projets
« qu'on y a formés, crois-tu qu'aucun de nous
« les ignore? O siècle! ô mœurs! le sénat le
« sait, le consul le voit : et ce traître respire!
« Que dis-je, il respire! il met dans le sénat un
« pied téméraire; il a part aux secrets de l'Etat ;
« il marque, il destine de l'œil chacun de nous
« à la mort! Et nous, etc. [1] »

Si l'accusateur de Catilina eût commencé

1. *In Catil.*, 1, 1.

tranquillement son discours, il aurait attiédi et peut-être éteint l'émotion des auditeurs ; mais il profite habilement de la disposition où il les trouve, il augmente la chaleur de leur indignation, et jette en même temps le trouble et la crainte dans l'âme de l'accusé [1].

Quand on lit les Catilinaires, sans cesse on applique à Cicéron ce qu'il a dit de Démosthène (*Orat.*, c. 7) : « Il remplit l'idée que je me suis formée de l'éloquence, et il atteint ce beau idéal, ce haut degré de perfection que j'imagine ; mais dont je n'ai jamais trouvé d'autre exemple. »

II. DE LA PROPOSITION ET DE LA DIVISION.

La *proposition* est le sommaire clair et précis du sujet. Elle sert dans le plaidoyer à annoncer le point que est à juger (τὸ κρινόμενον), ou ce qui détermine l'état de la question. Ainsi : « Je ne « vous dirai point, juges, que la mort de Clo-« dius est un événement heureux pour la répu-« blique ; mon dessein est de vous prouver que « Clodius a dressé des embûches à Milon pour « l'assassiner ; et lorsque je vous aurai démontré « que cet attentat est aussi clair que la lumière « du jour, alors enfin je supplierai, je deman-« derai en grâce que, si nous avons perdu tout

1. Colin.

« le reste , on nous laisse au moins le droit de
« nous défendre contre l'audace et les traits
« d'un ennemi. » (Cic. , *pro Milone* , c. 2.)

Il y a des propositions simples et des propositions composées. Les simples n'ont qu'un seul
objet : « Nous plaidons, un tel et moi, au sujet
de la succession de Mévius qui est mort sans
tester ; il s'agit de savoir lequel de nous deux
est le plus proche parent du défunt. » Les propositions composées ont plusieurs parties ,
comme lorsqu'on expose les différents chefs
d'une action qu'on intente. Ainsi Démosthène,
en accusant Eschine d'avoir prévariqué dans
son ambassade , renferme dans la proposition
les différents chefs d'accusation , et annonce
qu'il va le convaincre d'avoir trompé ses concitoyens, de n'avoir point suivi les instructions
qu'ils lui avaient données , d'avoir différé son
retour malgré les ordres de la république , et
de s'être laissé corrompre par Philippe.

Toutes les fois que la proposition est composée, ou qu'étant simple , elle doit être prouvée d'abord par tel moyen , ensuite par tel
autre , il y a *division*. La division est donc le
partage du discours en divers points qui seront
successivement traités.

Ses principales règles sont , 1° qu'elle soit
entière, c'est-à-dire que les membres qui la
composent annoncent toute l'étendue du sujet ;
2° qu'un membre ne rentre point dans un autre ,

et ne le rende pas inutile en ne présentant que la même idée sous différents termes ; 3° que le premier membre soit, s'il est possible, un degré pour monter au second, et ainsi jusqu'au dernier ; 4° que la division soit naturelle, exprimée en termes précis, et non puérilement rebattue par des synonymes, comme c'était autrefois la mode parmi certains prédicateurs, qui cherchaient aussi de nombreuses subdivisions correspondantes et symétriques, affectation également indigne et d'un art si noble, et d'un si auguste ministère.

> Crimina rasis
> Librat in antithetis. Pers., 1, 85.

Voici quelques exemples de divisions régulières. En traitant le mystère de la Passion sur ce texte : *Les Juifs demandent des miracles, et les Grecs cherchent la sagesse ; pour nous, nous prêchons Jésus-Christ crucifié, qui est un sujet de scandale aux Juifs, et qui paraît une folie aux Gentils, mais qui est la force de Dieu et la sagesse de Dieu à ceux qui sont appelés, soit d'entre les Gentils, soit d'entre les Juifs ;* le Père Bourdaloue divise ainsi sa matière : « Vous n'avez peut-être considéré « jusqu'à présent la mort du Sauveur que « comme le mystère de son humilité et de sa « faiblesse ; et moi, je vais vous montrer que « c'est dans ce mystère qu'il a fait paraître toute

« l'étendue de sa puissance : ce sera la première
« partie. Le monde, jusqu'à présent, n'a re-
« gardé ce mystère que comme une folie ; et
« moi, je vais vous faire voir que c'est dans ce
« mystère que Dieu a fait éclater plus haute-
« ment sa sagesse : ce sera la seconde partie. »
La justesse des plans généraux est un des caractères distinctifs de ce grand sermonnaire, qui
donnait à tous ses discours une marche noble
et majestueuse. Il doit être lu non-seulement
par ceux qui se destinent à la chaire, mais par
quiconque veut parler pour prouver et pour
convaincre.

Sur ce texte, *Tout est consommé*, Massillon,
dans son sermon de la Passion, forme cette
division remarquable : « La mort du Sauveur
« renferme trois consommations qui vont nous
« expliquer tout le mystère de ce grand sacri-
« fice, dont l'Eglise renouvelle en ce jour le
« spectacle et honore le souvenir : une consom-
« mation de justice, du côté de son père ; une
« consommation de malice, de la part des
« hommes ; une consommation d'amour, du
« côté de Jésus-Christ. Ces trois vérités parta-
« geront tout ce discours, et l'histoire des igno-
« minies de l'homme-Dieu, etc. »

On ne remarque pas la même symétrie dans
les divisions en usage au barreau, parce que le
plus souvent les divers moyens que la cause
fournit n'ont pas entre eux cette liaison et ce

rapport qui doivent régner entre les membres d'une division exacte et philosophique.

Fénelon, dans ses Dialogues sur l'Eloquence, blâme la méthode des divisions. Il préfère l'ordre prescrit par Cicéron, cet ordre qui, par l'enchaînement des preuves et la progression des idées, conduit l'auditeur au but sans qu'il s'en aperçoive. Mais, quelque plausibles que soient les raisons de cet illustre critique, on doit convenir que la méthode des modernes est plus lumineuse et plus exacte que celle des anciens, et qu'elle est plus propre à répandre la clarté sur des matières compliquées et souvent obscures. Dans l'éloquence de la chaire, un plan bien conçu, une division heureuse prévient favorablement, soutient l'attention, soulage la mémoire, et n'empêche pas que l'orateur n'échauffe et ne remue. Bourdaloue n'en est pas moins nerveux, ni Massillon moins touchant, pour avoir divisé.

Plus un orateur méditera son plan, plus il abrégera sa composition. Laissons donc blâmer la méthode des divisions comme une contrainte funeste à l'éloquence; et adoptons-la néanmoins, sans craindre qu'elle ralentisse la rapidité des mouvements oratoires en les dirigeant avec plus de régularité. Le génie a besoin d'être guidé dans sa route, ou de se guider lui-même, en nous disant d'où il vient et où il va ; et la règle qui lui épargne des écarts le contraint pour le

mieux servir, quand elle lui donne de salutaires
entraves ; car le génie n'en est que plus ferme
et plus grand lorsqu'il marche avec ordre,
éclairé par la raison et dirigé par le goût [1].

Cicéron lui-même, quoique sa méthode ne
soit pas toujours si développée, offre plusieurs
exemples de divisions justes et régulières :

« Je suis sûr de vous faire sentir, dit-il aux
« juges, non-seulement que vous ne devez pas
« retrancher Archias du nombre des citoyens,
« puisqu'il est véritablement citoyen, mais que,
« s'il ne l'était pas, vous devriez l'adopter. »
(*Pro Archia*, c. 2.)

Dans la harangue *pour la loi Manilia*, où il
s'agissait de la guerre contre Mithridate, roi
de Pont, et contre Tigrane, roi d'Arménie,
Cicéron entreprend de prouver trois choses :
« 1° que la guerre est nécessaire ; 2° qu'elle est
« dangereuse et difficile ; 3° que Pompée seul
« peut la terminer heureusement. » (*Pro lege
Manilia*, c. 2.)

Le même orateur divise ainsi son plaidoyer
pour Muréna : « Il me semble, juges, que toute
« l'accusation peut se réduire à trois griefs prin-
« cipaux : l'un porte sur la conduite antérieure
« de l'accusé ; l'autre, sur ses titres au consulat ;
« le dernier, sur les brigues qu'il a, dit-on,
« employées pour l'obtenir. » (*Pro Murena*,
c. 5.) Le défenseur de Muréna répond ensuite

1. Maury.

méthodiquement à ces trois chefs d'accusation.

Il y a néamoins ici deux défauts à éviter. Le premier est de faire trop de divisions : c'est accabler l'esprit au lieu de le soulager ; c'est dissiper l'attention de l'auditeur, qui ne peut retenir ce grand nombre de divisions et de subdivisions forcées. L'autre est de s'asservir trop scrupuleusement à la méthode des divisions, et de se persuader qu'elles soient toujours nécessaires. Il n'y a quelquefois dans un discours qu'un objet simple, et qu'un moyen qu'on ne peut pas décomposer. C'est la nature des sujets qui doit régler, à cet égard, l'orateur judicieux. Mais prétendre que chaque preuve fondamentale soit divisée en deux ou trois autres, et qu'une vérité, quelqu'évidente ou quelqu'obscure qu'elle puisse être, soit toujours prouvée par quatre ou six arguments d'une même étendue, quelle vaine symétrie ! quelle puérilité ! faut-il plaindre ou mépriser ceux qui font tant d'efforts pour se rendre ridicules ?

III. DE LA NARRATION.

La *narration*, dans le discours, est l'exposition du fait, assortie à l'utilité de la cause. On l'appelle simplement *fait* dans les plaidoyers et les mémoires ; ce n'est pas la partie la moins importante, ni celle qui exige de l'orateur le moins d'attention, puisque le fait est la matière même de la cause, et la source des moyens ; *Omnis orationis reliquæ fons est narratio.* (Cic., *de Orat.*, II, 81.)

L'historien et l'orateur narrent l'un et l'autre ; mais le premier, uniquement occupé du vrai, ne songe qu'à exposer la chose telle qu'elle est ; l'autre, tout en respectant la vérité, n'oublie pas ce que demande sa cause. Il ne lui est pas permis, sans doute, d'être infidèle dans son récit ; il se nuirait à lui-même, et perdrait toute confiance, s'il courait le risque d'être surpris en mensonge. Mais, sans détruire la substance du fait, il le présente sous des couleurs favorables ; il insiste sur les circonstances qui lui sont avantageuses, et les met dans le plus beau jour ; il adoucit celles qui seraient odieuses ou choquantes. Un historien qui aurait eu à raconter la mort de Clodius, aurait dit : *les esclaves de Milon tuèrent Clodius.* Cicéron dit : *les esclaves de Milon firent alors ce que chacun de nous aurait voulu que ses esclaves fissent en pareille rencontre.* (Pro Mil., c. 10.) Par ce tour adroit, il écarte tout ce que l'action de Milon peut avoir d'odieux. Il faut que cette forme ingénieuse et délicate soit essentiellement oratoire ; car elle se trouvait presque déjà dans le plaidoyer de Lysias sur le meurtre d'Eratosthêne [1].

____

[1] Chap. 6, pag. 28, édit. de Reiske.

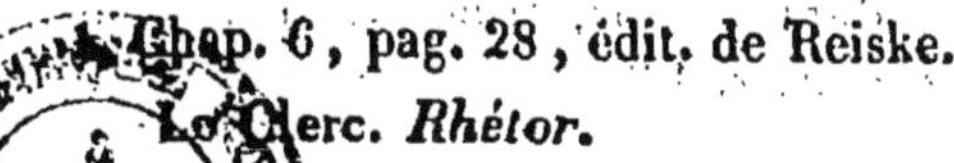

Le Clerc. *Rhétor.* 5

Le grand art de la narration consiste donc à présenter le germe de tous les moyens qui seront employés dans la suite, et dont la *confirmation* n'est que le développement. L'orateur doit arranger les circonstances de son récit de manière qu'elles conduisent elles-mêmes l'esprit à des inductions avantageuses au parti qu'il soutient. Mais l'art n'est jamais plus parfait que lorsqu'il est dissimulé. Quintilien cite à ce sujet un endroit de la narration du plaidoyer pour Milon. Son défenseur voulait que les juges démeurassent persuadés que Milon était parti de Rome sans aucun dessein d'attaquer Clodius : rien était-il plus propre à le faire croire que cette description si simple en apparence?

« Milon, étant resté ce même jour au sénat « jusqu'à la fin de la séance, revint à sa mai- « son ; il changea de chaussure et d'habits, il « attendit quelque temps que sa femme fût « prête, comme c'est l'usage [1]. » Ce récit n'annonce aucun art, il en a pourtant beaucoup. Tant de circonstances, qui paraissent d'abord si petites et si légères, sont rapportées dans tous leurs détails, afin de persuader que c'est ici un départ sans empressement, sans dessein, un simple voyage de campagne. Que Milon paraît

---

1. Milo autem, quùm in senatu fuisset eo die, quoad senatus dimissus est, domum venit ; calceos et vestimenta mutavit ; paulisper, dum se uxor, ut fit, comparat, commoratus est (*pro Milone*, c. 10).

tranquille, en effet, et que sa conduite est éloi-
gnée de celle d'un homme qui médite un assassinat [1] !

Cet art de présenter les faits sous un point de
vue favorable, est la principale qualité de la
narration oratoire. Les rhéteurs en assignent
quatre autres, la clarté, la vraisemblance, la
brièveté, et, si la matière le permet, l'intérêt et
l'agrément.

1°. La narration doit être *claire.* La clarté
est un devoir de tout le discours ; mais elle est
particulièrement nécessaire dans la narration,
parce que c'est de là que doit partir la lumière
qui se répandra sur toute la suite. Si le fait n'a
pas été bien exposé, s'il y reste de l'obscurité
et de l'embarras, les raisonnements et les
preuves qui viendront après ne se feront point
nettement concevoir, et tout le travail de l'avocat est perdu. *Narratio obscura totam obcæ-
cat orationem* (Cic., *de Orat.*, II, 80). Il faut
donc marquer si distinctement les faits et leurs
divers détails, les temps, les lieux, les personnes, que tout cela ne fasse qu'un tableau où
l'esprit voie tous les objets sans les confondre [2].
Nous y parviendrons surtout, si nous disons
d'abord ce qui s'est fait d'abord, si nous con-
servons l'ordre réel ou probable des choses et
des temps. Gardons-nous bien ici d'être confus,

1. Quintilien, IV, 2. — 2. Id., *ibid.*

entortillés, équivoques : point de locution nouvelle, point de digressions ; commençons et finissons où il convient, sans rien oublier de ce qui tient au sujet. Ne perdons jamais de vue les règles de la brièveté ; car plus le récit est rapide, plus il est clair et facile à suivre [1]. Cependant on devient quelquefois obscur pour vouloir être trop court : l'amour de la brièveté ne doit jamais faire supprimer ce qui est indispensable à la clarté, à la vraisemblance, à l'intérêt.

2°. La narration doit être *vraisemblable.* Le vrai même, pour être cru, a besoin de vraisemblance. Assignez donc aux personnes des caractères et des motifs qui répondent à leurs actions, et n'omettez aucune des circonstances de lieu, de temps, de moyens, qui expliquent les causes, les effets, et rendent un événement naturel. Si vous accusez un homme de meurtre, dit Quintilien (IV, 2), peignez-le colère, violent, emporté ; s'il est accusé d'adultère, et que vous soyez obligé de le défendre, donnez-lui des mœurs pures, austères, irréprochables. Cicéron, défendant Roscius, injustement accusé du meurtre de son père, le peint comme un homme simple, de mœurs innocentes et douces, sans cupidité, sans passion pour les plaisirs et les folles dépenses ; et ses accusateurs, au contraire, qui étaient vraisemblablement les

1. *Rhetor. ad Herenn.,* I, 9.

meurtriers, sont des gens audacieux, avides, accoutumés à tous les crimes. Il faut éviter néanmoins de trop raffiner sur ces motifs ; c'est par les actions surtout qu'il convient de caractériser les personnes.

3°. La narration doit être *courte*. Mais Aristote dit avec raison que ce n'est pas une qualité qui convienne plus à la narration qu'à l'exorde ou à la preuve[1]. Le brièveté qu'on exige ici ne consiste donc pas à se renfermer dans peu de paroles, mais à ne rien dire de superflu. Un récit de deux pages est court, s'il ne contient que ce qui est nécessaire ; au lieu qu'un récit de vingt lignes est long, si moins de mots suffisent. *J'arrivai au port, j'aperçus un navire, je m'informai du prix du passage, je fis mon marché : je m'embarque, on lève l'ancre, on met à la voile, nous partons.* Il est difficile de faire un plus long récit plus rapidement ; il suffirait de dire : *Je m'embarquai.* Que de gens ne sont jamais plus longs que quand ils se piquent de brièveté ! Ils tâchent de dire beaucoup de choses en peu de mots, au lieu de se borner à un petit nombre de choses essentielles, et ils croiraient voir de la concision dans

1. Νῦν δὲ γελοίως τὴν διήγησίν φασι δεῖν εἶναι ταχεῖαν· δεῖ γὰρ μὴ μακρῶς διηγεῖσθαι, ὥσπερ οὐδὲ προοιμιάζεσθαι μακρῶς, οὐδὲ τὰς πίστεις λέγειν. Οὐδὲ γὰρ ἐνταῦθά ἐστι τὸ εὖ, ἢ τῷ ταχύ, ἢ τῷ συντόμως, ἀλλὰ τῷ μετρίως. (Arist., *Rhetoric.*, III, 15. Et Cicéron d'après lui, *de Orat.*, II, 19.)

cet autre exemple rapporté par Cicéron [1] : *J'approche de la maison, j'appelle un esclave; il me répond; je lui demande son maître; il m'assure qu'il n'y est pas.* Évitez cette prétendue concision, et retranchez les circonstances inutiles avec autant de soin que les mots parasites.

On ne doit pas néanmoins traiter de superflus des ornements placés à propos : « La narration, dit Quintilien [2], pour être courte, ne doit pas manquer de grâces; autrement elle serait sans art. Car le plaisir trompe et amuse, et ce qui plaît passe vite : un chemin riant et uni, quoique plus long, fatigue moins qu'un chemin plus court qui serait désagréable ou escarpé. »

4°. Joignez donc à ces qualités l'*intérêt* et l'*agrément* : l'intérêt dans les sujets susceptibles d'élévation ou de pathétique; l'agrément dans les sujets médiocres : pour ce qui est des matières de peu d'importance, la clarté et la précision sont les seuls ornements qui leur conviennent. Si donc il s'agit d'un crime, d'un fait grave, d'une action qui fixe tous les regards, vous rendrez votre narration attachante en

---

1. *De Inventione*, I, 20.

2. Non inornata debet esse brevitas ; alioqui sit indocta. Nam et fallit voluptas, et minus longa, quæ delectant, videntur : ut amœnum ac molle iter, etiamsi est spatii amplioris, minus fatigat, quam durum arduumque compendium (IV, 2).

peignant avec chaleur et vérité, vous pourrez
y faire entrer des mouvements de commiséra-
tion, de douleur, de crainte, d'indignation, de
surprise [1], pourvu que vous vous souveniez que
ce n'est pas ici le lieu d'épuiser la passion. Si
votre cause est médiocre, vous donnerez de
l'agrément à votre récit par l'élégance et la
variété du style, par des ornements distribués
avec discrétion et avec goût, par des traits ingénieux qui soutiennent l'attention. Mais, dans
quelque sujet que ce soit, un style pompeux et
desornements recherchés ne conviennent point
à la narration judiciaire. C'est surtout à notre
barreau, c'est devant nos magistrats, que notre
justice austère repousse toute affectation, dé-
daigne la recherche de l'agrément : elle ne ver-
rait dans la prétention sensible de lui plaire
qu'un piége tendu à son intégrité. Que le naturel fasse donc le charme de vos narrations : le
naturel est tout; toujours vrai, toujours aimable,
il est simple, élevé, sublime; il est aussi varié
que le sentiment. Votre but est de vous rendre
croyable : or, n'est-ce pas s'éloigner de ce but,
que de ne paraître occupé que du désir de briller?
(Quintilien, IV, 2.)

La narration *milonienne* nous donnera encore
un exemple d'un récit également court et inté-
ressant. Cicéron décrit ainsi le combat entre

1. Cicéron, *Partit. Orat.*, c. 9.

Clodius et Milon [1] : « Ils se rencontrent, dit-il,
« devant une terre de Clodius, à la onzième
« heure, ou peu s'en faut. A l'instant, du haut
« d'une éminence, un grand nombre d'esclaves
« fondent sur Milon les armes à la main ; les
« plus hardis tuent le cocher. Milon jette son
« manteau, s'élance hors de la voiture, et se
« défend avec vigueur. Alors ceux qui étaient
« auprès de Clodius tirent leurs épées : les uns
« reviennent pour attaquer Milon par derrière ;
« d'autres, le croyant déjà tué, se mettent à
« massacrer les esclaves qui le suivaient de loin.
« Les plus fidèles et les plus dévoués résistent :
« les uns sont tués ; les autres, voyant que l'on
« combattait autour de la voiture, et qu'on les
« empêchait de secourir leur maître, entendant

1. L'orateur semble avoir développé ici tout le lieu commun des circonstances : « Fit obviam Clodio ante fundum
ejus (*ubi*), hora fere undecima (*quando*), aut non multo
secus. Statim complures cum telis (*quibus auxiliis*) in
hunc faciunt de loco superiore impetum : adversi rhedarium
occidunt. Quum autem hic de rheda, rejecta penula, desi-
luisset, seque acri animo (*quis*) defenderet, illi qui erant
cum Clodio, gladiis eductis, partim recurrere ad rhedam,
ut a tergo Milonem adorirentur ; partim, quod hunc jam
interfectum putarent, cædere incipiunt ejus servos, qui
post erant : ex quibus, qui animo fideli in dominum et
præsenti fuerunt, partim occisi sunt ; partim, quum ad
rhedam pugnari viderent, et domino succurrere prohibe-
rentur, Milonemque occisum etiam ex ipso Clodio audirent,
et revera putarent (*cur*), fecerunt id servi Milonis... neque
imperante, neque sciente, neque præsente domino (*quomodo, quid*), quod suos quisque servos in tali re facere
voluisset. » (*Pro Milone*, c. 10.)

« même Clodius qui s'écriait : *Milon est mort*,
« et persuadés qu'il n'était plus, firent àlors,
« sans que leur maître l'ordonnât, sans qu'il le
« sût, sans qu'il le vît, ce que chacun de nous
« aurait voulu que ses esclaves fissent en
« pareille rencontre. »

Ce tableau est plein d'effet et de vérité ; on croit être présent à l'action. Que de circonstances réunies, et néanmoins détaillées en peu de mots ! tout est à sa place, sans désordre, sans confusion ; mais, comme nous l'avons déjà remarqué, rien n'est si achevé que le tour qui termine ce morceau. L'orateur ne veut pas retracer l'image sanglante du meurtre de Clodius, dont le cadavre n'avait que trop ému la populace ; il le laisse imaginer : et quelles expressions l'eussent peint d'une manière plus favorable pour l'accusé que ce silence adroit et cette précaution savante ? Ce qu'une telle action a d'odieux se cache sous une idée qui ne pouvait déplaire aux juges, et qui semblait même les intéresser : *Quod suos quisque servos in tali re facere voluisset.*

La prose oratoire a donc ses peintures, comme la poésie ; sans ces peintures on ne peut échauffer l'imagination de l'auditeur, ni exciter ses passions. Un récit simple ne peut émouvoir ; il faut non-seulement instruire les auditeurs des faits, mais les leur rendre sensibles, et remuer leur cœur par une représentation parfaite de la manière touchante dont ils sont arrivés. La poésie, c'est-à-dire la vive peinture des choses, est comme l'âme de l'éloquence.

Nous avons supposé jusqu'ici une narration unique dans la cause. Mais il est des causes chargées d'une telle multitude de faits différents, qu'il n'est pas possible de les embrasser tous dans un même corps de récit. Alors, pour mettre de l'ordre dans les faits, et pour procurer du repos à l'attention du juge, il faut les partager par différentes époques, et même par les différentes natures d'objets. La chose se conçoit très-aisément. Cicéron en présente d'excellents modèles dans les nombreuses narrations des *Verrines* et dans le plaidoyer *pour Cluentius*.

Dans le genre délibératif, lorsque celui qui propose de délibérer a rendu compte du fait, la narration devient inutile. Mais comme les exemples sont d'un grand et fréquent usage dans les délibérations, il peut arriver que quelqu'un des opinants ait à rapporter incidemment un fait dont il prétende s'autoriser ; et il y suivra les règles générales de la narration oratoire.

Dans le genre démonstratif, les discours ne sont souvent qu'un tissu de narrations accompagnées des réflexions et des sentiments qui conviennent à la chose. Ainsi se traitent les oraisons funèbres, les panégyriques. Il n'est point de sorte de récit où les ornements soient mieux placés. La loi du genre les exige même, et les rend nécessaires [1].

Un beau modèle de narration oratoire est le morceau suivant de l'oraison funèbre de Louis XIV par Massillon. Il raconte le jugement que ce monarque prononça sur lui-même au milieu des revers de ses dernières années. On verra surtout ici la différence de l'orateur et de l'historien : « L'épreuve la moins équivoque
« d'une vertu solide, c'est l'adversité. Et quels
« coups, ô mon Dieu, ne prépariez-vous pas
« à sa constance! Ce grand roi que la victoire
« avait suivi dès le berceau, et qui comptait ses
« prospérités par les jours de son règne ; ce roi
« dont les entreprises toutes seules annonçaient
« toujours le succès, et qui, jusque-là, n'ayant
« jamais trouvé d'obstacles, n'avait eu qu'à se
« défier de ses propres désirs ; ce roi dont
« tant d'éloges et de trophées publics avaient
« immortalisé les conquêtes, et qui n'avait
« jamais eu à craindre que les écueils qui nais-
« sent du sein même de la louange et de la
« gloire ; ce roi, si longtemps maître des événe-
« ments, les voit, par une révolution subite,
« tous tournés contre lui. Les ennemis pren-
« nent notre place ; ils n'ont qu'à se montrer,
« la victoire se montre avec eux ; leurs propres
« succès les étonnent ; la valeur de nos troupes
« a semblé passer dans leur camp ; le nombre

1. Crevier.

« prodigieux de nos armées en facilite la dé-
« route ; la diversité des lieux ne fait que diver-
« sifier nos malheurs ; tant de champs fameux
« de nos victoires sont surpris de servir de
« théatre à nos défaites ; le peuple est consterné ;
« la capitale est menacée ; la misère et la morta-
« lité semblent se joindre aux ennemis ; tous les
« maux paraissent réunis sur nous : et Dieu ,
« qui nous en préparait les ressources , ne nous
« les montrait pas encore ; Denain et Landre-
« cies étaient encore cachés dans les conseils
« éternels. Cependant notre cause était juste ;
« mais l'avait-elle toujours été ? et que sais-je si
« nos dernières défaites n'expiaient pas l'équité
« douteuse ou l'orgueil inévitable de nos an-
« ciennes victoires ? Louis le reconnut ; il le dit :
« *J'avais autrefois entrepris la guerre légère-*
« *ment, et Dieu avait semblé me favoriser ;*
« *je la fais pour soutenir les droits légitimes*
« *de mon petit-fils à la couronne d'Espagne ,*
« *et il m'abandonne : il me préparait cette*
« *punition que j'ai méritée.* Il s'humilia sous
« la main qui s'appesantissait sur lui ; sa foi ôta
« même à ses malheurs la nouvelle amertume
« que le long usage des prospérités leur donne
« toujours : sa grande âme ne parut point
« émue ; au milieu de la tristesse et de l'abat-
« tement de la cour , la sérénité seule de son
« auguste front rassurait les frayeurs publi-
« ques. »

IV. DE LA PREUVE OU CONFIRMATION.

La *confirmation* consiste à établir les moyens sur lesquels on s'appuie, à prouver la vérité annoncée dans la proposition. C'est la partie la plus essentielle du discours : toute l'adresse et toute la force de l'art oratoire y sont renfermées ; le reste n'en est que l'accessoire et n'a de prix qu'autant qu'il contribue à faire valoir et ressortir les preuves. « L'orateur, dit le chancelier d'Aguesseau, a rempli le premier et le plus noble de ses devoirs quand il a su éclairer, instruire, convaincre l'esprit, et présenter aux yeux de ses auditeurs une lumière si vive et si éclatante, qu'ils ne puissent s'empêcher de reconnaître à ce caractère auguste la présence de la vérité. »

C'est dans la méditation du sujet, plutôt que dans la méthode des *lieux*, qu'il doit chercher ses preuves. Nous avons vu plus haut, en parlant de l'*Invention*, quelle peut être l'utilité de ces secours artificiels imaginés par les rhéteurs ; mais il faut avouer qu'une connaissance profonde de la question, et surtout le bon droit, seront toujours des moyens plus sûrs d'opérer la conviction. Quand on possède bien sa matière, quand on a tout examiné, tout vu, tout prévu, les raisons se présentent d'elles-mêmes ;

et l'embarras est moins de trouver des arguments que de les choisir, de les arranger et de les traiter.

1°. *Choix des preuves.* Parmi les preuves qui se présentent souvent en foule à l'orateur lorsqu'il étudie sa matière, il en est plusieurs qui ne doivent pas être employées ; il rejettera les plus légères et les moins concluantes. « Quelques-unes, dit Cicéron (*de Orat.*, II, 76), quoique bonnes en elles-mêmes, sont d'une si faible importance qu'elles ne méritent pas d'être mises en œuvre.... Pour moi, fait-il dire à l'orateur Antoine, quand je choisis mes preuves, je m'occupe moins de les compter que de les peser.... Rassembler un trop grand nombre de raisons frivoles et vulgaires, c'est donner lieu de penser qu'on n'en a point de fortes et de frappantes. D'autres preuves sont mêlées de bien et de mal, de façon que le mal qui en résulterait surpasserait le bien qu'on en pourrait espérer. Il faut les laisser à l'écart.... Tel raisonnement ferait tomber l'avocat en contradiction avec lui-même. Il serait utile d'avancer telle proposition, d'articuler tel fait ; mais la vérité ne le permet pas, et vous vous nuiriez par un mensonge. » C'est ce triage et ce choix fait avec soin qui seul peut écarter l'inconvénient de nuire à votre cause, inconvénient moins rare qu'on ne pense [1].

1. Crevier.

2°. *Ordre des preuves.* Quelques rhéteurs pensent que la meilleure manière d'arranger les preuves est de commencer par les plus faibles, pour s'élever successivement jusqu'aux plus fortes, de manière que le discours aille toujours en croissant : *semper augeatur et crescat oratio.* Cette pratique est bonne, sans doute, lorsque le premier moyen est par lui-même capable de faire une impression avantageuse ; mais s'il est faible, c'est avec raison qu'elle est condamnée par Cicéron, qui veut (*de Orat.*, II, 77) qu'on débute par des moyens puissants pour s'emparer tout d'un coup des esprits, qu'on réserve pour la fin ce qu'il y a de plus frappant et de plus décisif, et qu'on place dans le milieu les preuves médiocres : *De firmissimis alia prima ponet, alia posteriora, inculcabitque leviora* (Orat., c. 15). Cette disposition est appelée *homérique* par Quintilien, parce que tel est l'ordre de bataille que nous voyons dans Homère. Nestor, rangeant ses troupes[1], met à la tête ses chars armés en guerre, qui en étaient l'élite ; à la queue, une brave et nombreuse infanterie ; et, au milieu, ce qu'il avait de moins bons soldats.

---

1. Ἱππῆας μὲν πρῶτα σὺν ἵπποισιν καὶ ὄχεσφι,
 Πεζοὺς δ' ἐξόπιθεν στῆσεν πολέας τε καὶ ἐσθλούς,
 Ἕρκος ἔμεν πολέμοιο · κακοὺς δ' ἐς μέσσον ἔλασσεν,
 Ὄφρα καὶ οὐκ ἐθέλων τις ἀναγκαίῃ πολεμίζοι.
(Iliad., IV, 297.)

Cet ordre est juste dans la spéculation ; mais, sur le terrain, les choses demandent quelquefois d'autres arrangements. Chaque sujet a ses règles propres : c'est à la prudence et au bon sens de l'orateur à les trouver et à les suivre. Qu'il consulte la nature et le besoin de sa cause, mais qu'il n'aille jamais en déclinant, et ne finisse pas par de minces et faibles raisons après avoir commencé par les plus fortes. *Quæ, prout ratio causæ cujusque postulabit, ordinabuntur, uno, ut ego censeo, excepto, ne e potentissimis ad levissima decrescat oratio* (Quintil., V, 12).

Pour bien arranger ses preuves, il doit donc avant tout les peser, les comparer, discerner les fortes d'avec les faibles, celles qui ne peuvent qu'entamer, pour ainsi dire, la conviction, d'avec celles qui doivent l'achever et la porter jusqu'à l'évidence. Observez néanmoins que les meilleurs moyens ne sont pas toujours ceux qui par eux-mêmes sont les plus forts, mais ceux qui, relativement aux temps, aux lieux, aux événements, aux opinions même et aux préjugés, peuvent frapper davantage et pénétrer plus avant dans l'esprit.

En un mot, l'ordre naturel que l'on doit tenir dans la disposition des arguments, c'est de les placer de sorte qu'ils servent de degrés à l'auditeur pour arriver à la conviction, et qu'ils fassent entre eux comme une chaîne qui arrête celui que l'on veut assujettir à la vérité [1].

3°. *Manière de traiter les preuves.* Insistez sur les preuves fortes et convaincantes, montrez-les séparément, de peur qu'elles ne soient obscurcies et confondues dans la foule. Prenez soin, au contraire, de réunir les plus faibles et de les entasser, afin qu'elles se prêtent un mutuel secours, et qu'elles suppléent à la force par le nombre. Quintilien donne un exemple de cette manière adroite et pressante d'argumenter : il suppose un homme accusé d'avoir tué celui dont il devait hériter un jour, et il accumule, pour prouver l'accusation, plusieurs circonstances : « Vous espériez une succession, « et une riche succession ; vous étiez dans « l'indigence, et actuellement poursuivi par « vos créanciers ; vous aviez offensé celui qui « vous avait fait son légataire, et vous saviez « qu'il voulait changer son testament. » Chacune de ces considérations, dit l'habile rhéteur (V, 12), n'a pas un grand poids ; mais, toutes ensemble, elles ne laissent pas de nuire, sinon comme la foudre qui renverse, du moins comme la grêle qui frappe à coups redoublés. *Singula levia sunt et communia; universa vero nocent, etiamsi non ut fulmine, tamen ut grandine.*

Le développement des preuves fortes et solides, lorsqu'on veut en faire sentir tout le

1. Lamy.

poids et en tirer tout l'avantage possible, se nomme *Amplification oratoire.* Entre les moyens qui contribuent le plus, de l'aveu de Longin [1], à la sublimité du discours, il faut placer ce que les rhéteurs nomment l'Amplification. « C'est, dit Cicéron, une manière forte d'appuyer sur ce qu'on a dit, et d'arriver, par l'émotion des esprits, à la persuasion [2]. » Elle ne consiste pas dans la multitude des paroles, mais dans la grâce ou dans la force dont elle revêt le raisonnement. Quand on dit tout ce qu'on doit dire, on n'amplifie pas, dans le sens vulgaire de ce mot ; et quand on l'a dit, si on amplifie, on dit trop. Ce n'est pas que l'amplification n'étende quelquefois, c'est même là sa marche ordinaire ; mais son essence est d'augmenter ou d'atténuer l'idée de la chose, et de rendre ainsi la preuve plus capable de faire impression.

L'orateur romain a excellé dans cette partie puissante de l'éloquence. A plusieurs preuves qui avaient démontré que Milon était bien loin d'avoir formé le dessein de tuer Clodius, le défenseur en ajoute une tirée de la circonstance du temps ; et il demande s'il est vraisemblable

---

1. Σύνεδρός ἐστι ταῖς προεκκειμέναις ἀρετὴ, καὶ ἣν καλοῦσιν αὔξησιν. (Cap. 9 ; *al.* 11.)

2. Est igitur amplificatio gravior quædam affirmatio, quæ motu animorum conciliet in dicendo fidem (*Orat. Partit.*, c. 15).

qu'à la veille presque des assemblées du peuple romain où se devaient donner les charges, Milon, qui voulait y être élu consul, eût été assez imprudent pour s'aliéner tous les esprits par un si lâche assassinat : *Præsertim, judices, quum honoris amplissimi contentio, et dies comitiorum subesset* (pro Milóne, c. 26). Cette réflexion est fort sensée; mais si l'orateur s'était contenté de la montrer simplement, sans lui prêter le secours de l'éloquence, elle n'aurait pas fort touché les juges : il la fait donc valoir d'une manière merveilleuse, en montrant combien, dans une telle conjoncture, on est circonspect et attentif à ménager les bonnes grâces et les suffrages des citoyens [1].

« Je sais, dit Cicéron [2], jusqu'où va la timi-
« dité de ceux qui briguent les charges, et quelle
« vive inquiétude entraîne le désir du consulat.
« Nous craignons non-seulement les reproches
« publics, mais les pensées même les plus se-
« crètes, les vains bruits, les fausses imputa-

1. Rollin.
2. Quo quidem tempore (scio enim, quam timida sit ambitio, quantaque et quam sollicita cupiditas consulatus) omnia, non modo quæ reprehendi palam, sed etiam quæ obscure cogitari possunt, timemus; rumorem, fabulam falsam, fictam, levem, perhorrescimus; ora omnium atque oculos intuemur. Nihil enim est tam molle, tam tenerum, tam aut fragile aut flexibile, quam voluntas erga nos sensusque civium, qui non modo improbitati irascuntur candidatorum, sed etiam in recte factis sæpe fastidiunt (pro *Milone*, c. 16).

« tions, une fable, un rien, tout nous alarme :
« nous voulons lire sur tous les visages, dans
« tous les yeux. En effet, rien n'est si délicat,
« si frêle, si incertain, si variable, que la bien-
« veillance des citoyens à l'égard de quiconque
« prétend aux charges publiques : non contents
« de s'irriter pour la faute la plus légère, ils
« conçoivent même souvent d'injustes dégoûts
« pour les plus belles actions. » Est-il possible
de mieux peindre, d'un côté, la bizarre légèreté
du peuple, de l'autre, les craintes et les inquiétudes continuelles de ceux qui briguaient ses
suffrages? Il conclut ce raisonnement d'une
manière encore plus vive, en demandant[1] « s'il
« est vraisemblable que Milon, uniquement
« occupé depuis longtemps de l'attente de ce
« grand jour, eût osé se présenter devant l'au-
« guste assemblée du peuple, les mains encore
« fumantes du sang de Clodius, et portant sur
« son front l'orgueilleux aveu de son crime.
« Non, ajoute-t-il, une telle audace n'est pas
« croyable dans Milon; mais comment ne pas
« l'attribuer à Clodius, qui, s'il eût vu périr
« Milon, se croyait sûr de régner? »

De pareils endroits touchent, convainquent,

---

1. Hunc diem igitur Campi speratum atque exoptatum
sibi proponens Milo, cruentis manibus scelus et faci-
nus præ se ferens et confitens, ad illa augusta centuria-
rum auspicia veniebat? Quam hoc non credibile in hoc!
quam idem in Clodio non dubitandum, qui se, interfecto
Milone, regnaturum putaret! (*Pro Milone*, c. 16.)

enlèvent l'auditeur. Prenez garde cependant de vous arrêter trop longtemps sur une preuve et d'affecter de l'épuiser ; ce serait s'exposer à fatiguer l'attention. Le principe de Despréaux est vrai pour l'éloquence comme pour la poésie :

> Tout ce qu'on dit de trop est fade et rebutant ;
> L'esprit rassasié le rejette à l'instant.
> (*Art poét.*, ch. 1.)

Omne supervacuum pleno de pectore manat.
(HORAT., *de Art. poet.*, v. 337.)

Quoiqu'en général l'amplification emporte l'idée d'une preuve développée avec une certaine abondance, nous avons dit que la meilleure amplification est celle qui donne au raisonnement plus de grâce ou de force. Si l'orateur a rempli cet objet en peu de mots, il a vraiment et solidement amplifié. Si, au contraire, il a noyé sa pensée dans un déluge de paroles, il a énervé son style, et fait tout autre chose qu'amplifier : craignez ce verbiage.

Il est des matières de discussion où l'ordre, la clarté, la précision, sont les seuls ornements qui conviennent à la preuve : il est aussi des sujets pathétiques qu'on affaiblirait si on voulait les embellir. Que l'on prenne garde alors de s'abandonner à des saillies, de s'arrêter sur des idées étrangères, ou même d'insister mal à propos sur celles qui doivent intéresser. Cicéron avoue de bonne foi qu'il avait commis cette faute dans sa jeunesse : *Illa pro Roscio juve-nilis redundantia* (*Orat.* , c. 30). En plaidant pour Roscius, accusé d'avoir tué son père, il fait de longues réflexions sur le supplice des parricides, qui étaient enfermés tout vivants dans un sac et jetés ensuite à la mer [1] : « Qu'y « a-t-il qui soit plus du droit commun que l'air « pour les vivants, la terre pour les morts, l'eau « de la mer pour ceux qui sont submergés, le « rivage pour ceux qu'y jette la tempête? Eh « bien ! les parricides achèvent de vivre sans « pouvoir respirer l'air du ciel ; ils meurent, et « le sein de la terre leur est refusé ; ils flottent « au milieu des vagues, et n'en sont point bai-« gnés; ils sont poussés enfin sur les rochers, et « leurs restes n'y trouvent point de repos, etc. » Cicéron nous apprend (*Orat.* , ibid.) que, lorsqu'il prononça ce morceau, il fut interrompu par les applaudissements de l'auditoire ; mais, dans un âge plus mûr, il reconnaissait que, si on l'avait approuvé, ce n'était pas tant pour les beautés réelles que dans l'espérance de celles qu'il semblait promettre : *Sunt enim omnia sicut adolescentis non tam re et maturitate,*

____

1. Quid enim tam commune, quam spiritus vivis, terra mortuis, mare fluctuantibus, littus ejectis ? Ita vivunt, dum possunt, ut ducere animam de cœlo non queant; ita moriuntur, ut eorum ossa terra non tangat; ita jactantur fluctibus, ut nunquam alluantur ; ita postremo ejiciuntur, ut ne ad saxa quidem mortui conquiescant. (*Pro Roscio Amerino* , c. 26.)

quam spe et exspectatione, laudati. Il condamnait ce lieu commun, qui est en effet plus brillant que solide : toutes ces petites circonstances, que l'auteur a rassemblées et qu'il a pris plaisir à faire contraster, montrent trop d'affectation ; on sent qu'il a voulu être ingénieux dans un endroit où il ne fallait être que touchant. Il avait à défendre un fils accusé de parricide ; était-ce le moment de s'amuser à un vain jeu d'esprit et de symétriser des antithèses? Il aurait dû, même dans la suite, être plus réservé : *Imitez Cicéron*, disait d'Aguesseau, *mais quand Cicéron imite Démosthène.*

Cicéron lui-même, éclairé par le goût et l'expérience, recommande à l'orateur ce juste discernement qui doit présider au choix des idées et des images que l'amplification lui fournit : « L'homme parfait dans son art, dit-il, trouvera sans peine, en parcourant les lieux communs, ceux qui seront propres à son sujet, et il remontera même à leur véritable source. Mais il n'abusera point d'un tel trésor : il n'y puisera qu'avec choix et discernement ; car tous les temps, toutes les causes ne peuvent admettre les mêmes genres de preuves. Il choisira donc, et, non content d'avoir trouvé ce qu'il peut dire, il pèsera ce qu'il doit dire. Rien n'est plus fécond que l'esprit de l'homme, surtout quand il est cultivé par l'étude ; mais comme les terres abondantes et fertiles produisent avec le bon grain des herbes funestes aux moissons, ces lieux communs aussi font naître une foule de pensées, ou frivoles, ou étrangères, ou inutiles; et le goût doit éclairer l'orateur dans son choix. Autrement saura-t-il s'arrêter et se fixer aux bonnes preuves, adoucir ce qu'il y a de choquant dans sa cause, dissimuler ou même supprimer, s'il peut, ce qu'il serait impossible de réfuter, détourner l'esprit des juges, et leur présenter des objections plus fortes en apparence que celles qu'il n'ose combattre [1]?»

4º. *Liaison des preuves*. Il ne suffit pas de choisir, d'arranger les preuves et de leur donner une forme ; il faut encore les lier de manière qu'elles ne fassent qu'un corps : les *transitions* mettront de l'enchaînement entre différentes raisons qui, réunies, sembleront naître les unes des autres, s'appuyer mutuellement, et concourir toutes à démontrer une même vérité. Ces transitions sont des pensées prises dans le sujet même, qui conduisent naturellement d'une preuve à l'autre, et dont il serait inutile de vouloir donner des règles. La moindre attention suffit pour les reconnaître et pour en apprécier le mérite ; mais l'exercice peut apprendre seul à imiter les maîtres.

---

1. *Orator.*, c. 15.

Exemple.

Un discours de Tite-Live va nous rappeler tous ces préceptes. Capoue, par les intrigues de Pacuvius, et malgré l'opposition de Magius, qui tenait pour les Romains, s'était rendue à Annibal, qui bientôt après y fit son entrée. Deux frères, qui étaient les plus considérables de la ville, avaient préparé pour Annibal un festin magnifique. Jubellius Tauréa et Pacuvius Calavius, seuls de tous les citoyens de Capoue, furent admis à ce repas; et le dernier obtint avec beaucoup de peine cette grâce pour son fils Pérolla, dont les engagements avec Magius n'étaient pas inconnus à Annibal, qui voulut bien pourtant lui pardonner le passé, à la prière de son père. Après le festin, Pérolla conduisit Pacuvius dans un endroit écarté; et là, lui montrant l'épée cachée sous sa robe, il lui déclara le dessein qu'il avait formé de tuer Annibal. Pacuvius, tout hors de lui-même, entreprend de détourner son fils d'une si funeste résolution (*Tit. Liv.*, XXIII, 8, 9).

Le premier devoir de Tite-Live, en faisant parler Pacuvius, était d'imaginer des motifs capables de toucher et de convaincre le fils. Il s'en est présenté trois à son esprit : l'un est tiré du danger où Pérolla s'expose en attaquant Annibal au milieu de ses gardes; l'autre regarde le père, qui est résolu de se mettre entre Anni-

bal et son fils, et qu'il faudra percer le premier ;
un troisième se tire de ce que la religion a de
plus sacré, la foi des traités, l'hospitalité, la
reconnaissance. Voilà l'*Invention*. Après avoir
fait choix des raisons, il fallait leur donner un
ordre convenable, et, dans une composition
aussi courte que celle-ci devait l'être, l'ordre
demandait que les raisons allassent toujours en
croissant ; et que les plus fortes fussent mises à
la fin. La religion n'est pas pour l'ordinaire ce
qui touche le plus un jeune homme du caractère
de Pérolla ; on commencera donc par cette idée.
Son propre intérêt, son danger personnel, le
touchent bien plus vivement ; ce motif tiendra
la seconde place. Le respect et la tendresse pour
un père qu'il faudra égorger avant que d'arriver à Annibal, passent tout ce qu'on peut imaginer : c'est aussi par où finira Tite-Live. Voilà
la *Disposition*. Les moyens trouvés et mis en
ordre, il ne reste plus qu'à les présenter avec
force et chaleur ; c'est le devoir de l'*Élocution*. Voyons comment Tite-Live a traité chaque
partie.

L'entrée, qui tient lieu d'exorde, est courte,
mais vive et touchante[1] : « O mon fils, au nom

---

1. Per ego te, fili, quæcunque jura liberos jungunt
parentibus, precor quæsoque, ne ante oculos patris facere
et pati omnia infanda velis. Tit. Liv., XXIII, 9.

Silius Italicus, *de Bello Punico*, lib. XI, v. 332, sq.
affaiblit la matière que lui fournit Tite-Live : on ne
trouve dans sa parodie que trois ou quatre beaux vers.

« de tous les droits les plus sacrés de la nature
« et du sang, je t'en prie, je t'en conjure, ne va
« pas commettre un crime devant les yeux de
« ton père, un crime qui retomberait sur toi ! »

1er motif, tiré de la religion. Il se subdivise
en trois autres qui sont indiqués en passant,
mais d'une manière très-éloquente, sans qu'il
y ait aucune circonstance omise, aucun mot
qui ne porte : 1° la foi des traités confirmée par
le serment et les sacrifices; 2° les droits sacrés de
l'hospitalité ; 3° l'autorité d'un père sur son fils[1].
« Il n'y a qu'un moment que nous nous sommes
« liés par les serments les plus saints, que notre
« main a touché celle d'Annibal, gage inviolable

Nous donnons ici par ordre les idées qui répondent à
celles de l'original :

> Per si quid superest vitæ, per jura parentis,
> Perque tuam nostra potiorem, nate, salutem,
> Absiste incœptis, oro....

1. Paucæ horæ sunt, intra quas jurantes per quidquid
deorum est, dextræ dextras jugentes, fidem obstrin-
ximus, ut sacratas fide manus, digressi ab colloquio,
extemplo in eum armaremus ? Surgis ab hospitali men-
sa, ad quam tertius Campanorum adhibitus ab Annibale
es, ut eam ipsam mensam cruentares hospitis sanguine ?
Annibalem pater filio meo potui placare ; filium Annibali
non possum !

> *Silius*...... Ne sanguine cernam
> Polluta hospitia, ac tabo repleta cruento
> Pocula, et eversas pugnæ certamine mensas.

Voyez comme le déclamateur est petit à côté du grand
écrivain !

« d'amitié : et cette main sacrilége, le serment
« à peine achevé, nous l'armerions contre lui ?
« Tu sors d'une table où président les dieux
« hospitaliers, où il t'a fait asseoir avec deux
« Campaniens, les seuls qu'il ait admis : et
« cette table sacrée, tu veux l'arroser du sang
« de ton hôte ! Mes prières paternelles ont ob-
« tenu d'Annibal le pardon de mon fils, mon
« fils me refuse le pardon d'Annibal ! »

IIe motif, tiré du danger auquel Pérolla
s'expose [1]. « Mais ne respectons rien ; que la
« foi, que les droits les plus révérés, que l'a-
« mour filial, ne t'arrêtent pas ; soyons coupa-
« bles, si nous ne trouvons pas la mort dans le
« crime. » Ce n'est là qu'une transition : mais
combien elle est ornée ! Quelle justesse et quelle
élégance dans cette distribution qui reprend en
trois mots les trois parties du premier motif ?
fides, pour le traité ; *religio*, pour l'hospitalité ;
pietas, pour le respect qu'un fils doit à son
père. La dernière pensée est fort belle, et conduit naturellement du premier motif au second.

[2] « Seul, tu prétends attaquer Annibal !

---

1. Sed sit nihil sancti, non fides, non religio, non
pietas : audeantur infanda, si non perniciem nobis cum
scelere afferunt.

2. Unus aggressurus es Annibalem ? Quid illa turba
tot liberorum servorumque ? quid in unum intenti omnium oculi ? quid tot dextræ ? torpescentne in amentia
illa ? Vultum ipsius Annibalis, quem armati exercitus

« Oublies-tu donc cette foule d'hommes libres
« et d'esclaves qui l'environnent, et tous ces
« yeux attachés sur lui, et tous ces bras prêts à
« le défendre? ta fureur les rendra-t-elle im-
« mobiles? et ce regard d'Annibal, ce front
« terrible qui met en fuite les armées, qui
« épouvante le peuple romain, seul en braveras-
« tu la majesté? » Quelle foule de pensées, de
figures, d'images! quelle admirable opposition
entre des armées entières qui ne peuvent soutenir le visage d'Annibal, le peuple romain
même que ses regards font trembler, et un
faible assassin, *tu !*

IIIe motif. Son père qu'il faudra percer avant
d'arriver à Annibal[1]. « Mais que tout l'aban-

sustinere nequeunt , quem horret populus romanus, tu
sustinebis ?

Silius :

Tune illum quem non acies, non mœnia et urbes,
Ferre valent, quum frons propior, lumenque corusco
Igne micat ; tune illa viri, quæ vertice fundit,
Fulmina pertuleris, si viso intorserit ense
Diram, qua vertit per campos agmina, vocem ?
Fallit te, mensas inter quod credis inermem :
Tot bellis quæsita viro, tot cædibus, armat
Majestas æterna ducem. Si admoveris ora,
Cannas et Trebiam ante oculos, Trasimenaque busta,
Et Pauli stare ingentem miraberis umbram.

Ce dernier vers est fort beau ; il rachète bien des fautes :
Si intorserit diram vocem, si admoveris ora, etc.

1. Et , alia auxilia desint , me ipsum ferire , corpus

« donne, oseras-tu immoler ton père? frappe-
« ras-tu ce sein dont je veux lui faire un rem-
« part? Oui, voilà le chemin par où les coups
« doivent passer pour aller jusqu'à lui. » Je
n'admire pas moins la simplicité et la brièveté
de ce dernier motif que la vivacité du pré-
cédent. Un jeune homme serait bien tenté
d'ajouter ici quelques pensées : Pourras-tu
tremper tes mains dans le sang d'un père?
arracher la vie à celui de qui tu l'as reçue, etc.
Un maître comme Tite-Live sent bien qu'il ne
faut que montrer un tel motif, et que vouloir
l'étendre, c'est l'affaiblir [1].

Pacuvius termine par de courtes prières, qui,
dans la bouche d'un père, sont plus fortes que
les meilleurs motifs; cette péroraison ne doit
pas nous occuper, nous n'examinons que les
preuves.

meum opponentem pro corpore Annibalis , sustinebis ?
Atqui per meum pectus petendus ille tibi transfigen-
dusque est.

Silius......... Non jam tibi pectora pubis
Sidoniæ fodienda manu , tutantia regem.
Hoc jugulo dextram explora ; namque hæc tibi ferrum ,
Si Pœnum invassise paras , per viscera ferrum
Nostra est ducendum. Tardam ne sperne senectam ;
Opponam membra , atque ensem extorquere negatum
Morte mea eripiam.

Combien, dans ces vers incorrects, prosaïques et trai-
nants, le copiste est loin de son modèle!

    1. Rollin.

L'éloquence triompha : *Lacrymantem inde juvenem cernens, medium complectitur, atque osculo hærens, non ante precibus abstitit, quam pervicit ut gladium poneret, fidemque daret nihil facturum tale.* Les harangues de Tite-Live offrent presque toutes des modèles aussi parfaits, et, suivant Quintilien lui-même, aucun historien n'est plus pathétique : *Neque indignetur sibi Herodotus æquari T. Livium, quum in narrando miræ jucunditatis, clarissimique candoris, tum in concionibus supra quam enarrari potest eloquentem : ita dicuntur omnia quum rebus, tum personis accommodata. Sed affectus quidem, præcipue eos qui sunt dulciores, ut parcissime dicam, nemo historicorum commendavit magis* (lib. X , c. 1).

Il faut cependant l'avouer, ces harangues directes, qu'on trouve à chaque pas chez les historiens de l'antiquité, n'ont été regardées par plusieurs esprits éclairés que comme de brillants défauts. Quelque éloquentes qu'elles soient, ou plutôt parce qu'elles sont pour la plupart des chefs-d'œuvre d'éloquence, ils n'y voient que le fruit de l'imagination de l'auteur, plus occupé à montrer son génie qu'à nous transmettre les discours réellement prononcés. Fénelon répondra : Chez les anciens, la parole était le grand ressort en paix et en guerre. De là viennent tant de harangues qui sont rapportées dans les histoires, et qui nous sont presque incroyables, tant elles sont loin de nos mœurs. On voit, dans de longs discours mêlés aux récits de Diodore de Sicile (XIII, 20-33), Nicolas et Gylippe qui entraînent tour à tour les Syracusains. L'un leur fait d'abord accorder la vie aux prisonniers athéniens, et l'autre, un moment après, les détermine à faire mourir ces mêmes prisonniers. La parole n'a aucun pouvoir semblable chez nous ; les assemblées n'y ont été longtemps que des cérémonies et des spectacles.

V. DE LA RÉFUTATION.

La *réfutation* consiste à détruire les moyens contraires aux nôtres. Elle demande beaucoup d'habileté et d'adresse, parce qu'il est plus difficile de guérir une blessure que de la faire ; et, pour bien traiter cette partie, on a besoin d'une logique exercée. La réfutation se place quelquefois avant la confirmation, quand on s'aperçoit que l'adversaire a produit beaucoup d'effet, et que les preuves seraient mal reçues, si la prévention n'était dissipée. Souvent même on peut les faire marcher ensemble, et quelques rhéteurs, avec raison, n'en font point deux parties distinctes. « Vous ne pouvez, dit Cicéron [1], ni détruire ce que l'on vous objecte sans

1. *De Orat.*, II, 81 : Sed quia neque reprehendi,

appuyer ce qui prouve en votre faveur, ni établir vos moyens sans réfuter ceux de l'adversaire ; ce sont deux choses jointes par leur nature, par leur but, et par l'usage que vous en faites. »

On réfute, soit en détruisant les principes sur lesquels l'adversaire a fondé ses preuves, soit en montrant que de bons principes il a tiré de fausses conséquences. S'il a prouvé autre chose que ce qui était en question, s'il a abusé de l'ambiguïté des termes, s'il a tiré une conclusion absolue et sans restriction de ce qui n'était vrai que par accident ou à quelques égards ; s'il a donné pour clair ce qui est douteux, pour avoué ce que nous lui contestons, pour propre à la cause ce qui n'est que vains discours et lieux communs ; tous ces défauts seront aisément relevés par un habile dialecticien, qui joindra la finesse du coup d'œil à l'habitude du raisonnement [1].

Il est de l'adresse de l'orateur de présenter les objections de l'adversaire sous un tel point de vue, qu'elles paraissent ou frivoles, ou incroyables, ou contradictoires, ou étrangères à l'état de la question.

quæ contra dicuntur, possunt, nisi tua confirmes, neque hæc confirmari, nisi illa reprehendas, idcirco hæc et natura, et utilitate, et tractatione conjuncta sunt.

1. Etenim dicere bene nemo potest, nisi qui prudenter intelligit. Cic., *Brut.*, c. 6.

Dans la preuve, quand on veut faire valoir de faibles raisons, l'art est de les accumuler et de es présenter toutes ensemble, afin qu'elles se fortifient mutuellement. Dans la réfutation, au contraire, l'intérêt est de diviser ce qui n'est fort que par la réunion : les preuves ainsi séparées sont rendues à leur propre faiblesse. C'est alors un grand avantage, pour celui qui réfute, que de mettre l'adversaire en contradiction avec lui-même.

Lorsqu'on a opposé des raisons solides aux objections les plus fortes, on peut quelquefois combattre les plus faibles par l'ironie. Mais l'orateur doit user en ce genre d'une grande sobriété. Le talent de la plaisanterie est très-rare ; on doit craindre de tomber dans le bas ou le froid, et surtout d'offenser par un bon mot. Tout ce que dit l'honnête homme doit conserver la dignité de la vertu. L'ironie, ma-niée grossièrement ou mal à propos, est un trait qui revient contre celui qui l'a lancé. « Nous avertirons l'orateur, dit Cicéron (*Orat.*, c. 26), de n'employer la raillerie ni trop sou-vent, car il deviendrait un bouffon ; ni au pré-judice des mœurs, il dégénérerait en acteur de mimes ; ni sans mesure, il paraîtrait méchant ; ni contre le malheur, il serait cruel ; ni contre le crime, il s'exposerait à exciter le rire au lieu de la haine ; ni enfin sans consulter ce qu'il se doit à lui-même, ce qu'il doit aux juges, ou ce que les circonstances demandent; il manquerait aux convenances. Il évitera aussi ces bons mots préparés, médités longtemps, et qu'on apporte tout faits : la plupart sont froids et insipides. Qu'il respecte surtout l'amitié, la dignité; qu'il craigne de faire des blessures mortelles; que tous ses traits soient tournés contre l'ennemi; et encore ne doit-il pas attaquer toutes sortes d'adversaires, ni toujours, ni par tous les moyens. Qu'il ne manque jamais d'assaisonner ses railleries de ce sel fin et délicat qui est une des propriétés de l'atticisme. » Ces règles sont excellentes; mais trop souvent ceux qui ont le talent de la plaisanterie se croient assez forts pour avoir le droit de les oublier. Cicéron lui-même ne les a pas toujours suivies. Quoiqu'il témoigne peu d'estime pour le talent de faire rire [1], il faut convenir qu'il en a quelquefois abusé.

La raison, la vérité, l'évidence, voilà des armes bien plus puissantes et qui assurent bien mieux la victoire. Il ne sera donc pas inutile, en traitant de la réfutation, de passer en revue les principales sources des mauvais raisonnements qu'on appelle *sophismes* ou *paralogismes;* ces observations, en les faisant connaître, aideront à en démêler les subtilités.

1. *L'ignorance du sujet.* C'est prouver contre

____

1. *De Orat.*, II, 60 : risum, qui est, mea sententia, vel tenuissimus ingenii fructus.

son adversaire, ou ce qu'il ne nie point, ou ce qui est étranger à la question. Les exemples n'en sont que trop fréquents dans la conversation, dans les disputes, dans les mémoires judiciaires, où l'on s'efforce souvent de prouver ce qui n'a aucun rapport avec l'affaire débattue. La précaution à prendre contre ce sophisme, c'est de bien déterminer l'état de la question en évitant l'équivoque dans les mots et dans le sens.

2. La *pétition de principe*. C'est répondre en termes différents la même chose que ce qui est en question. Molière fait demander à son *Malade*, qui aspire au doctorat, *pourquoi l'opium fait dormir*. Le candidat répond : *C'est qu'il a une vertu dormitive*. Celui qui demande pourquoi l'opium fait dormir, sait fort bien que l'opium a une vertu dormitive; mais il demande d'où vient cette vertu. Ces mots *vertu, propriété, faculté*, ne lui apprennent rien.

Le *cercle vicieux* est une espèce de pétition de principe, lorsque, pour prouver une chose qui est en question, nous nous servons d'une autre chose dont la preuve dépend de celle-là même qui est en question. A ce sophisme on peut rapporter aussi tous les raisonnements où l'on prouve une chose inconnue par une autre qui est autant et même plus inconnue, ou une chose incertaine par une autre qui est d'une égale incertitude.

3. *Prendre pour cause ce qui n'est pas*

cause. L'ignorance, jointe à la vanité, rend cette façon de mal raisonner très-commune. Sommes-nous témoins d'un effet dont nous ignorons la cause? au lieu d'avouer simplement notre faiblesse, au lieu de reconnaître les bornes des connaissances humaines, nous prenons pour cause de cet effet, ou ce qui est arrivé avant l'effet, ou ce qui arrive en même temps, sans y avoir aucun rapport. C'est ce qu'on appelle, *post hoc, ergo propter hoc;* ou bien, *cum hoc, ergo propter hoc.* Souvent, après l'apparition d'une comète, la terre souffre de quelque désastre; on voit arriver la peste, la famine, la mort d'un prince. Cette comète n'a aucune liaison physique avec ces malheurs; cependant le peuple regarde la comète comme la cause de l'événement : *post hoc, ergo propter hoc.* Si une femme joue heureusement pendant que quelqu'un est auprès d'elle, elle s'imagine que cette personne lui porte bonheur : *cum hoc, ergo propter hoc.*

Virgile fait entendre, d'après les idées poétiques, que c'est à l'étoile nommée Canicule qu'on doit les grandes chaleurs des jours nommés encore aujourd'hui caniculaires :

Aut sirius ardor
Ille, sitim morbosque ferens mortalibus ægris,
Nascitur, et lævo contristat lumine cœlum.

(*Æneid.*, X, 273.)

Gassendi a prouvé l'erreur des poëtes.

De tous les effets qu'on observe dans la nature, il n'y a presque jamais que les causes prochaines qui soient connues, les causes de ces causes n'étant que des notions confuses désignées par les noms vagues de qualités, de forces, de propriétés, de vertus. Nous savons que le ressort de la montre est la cause de son mouvement. Mais la cause du ressort, quelle est-elle? L'élasticité de l'acier. Et qu'est-ce que l'élasticité? La force qu'ont les corps de se rétablir dans leur premier état dès qu'une force plus grande cesse de les fléchir ou de les comprimer. Et cette force de réaction, quelle est-elle? Plus de réponse en physique. Il en est ainsi de la pesanteur, de l'électricité, etc. Mais les causes qu'on imagine et qu'on donne pour véritables ne sont pas toujours des sophismes; car l'ignorance présomptueuse ne laisse pas souvent d'être de bonne foi. A quoi donc reconnaîtrez-vous un sophiste? A l'adresse, à l'astuce avec laquelle il éludera une bonne raison; au tour leste, subtil et prompt, qu'il fera pour esquiver une objection solide; à l'éloquence de charlatan qu'il emploie à vous dérober le vice d'un faux argument; aux sophismes qu'il accumule pour en soutenir un dont on lui démontre l'erreur [1].

4. Le *dénombrement imparfait*. Vous connaissez une ou plusieurs manières dont une

1. Marmontel.

chose se fait, et vous en concluez qu'elle ne se peut faire que de ces manières, tandis qu'il y en a quelque autre qui, pour être ignorée de vous, n'en est pas moins la véritable. Vous faites encore ce mauvais raisonnement lorsque vous tirez une conséquence générale d'une induction défectueuse : les Français sont blancs, les Anglais sont blancs, les Italiens et les Allemands sont blancs ; donc tous les hommes sont blancs. La conséquence ne serait pas juste ; c'est que le dénombrement ne serait pas exact : dans la Guinée les hommes sont noirs.

Celui-là ferait un sophisme de l'espèce dont nous parlons, qui, pour prouver que l'homme ne saurait être heureux, oublierait de compter au nombre des moyens de l'être, la modération dans les désirs, la paix de l'âme, la sagesse, et qui ne parlerait que des plaisirs des sens et que des biens d'opinion.

5. *Juger d'une chose par des faits accidentels.* On raisonne ainsi lorsqu'on tire une conclusion absolue, simple et sans restriction, de ce qui n'est vrai que par accident : c'est ce que font ceux qui blâment les sciences et les arts, à cause des abus qui trop souvent les accompagnent. Quelques médecins font des fautes ; donc il faut blâmer la médecine : est-ce bien raisonner ? Ce sophisme est appelé dans l'école *fallacia accidentis.*

« Un fait isolé, rare et sans conséquence,

donné comme constant ; un abus passager et particulier, pris pour l'état des choses habituel et général, voilà le grand moyen des révolutions, » a dit un sage observateur des fourberies politiques. En effet, rien de plus facile et de plus anciennement pratiqué par les chefs des séditions populaires.

6. *Passer de ce qui est vrai à quelque égard à ce qui est vrai absolument.* Les Epicuriens voulaient prouver que les dieux avaient la forme humaine, parce qu'il n'y en a point de plus belle (*de Nat. deor.*, I, 18). C'était un sophisme ; car cette supériorité n'est pas absolue, mais relative.

7. *Passer du sens divisé au sens composé, et réciproquement.* Ce sophisme, comme le suivant, consiste dans les mots. Nous lisons dans l'Evangile : *Les aveugles voient, les boiteux marchent, les sourds entendent,* etc. C'est qu'ici par les *aveugles*, on entend ceux qui étaient aveugles. Il en est de même dans ce vers de La Motte, le seul qu'on ait retenu de son poëme de *Apôtres* :

Le muet parle au sourd étonné de l'entendre.

Voilà le sens *divisé.* Au contraire, dans cette proposition, *les aveugles ne voient point,* il est évident qu'on veut parler des aveugles en tant qu'aveugles : voilà le sens *composé.* Il y a des propositions qui ne sont vraies que dans ce dernier sens. *Un homme qui pleure ne peut pas rire :* il ne peut pas rire dans le temps même qu'il pleure, quoiqu'il puisse rire après avoir pleuré. Le sophisme a lieu quand on passe de l'un de ces sens à l'autre. La manière de réfuter ces sortes de sophismes, c'est d'y répondre en divisant ce qu'a réuni l'adversaire, et en réunissant ce qu'il a divisé.

8. *Abuser de l'ambiguïté des mots.* On peut rapporter à cette espèce de sophisme tous les syllogismes vicieux. C'est abuser des mots que de passer du sens collectif au sens distributif, ou réciproquement, et de dire, par exemple : *L'homme pense ; or, l'homme est composé de corps et d'âme : donc le corps et l'âme pensent ;* car il suffit, pour attribuer en général la pensée à l'homme, qu'il pense selon l'une de ses parties; mais il ne s'ensuit nullement qu'il pense selon l'autre, etc. Le piége d'un raisonnement captieux peut également se cacher dans les prémisses ou dans la conclusion ; et c'est pour l'y apercevoir distinctement, et comme d'un coup d'œil, que sont faites les règles du syllogisme.

Sans nous étendre davantage sur ces principes [1], nécessaires à l'orateur comme au dialecticien, ni décrire tous les sophismes d'amour-propre, d'intérêt, de passions, de chicane ou de flatterie, nous finirons par un

[1]. Extraits en partie de la Logique de Port-Royal.

beau modèle de la réfutation oratoire. Démosthène, dans le fameux procès *de la Couronne*,
écrase ainsi Eschine, son rival, sous le poids
de ses réponses [1] : « Malheureux, si c'est le
« désastre public qui te donne de l'audace,
« quand tu devrais en gémir avec nous, essaye
« donc de faire voir, dans ce qui a dépendu de
« moi, quelque chose qui ait contribué à notre
« malheur, ou qui n'ait pas dû le prévenir.
« Partout où j'ai été en ambassade, les en-
« voyés de Philippe ont-ils eu quelque avan-
« tage sur moi? Non, jamais; non, nulle part;
« ni dans la Thessalie, ni dans Thèbes, ni
« dans l'Illyrie. Mais ce que j'avais fait par la
« parole, Philippe le détruisait par la force; et
« tu t'en prends à moi! et tu ne rougis pas de
« m'en demander compte! Ce même Démo-
« sthène, dont tu fais un homme si faible, tu
« veux qu'il l'emporte sur les armées de Phi-
« lippe; et avec quoi? avec la parole. Car il
« n'y avait que la parole qui fût à moi : je ne
« disposais ni des bras ni de la fortune, je
« n'avais aucun commandement militaire; et
« il n'y a que toi d'assez insensé pour m'en

1 *Chap.* 72, *trad. par La Harpe.* On reconnaît ici
toutes les grandes qualités que Denys d'Halicarnasse admire
dans l'orateur d'Athènes : Ὁ Δημοσθενικὸς λόγος εὔτονος τῇ
φράσει, κεκραμένος τοῖς ἤθεσι, καὶ λέξεως ἐκλογῇ κεκοσμημέ-
νος, καὶ χρώμενος τάξει τῇ κατὰ τὸ συμφέρον, καὶ μετὰ τοῦ
σεμνοῦ τὴν χάριν ἔχων, καὶ συνεχής· οἷς μάλιστα δικασταὶ
κατέχονται. Ἐκ τῆς τῶν ἀρχ. ἐξετάσεως.

« demander raison. Mais que pouvait, que
« devait faire l'orateur d'Athènes? Voir le mal
« dans sa naissance, le faire voir aux autres,
« et c'est ce que j'ai fait; prévenir, autant
« qu'il était possible, les retards, les faux pré-
« textes, les oppositions d'intérêts, les méprises,
« les fautes, les obstacles de toute espèce, trop
« ordinaires entre les républiques alliées et
« jalouses, et c'est ce que j'ai fait; opposer à
« toutes ces difficultés le zèle, l'empressement,
« l'amour du devoir, l'amitié, la concorde, et
« c'est ce que j'ai fait. Sur aucun de ces points,
« je défie qui que ce soit de me trouver en
« défaut; et si l'on me demande comment
« Philippe l'a emporté, tout le monde répondra
« pour moi : Par ses armes qui ont tout en-
« vahi, par son or qui a tout corrompu. Il
« n'était pas en moi de combattre ni l'un ni
« l'autre ; je n'avais ni trésors ni soldats. Mais,
« pour ce qui est de moi, j'ose le dire, j'ai
« vaincu Philippe, et comment? En refusant
« ses largesses, en résistant à la corruption.
« Quand un homme s'est laissé acheter, l'a-
« cheteur peut dire qu'il a triomphé de lui :
« mais celui qui demeure incorruptible peut
« dire qu'il a triomphé du corrupteur. Ainsi
« donc, autant qu'il a dépendu de Démosthène,
« Athènes a été victorieuse, Athènes a été in-
« vincible. »

Vous trouverez aussi un modèle de réfutation dans la première partie de la seconde Philippique de Cicéron. L'endroit surtout où il se défend d'avoir été complice de la mort de César, est admirable. Les récits animés, les raisonnements solides, l'adresse à tourner l'accusation contre l'accusateur, la force, la vivacité, le pathétique, enfin tous les moyens de l'éloquence y semblent réunis pour venger l'orateur attaqué et lui donner la victoire.

VI. DE LA PÉRORAISON.

La *péroraison*, qui est la dernière partie du discours, a deux objets à remplir. Elle doit achever de convaincre, en résumant les principales preuves, et de persuader, en excitant dans l'âme les émotions propres au sujet que l'orateur a traité.

1°. La récapitulation (ἀνακεφαλαίωσις, *enumeratio*) est indispensable dans les grandes questions, qui, par l'étendue et la diversité des objets et des moyens qu'elles embrassent, pourraient laisser quelque confusion et quelque embarras dans l'esprit. Cette partie demande alors beaucoup de précision, d'adresse et de discernement, pour rappeler en peu de mots et par des tours variés toute la substance d'un long discours. « Vous pouvez alors, dit Cicéron

de Inventione, I, 52), en reproduisant votre
confirmation, et en montrant à chaque preuve
comment vous avez réfuté votre adversaire,
présenter, dans un court parallèle, tout l'ensemble de la cause. On a surtout besoin, pour
ces résumés, de varier les formes et les tour-
nures du style. Au lieu de faire vous-même
l'énumération, de rappeler ce que vous avez
dit, et en quel lieu vous l'avez dit, vous pouvez
en charger quelque autre personnage, ou
quelque objet inanimé que vous mettez en
scène. Dites, par exemple : « Si le législateur
« paraissait tout à coup, et s'écriait : *Pourquoi*
« *hésitez-vous encore? que pourriez-vous dire*,
« *quand on vous a démontré ... ?* » et, comme
si vous parliez en votre propre nom, repassez
tous vos raisonnements l'un après l'autre,
rappelez votre division, comparez vos moyens
à ceux qu'on vous oppose, etc. Faites-vous
parler une chose inanimée ; alors c'est une
loi, une ville, un monument, que vous
chargez de l'énumération. « Si la loi elle-même
« pouvait parler, ne se plaindrait-elle pas? ne
« vous dirait-elle pas : *Qu'attendez - vous*
« *encore, juges, quand on vous a démon-*
« *tré...?* » et vous poursuivez ainsi votre récapitulation. Sous quelque forme que vous la
présentiez, comme vous ne pouvez reprendre
toute l'argumentation, contentez-vous de rappeler en peu de mots ce qu'elle a de plus solide;

car vous résumez le discours, vous ne le re
commencez pas. »

2°. L'autre partie, qui se rapporte au
mœurs et aux passions (*commiseratio*, *indi
gnatio*), était d'un grand usage chez les Ro
mains. «Réservez pour la péroraison, dit Quin
tilien (VI, 1), les plus vives émotions d
sentiment. C'est alors, ou jamais, qu'il nou
est permis d'ouvrir toutes les sources de l'élo
quence, de déployer toutes les voiles. Il en es
d'un ouvrage oratoire comme d'une tragédie
c'est surtout au dénouement qu'il faut émou
voir le spectateur : *tunc est commovendum
theatrum.* »

Quoique notre barreau soit plus austère, le
péroraisons touchantes n'en sont pas absolu
ment bannies ; mais c'est principalement dan
la chaire qu'elles sont remarquables. Voye
celle de l'Oraison funèbre de Condé.

L'antiquité, suivant quelques rhéteurs, ne
nous a rien laissé de plus parfait en ce genre
que la péroraison du plaidoyer pour Milon. Les
avocats finissaient ordinairement par un tableau
pathétique de la douleur de l'accusé, de son ac-
cablante disgrâce, du deuil de sa famille et de
ses proches ; mais Cicéron n'avait point cette
ressource. Milon n'était pas d'un caractère à
descendre à des supplications ; il assistait à son
procès avec assurance, et sans les marques
ordinaires de deuil et de tristesse. On pouvait

même craindre que les juges ne se crussent bravés par un homme dont le sort était entre leurs mains. Que fait Cicéron ? Il prend sur lui le personnage de suppliant que l'accusé dédaignait ; et, en conservant à Milon toute la fierté de son caractère, il lui met dans la bouche les discours les plus tendres et les plus touchants : c'est ce qui fait de cette péroraison un chef-d'œuvre d'habileté et d'adresse, autant que d'éloquence et de pathétique. Nous allons en détacher quelques traits.

La peine qui menaçait Milon, et à laquelle son défenseur ne put le soustraire, était l'exil. Voici comme Cicéron le fait parler[1] : « Que les « Romains, dit-il, que mes concitoyens vivent « heureux ! qu'ils vivent dans la gloire et la « sécurité ! qu'elle soit florissante cette répu- « blique, cette patrie si chère, quelque traite- « ment que j'en éprouve ! Puissent mes conci- « toyens y vivre paisibles ! qu'ils jouissent sans « moi d'un repos dont il ne m'est pas permis de « jouir avec eux, mais qui est pourtant mon « ouvrage ! Moi, je me retire, je pars : si je ne

_____

1. Valeant, inquit, cives mei, valeant ; sint incolumes, sint florentes, sint beati ! stet hæc urbs præclara, mihique patria carissima, quoquo modo merita de me erit ! tranquilla republica cives mei, quoniam mihi cum illis non licet, sine me ipsi, sed per me tamen, perfruantur ! Ego cedam atque abibo : si mihi republica bona frui non licuerit, at carebo mala ; et quam primum tetigero bene moratam et liberam civitatem, in ea conquiescam. (*Pro Milone*, c. 34 .)

« puis partager le bonheur de Rome, je n'au-
« rai pas du moins le spectacle de ses maux ; et
« la première ville où j'aurai trouvé des mœurs
« et la liberté, j'en ferai mon tranquille sé-
« jour. »

Dans ces paroles respire la fermeté d'âme,
mais une fermeté douce et qui n'éclate point en
invectives : pour l'adoucir encore, Cicéron
ajoute quelque chose d'affectueux et de touchant. Il suppose que son ami malheureux lui
adresse la parole. Remarquons ici que souvent,
chez les anciens, c'était un ami qui prenait la
défense de l'accusé : l'amitié, ce noble sentiment, répandait dans tout le discours une chaleur et une vivacité inimitables. Elle représen-
tait avec des figures hardies, et en termes
pathétiques, les services que l'accusé avait ren-
dus à la patrie, le déshonneur que sa condamnation imprimerait à sa famille, les pleurs de
ses enfants, la consternation de ses amis. «Quoi,
« dit l'ami de Cicéron [1], lorsque je te rendais à
« la patrie, ô Tullius ! devais-je croire qu'il n'y
« aurait plus pour moi de place dans cette pa-
« trie ?.... Qu'est devenue, ô mon ami, qu'est
« devenue ton éloquence ? Cette voix en a pro-

1. Ego quum te patriæ reddidissem, mihi non futurum
in patria putarem locum ?... Ubi tua, M. Tulli, quæ
plurimis fuit auxilio, vox et defensio ? Mihine ea soli,
qui pro te toties morti me obtuli, nihil potest opitulari ?
(*Pro Milone*, c. 34.)

« tégé tant d'autres ; et moi qui ai souvent bravé
« la mort pour toi, je suis le seul que tu ne peux
« sauver ! » Des plaintes si tendres ne déro-
geaient-elles pas à la noble fermeté du caractère de Milon ? Cicéron va au-devant d'un tel
reproche [1] : « Et ces discours, juges, il ne les
« profère pas comme moi, les larmes aux yeux ;
« il me les tient avec l'air d'assurance que vous
« lui voyez. » C'est par ce mélange alternatif
de fierté et de douleur que Cicéron réunit en faveur de Milon le double intérêt de l'admiration
pour la vertu, et de la compassion pour l'infortune.

Il veut recueillir tout le fruit de ce dernier
sentiment, et il prend sur lui-même tout ce
qu'il était obligé de partager et d'affaiblir dans
la personne de Milon. Il se peint comme le plus
malheureux des mortels. Les juges étaient des
hommes choisis, et il s'en trouvait parmi eux à
qui Cicéron était redevable de son retour : « In-
« fortuné, s'écrie-t-il [2], quel destin me pour-

1. Nec vero hæc, judices, ut ego nunc, flens, sed hoc
eodem loquitur vultu, quo videtis (c. 35).

2. O me miserum ! o me infelicem ! revocare tu me
in patriam, Milo, potuisti per hos ; ego te in patria per
eosdem retinere non potero ? Quid respondebo liberis
meis, qui te parentem alterum putant ? quid tibi,
Quinte frater, qui nunc abes, consorti mecum tempo-
rum illorum ? me non potuisse Milonis salutem tueri
per eosdem, per quos nostram ille servasset ? At in
qua causa non potuisse ? Quæ est grata gentibus. A
quibus non potuisse ? Ab iis, qui maxime P. Clodii

« suit ! Eh quoi ! Milon, c'est par le secours de
« ces mêmes juges que tu as pu me rendre ma
« patrie, et je ne pourrai te la conserver par
« leurs suffrages ? Que répondrai-je à mes en-
« fants qui te regardent comme un second père ?
« O Quintus ! ô mon frère ! absent aujourd'hui,
« alors compagnon de mes disgrâces, que t'ap-
« prendrai-je ? faudra-t-il te dire que j'ai fait
« de vains efforts pour la défense de Milon, au-
« près de ceux mêmes qui l'avaient secondé
« pour la nôtre ? Et dans quelle cause ? Dans une
« cause où tous les peuples sont pour nous. De-
« vant quels juges ? Devant ceux qui ont le plus
« gagné à la mort de Clodius. Et qui était le
« suppliant ? Moi-même. Quel crime affreux
« ai-je conçu, ou de quel forfait me suis-je
« rendu coupable, Romains, quand j'ai pres-
« senti les complots tramés contre l'Etat, quand
« je les ai pénétrés, découverts, anéantis ? De
« cette source découlent sur moi et sur les
« miens tous les maux qui nous environnent.

morte acquierunt. Quo deprecante ? Me. Quodnam ego
concepi tantum scelus ? aut quod in me tantum fa-
cinus admisi, judices, quum illa indicia communis
exitii indagavi, patefeci, protuli, exstinxi ? Omnes
in me meosque redundant ex fonte illo dolores. Quid
me reducem esse voluistis ? An ut, inspectante me,
expellerentur ii, per quos essem restitutus ? Nolite,
obsecro vos, pati mihi acerbiorem reditum esse, quam
fuerit ille ipse discessus : nam qui possum putare me
restitutum esse, si distrahor ab ijs, per quos restitutus
sum ? c. 37.)

« Pourquoi avez-vous désiré mon retour ? Etait-
« ce pour que je visse chasser ceux qui m'a-
« vaient rétabli ? Ah ! je vous en conjure, ne
« souffrez pas que ce retour soit plus triste pour
« moi que ne l'a été mon départ : comment
« puis-je me croire rétabli, si ceux par qui je
« l'ai été sont arrachés de mes bras ? » N'oublions pas que Cicéron, qui plaidait, était l'égal
du président du tribunal, consulaire comme
lui, et supérieur en dignité à la plupart des
juges ; il pouvait donc leur présenter sa douleur comme un objet digne de les intéresser.
Nous invitons à lire en entier, dans l'original,
cette péroraison, la plus belle peut-être et la
plus touchante que nous devions au génie de
ce grand homme.

Dans l'éloquence de la chaire, le pathétique
de la péroraison a un objet qui ne convient
qu'au genre délibératif ; c'est d'émouvoir l'auditoire de compassion pour lui-même et d'horreur pour ses propres vices, ou de terreur pour
ses propres dangers. Il est rare, en effet, que
l'orateur chrétien plaide la cause des absents,
à moins qu'il ne parle en faveur des pauvres,
des orphelins, comme saint Vincent de Paul,
lorsqu'il dit aux femmes pieuses qui composaient son auditoire, en leur montrant les
orphelins dont il était le protecteur, sans sou-
lagement, sans secours, et près d'expirer devant
elles : « Or sus, mesdames, la compassion et la

« charité vous ont fait adopter ces petites créa-
« tures pour vos enfants. Vous avez été leurs
« mères selon la grâce, depuis que leurs mères
« selon la nature les ont abandonnés. Voyez
« maintenant si vous voulez aussi les abandon-
« ner pour toujours. Cessez à présent d'être
« leurs mères pour devenir leurs juges ; leur
« vie et leur mort sont entre vos mains. Je
« m'en vais prendre les voix et les suffrages.
« Il est temps de prononcer leur arrêt, et de
« savoir si vous ne voulez plus avoir de miséri-
« corde pour eux. Les voilà devant vous ! Ils
« vivront si vous continuez d'en prendre un
« soin charitable ; et, je vous le déclare devant
« Dieu, ils seront tous morts demain si vous
« les délaissez. »

Cette conclusion, le modèle des péroraisons
pathétiques, eut le succès qu'elle méritait : le
même jour, dans la même église, au même
instant, l'hôpital des Enfants trouvés, qui jusque-là périssaient dans les rues, fut fondé à
Paris, et doté de quarante mille livres de rente.
Sans doute de pareilles occasions viennent
rarement s'offrir au zèle apostolique ; mais
presque toujours l'orateur sacré, dans la péroraison, s'afflige ou s'effraye pour ceux qu'il
veut rappeler aux vérités religieuses ; et alors
les grands intérêts dont il semble chargé par
Dieu même ouvrent une libre carrière aux
mouvements sublimes ou touchants ; alors

Massillon fait entendre ces accents qui pénètrent l'âme d'une pieuse émotion, et y réveillent le besoin du repentir et de la prière. C'est là le triomphe de l'éloquence évangélique; c'est un genre de beauté oratoire que les anciens ne connaissaient pas.

TROISIÈME PARTIE.

DE L'ÉLOCUTION.

Presque toujours les choses qu'on dit frappent moins que la manière dont on les dit ; car les hommes ont tous à peu près les mêmes idées de ce qui est à la portée de tout le monde : la différence est dans l'expression ou le style. Combien peu de génies ont-ils su exprimer ce que tant d'auteurs ont voulu peindre ! Le style rend singulières les choses les plus communes, fortifie les plus faibles, donne de la grandeur aux plus simples [1].

L'expression est l'âme de tous les ouvrages qui sont faits pour plaire à l'imagination. On exige surtout de l'historien la vérité des faits, du philosophe la justesse des raisonnements : à ces qualités indispensables pour eux, s'ils joignent celles qui font l'agrément du style, on les lit avec plus de plaisir ; mais, de quelque façon qu'ils aient écrit, ils méritent d'être lus parce qu'ils sont utiles. Il n'en est pas de même de l'orateur et du poëte. L'un veut nous émouvoir pour nous persuader ; l'autre veut nous amuser agréablement : il faut que l'un et l'autre nous réveillent continuellement par des impres-

1. Voltaire.

sions qui nous rendent attentifs à ce qu'ils nous disent ; nous ne les écoutons qu'autant qu'ils plaisent à nos oreilles et à notre imagination par les charmes du style [1].

Les ouvrages bien écrits, dit Buffon, seront les seuls qui passeront à la postérité. La quantité des connaissances, la singularité des faits, la nouveauté même des découvertes, ne sont pas de sûrs garants de l'immortalité ; si les ouvrages qui les contiennent sont écrits sans goût, sans noblesse et sans génie, ils périront, parce que les connaissances, les faits et les découvertes s'enlèvent aisément, se transportent, et gagnent même à être mis en œuvre par des mains plus habiles : ces choses sont hors de l'homme ; le style est l'homme même.

L'élocution, en général, est l'expression de la pensée par la parole. Dans un sens plus restreint, l'élocution se prend pour cette partie de la Rhétorique qui traite du style. Elle est à l'éloquence ce que le coloris est à la peinture. L'imagination du peintre invente d'abord les principaux traits du tableau ; son jugement met ensuite chaque partie à sa place ; mais le coloris lui est nécessaire pour animer tout l'ouvrage, donner aux objets de l'éclat, et rendre l'expression parfaite. De même en éloquence, le fond du discours est dans les faits et les idées ; puis vient la distribution, qui en forme

1. Racine le fils.

le dessin et le contour ; mais l'*Élocution* achève l'ouvrage de l'*Invention* et de la *Disposition*, et lui donne l'âme et la vie, la grâce et la force. *Nam quum omnis ex re atque verbis constet oratio, neque verba sedem habere possunt si rem subtraxeris, neque res lumen, si verba semoveris* (de Orat., III, 5).

Le style n'est que l'ordre et le mouvement qu'on met dans ses pensées : si on les enchaîne étroitement, si on les serre, le style devient ferme, nerveux et concis ; si on les laisse se succéder lentement et ne se joindre qu'à la faveur des mots, quelque élégants qu'ils soient, le style sera diffus, lâche et traînant [1].

Nous distinguerons dans le style les qualités *générales* et les qualités *particulières*. Les qualités générales du style sont celles qui constituent son essence et qui sont invariables ; les qualités particulières varient selon la différence des sujets. Nous y joindrons, comme on l'a toujours fait, les divers accidents du langage nommés *Figures*, et qui appartiennent à ces deux classes à la fois.

I. QUALITÉS GÉNÉRALES DU STYLE.

Les qualités générales du style sont la pureté, la clarté, la précision, le naturel, la

1. Buffon.

noblesse, l'harmonie. Dans tous les genres, naïf, familier, sublime, ces qualités distinguent les grands écrivains. Nous y comprenons la noblesse, parce qu'il nous semble qu'elle s'accorde avec tous les tons et avec tous les sujets, et que nous l'opposons à la bassesse et à la trivialité.

> Le style le moins noble a pourtant sa noblesse.
>
> BOIL., *Art poét.*, ch. 1.

La *pureté* du style consiste à s'exprimer correctement, c'est-à-dire, à n'employer que les locutions que la règle ou du moins l'usage autorise.

> Surtout qu'en vos écrits la langue révérée
> Dans vos plus grands excès vous soit toujours sacrée.
> En vain vous me frappez d'un son mélodieux,
> Si le terme est impropre, ou le tour vicieux ;
> Mon esprit n'admet point un pompeux barbarisme,
> Ni d'un vers ampoulé l'orgueilleux solécisme :
> Sans la langue, en un mot, l'auteur le plus divin
> Est toujours, quoi qu'il fasse, un méchant écrivain.
>
> BOIL., *ibid.*

On peut être sans doute très-ennuyeux en écrivant bien ; mais on l'est bien davantage en écrivant mal.

Entre toutes les différentes expressions qui peuvent rendre une seule de nos pensées, il n'y en a qu'une qui soit la bonne : on ne la rencontre pas toujours en parlant ou en écrivant. Il est vrai néanmoins qu'elle existe.

que tout ce qui ne l'est point est faible, et ne satisfait point un homme d'esprit qui veut se faire entendre[1].

Pour écrire et parler correctement, il faut aux connaissances grammaticales joindre la lecture et l'usage : la lecture des meilleurs écrivains, tant poëtes qu'orateurs ; l'usage, qui s'acquiert par le commerce avec ceux qui parlent bien.

Il est utile, si l'on veut avoir une connaissance exacte de la langue, de remarquer partout avec attention les expressions qui paraissent impropres et vicieuses. Ainsi, dans ces beaux vers de La Fontaine (*Fabl.*, VIII, ii) :

> Qu'un ami véritable est une douce chose !
> Il cherche vos besoins au fond de votre cœur :
>   Il vous épargne la *pudeur*
>   De les lui découvrir vous-même ;

le mot *pudeur* ne semble pas d'abord le mot propre. On ne dit pas, j'ai *pudeur* de parler devant vous, au lieu de, j'ai *honte* de parler devant vous. Mais ici, outre le privilége de la poésie, on peut dire que nul autre terme ne remplacerait l'originalité et la vérité de l'expression ; peut-être même le mot *honte* serait-il impropre aussi, et l'on aime mieux ce latinisme qui seul peut rendre la délicatesse de l'amitié.

1. La Bruyère.

Ces vers du Misanthrope paraissent incorrects :

Non , ce n'est pas, madame, un bâton, qu'il faut prendre ,
Mais un cœur à leurs vœux moins facile et moins tendre.

On ne dit pas, sans doute , prendre un cœur
facile au lieu d'un bâton, et *tendre à leurs
vœux* n'est pas français ; la phrase au moins
est équivoque. Mais cette faute est légère ; et la
plaisanterie du bâton n'est pas déplacée dans la
bouche de l'homme brusque et singulier qui a
dit, en parlant de la *chute* du sonnet d'O-
ronte :

En eusses-tu fait une à te casser le nez !

Dans les Plaideurs , Racine fait dire à la
comtesse de Pimbesche :

Monsieur , je ne veux point être liée....
Je ne *la* serai point.
Act. I , sc. 7.

Pour l'exactitude grammaticale, il fallait , *Je
ne* le *serai point.* Mais peut-être que Racine
fait ici à dessein une faute que font presque
toutes les femmes. Il est facile néanmoins de
distinguer quand elles doivent dire *la* ou *le.* Il
faut toujours *la,* quand ce pronom se rapporte
à un substantif précédé de son article : *Etes-
vous la comtesse de Pimbesche ? Oui, je la suis.*
Mais il faut *le,* quand il se rapporte à un adjectif : *Etes-vous plaideuse ? Oui, je le suis.*

Voici des fautes moins excusables. Sohème dit à Mariamne, dans la tragédie de ce nom (act. V, sc. 2) :

> Et du moins à demi mon bras vous a vengé.

Dans celle de Tancrède, le héros dit, en parlant d'Aménaïde (act. IV, sc. 2) :

> Et l'eussé-je aimé moins, comment l'abandonner ?

Il fallait *vengée*, *aimée* ; c'est une règle partout admise aujourd'hui.

On aurait tort néanmoins, comme nous l'avons déjà fait entendre, de confondre la pureté du langage avec le purisme. Le purisme est une affectation, et par conséquent un vice. Jamais un puriste n'eût osé dire : *Environnez ce tombeau ; versez des larmes avec des prières* [1] (Bossuet, *Or. fun. de Condé*). On trouve souvent dans les plus beaux morceaux ce qu'il appellerait des fautes contre la langue ; mais de légères fautes sont une licence heureuse, quand elles servent à la vivacité du discours : un écrivain médiocre ne saura parler que français. On cite pour exemple ce vers de Racine :

> Je t'aimais inconstant, qu'aurais-je fait fidèle !
> *Androm.*, act. IV, sc. 5.

Cette ellipse est, de toutes celles qu'il s'est per-

---

1. Expression imitée par Massillon dans l'Oraison funèbre de Louis XIV : « Le jugement commence par le premier-né ; sa bonté nous promettait des jours heureux, et nous répandîmes ici nos prières et nos larmes sur ses cendres chères et augustes. »

mises, la moins autorisée par les règles et par l'usage. L'exactitude grammaticale eût exigé : *Je t'aimais quoique tu fusses inconstant ; qu'aurais-je fait si tu avais été fidèle !* Mais il a mieux aimé être inexact que languissant, et manquer à la grammaire qu'à l'expression.

Nos premiers grammairiens avaient été trop sévères ; les hommes de goût furent plus indulgents, et ils adoptèrent insensiblement plusieurs mots que les puristes voulaient rejeter. Quelques-uns avaient été employés par nos anciens auteurs français ; d'autres étaient nouveaux. On doit à Baïf, *épigramme, élégie ;* à Ronsard, *ode, avidité ;* à Desportes, *pudeur ;* à Sarasin, *burlesque ;* à Segrais, *impardonnable ;* à Ménage, *prosateur ;* à Balzac, *urbanité.* Il paraît même que *féliciter* est aussi du même auteur : « Si le mot *féliciter,* dit-il dans une de ses lettres, n'est pas encore français, il le sera l'année qui vient, et M. de Vaugelas m'a promis de ne lui être pas contraire quand nous solliciterons sa réception. » Ces fondateurs de notre langue firent admettre encore *diversion, inattention, intrépide, gracieux, adulateur, adulation, impolitesse, offenseur, inextinguible, inexprimable, insoluble, inexpugnable, loisible, inaction, vénusté* (mot qu'on aurait tort de laisser tomber en désuétude), et beaucoup d'autres mots utiles, nobles, harmonieux, réguliers, dont les partisans de la correction du style, par un excès de zèle et de respect pour les anciens dictionnaires, refusaient d'enrichir la langue française : peut-être aujourd'hui faut-il la défendre contre l'excès opposé.

La *clarté* dépend surtout de la pureté du style. Fuyez les termes vagues ou équivoques, les constructions louches, les inversions forcées, les périodes trop longues ou qui sont traversées par des sens différents. Il faut que la clarté de l'expression soit telle, dit Quintilien, que la pensée frappe les esprits comme le soleil frappe la vue : *Ut in animum audientis oratio, sicut sol in oculos, occurrat* (VIII, 2). La pensée n'étant qu'une image que l'esprit forme en lui-même, elle doit représenter clairement les choses, et rien n'y est plus contraire que l'obscurité. Le jugement seul peut apprendre à trouver des pensées qui soient claires sans être faibles, et à se faire entendre des plus grossiers en se faisant estimer des plus habiles[1].

Rien n'est plus ordinaire, suivant d'Aguesseau, que de voir des hommes de tout âge parler avant que d'avoir pensé, et manquer du talent le plus nécessaire de tous, qui est de savoir dire en effet ce qu'ils veulent dire. Le seul moyen d'éviter un si grand défaut est de prendre dans la jeunesse l'habitude de ne dire que ce que l'on conçoit, et de le dire de la manière la plus propre à le faire concevoir aux autres.

1. Bouhours.

On répète souvent que le caractère de notre langue est la clarté ; ce qui ne signifie pas qu'elle soit plus favorable qu'une autre à l'orateur. Aucune langue peut-être ne demande, dans ceux qui en font usage, plus de précautions minutieuses pour être entendus. La clarté est l'apanage de notre langue, en ce sens qu'un écrivain français ne doit jamais perdre la clarté de vue, comme étant prête à lui échapper sans cesse.

Un auteur ne doit laisser rien à chercher dans sa pensée. Il n'y a que les faiseurs d'énigmes qui soient en droit de présenter un sens enveloppé. Auguste (Suét., c. 83) voulait qu'on usât de répétitions fréquentes, de prépositions, de conjonctions, plutôt que de laisser quelque péril d'obscurité dans le discours. En effet, le premier de tous les devoirs d'un homme qui n'écrit que pour être entendu, est de soulager son lecteur en se faisant d'abord entendre [1].

Les phrases suivantes pèchent par le défaut de clarté.

Dans la tragédie d'Alexandre, ce héros, en parlant de Porus, s'exprime ainsi :

Et, voyant de son bras voler partout l'effroi,
L'Inde sembla m'ouvrir un champ de digne de moi.

1°. On pourrait demander si *l'effroi de son bras* signifie *l'effroi que cause son bras*, ou

1. Fénelon.

l'*effroi qu'éprouve son bras* ; est-il actif ou passif ? 2°. De la manière dont *voyant* est placé, on dirait que c'est l'Inde qui voyait, tandis que c'est Alexandre. Il faudrait, pour la clarté, changer ainsi la phrase :

Je crus alors m'ouvrir un champ digne de moi.

Au premier acte de Phèdre, Racine fait ainsi parler Hippolyte :

Par un indigne obstacle il (*Thésée*) n'est point retenu,
Et fixant de ses vœux l'inconstance fatale,
Phèdre depuis longtemps ne craint plus de rivale.

Pendant qu'on lit le second vers, on croit qu'il se rapporte au sujet énoncé dans le premier. On n'est détrompé que par le troisième, qui prouve que le second se rapporte à Phèdre. Il faudrait pour la clarté : *Et depuis longtemps Phèdre, fixant l'inconstance de ses vœux, ne craint plus de rivale.*

Dans un discours du même auteur à l'Académie française, vous lisez : *On croira ajouter quelque chose à la gloire de notre auguste monarque, lorsqu'on dira qu'il a estimé, qu'il a honoré de ses bienfaits le grand Corneille, et que même deux jours avant sa mort, lorsqu'il ne lui restait plus qu'un rayon de connaissance, il lui envoya encore des marques de sa libéralité.* Sa et *lui* sont équivoques : on croirait qu'ils se rapportent à

Louis XIV ; cependant c'est de Corneille que parle Racine. Il pouvait dire, *et que même deux jours avant la mort de ce grand homme, lorsqu'il ne lui restait plus*, etc.

L'inversion, surtout dans nos anciens poëtes, est souvent une cause d'obscurité. Ce vers de la Pucelle de Chapelain ne paraît être d'aucune langue :

Ses dents, tout lui manquant, dans les pierres il plante.

La clarté est quelquefois sacrifiée au désir de paraître fin, délicat, mystérieux, profond.

> Ce que ta plume produit
> Est couvert de trop de voiles ;
> Ton discours est une nuit
> Veuve de lune et d'étoiles.
> Mon ami, chasse bien loin
> Cette noire rhétorique ;
> Tes écrits auraient besoin
> D'un devin qui les explique.
> Si ton esprit veut cacher
> Les belles choses qu'il pense,
> Dis-moi? qui peut t'empêcher
> De te servir du silence [1] ?
>
> (MAYNARD.)

Pour ne pas tout dire, on ne dit pas assez ;

1. An scire atque intelligere neminem vis, quæ dicas? Quidni, homo inepte, ut, quod vis, abunde consequaris, taces? *Aulu-Gelle*, I, 10. Nonne satius est mutum esse, quam, quod nemo intelligat, dicere? *Cic.*, Philipp., III, 9.

et, de peur d'être trop simple, on s'étudie à être inintelligible. Cette affectation puérile de faire paraître les choses plus ingénieuses qu'elles ne sont, conduit nécessairement à l'obscurité. Les écrivains de ce genre sont insupportables; le phébus, le galimatias les enchante; ils sont contents de leur esprit, parce qu'il faut beaucoup d'esprit pour les entendre. La Bruyère s'adressait à eux : « Vous voulez, Acis, me dire qu'il fait froid? Que ne me disiez-vous : il fait froid? Est-ce un si grand mal d'être entendu quand on parle, et de parler comme tout le monde? »

« Tout écrivain, dit-il encore, pour écrire nettement, doit se mettre à la place de ses lecteurs, examiner son propre ouvrage comme quelque chose qui lui est nouveau, qu'il lit pour la première fois, où il n'a nulle part, et que l'auteur aurait soumis à sa critique; et se persuader ensuite qu'on n'est pas entendu seulement à cause que l'on s'entend soi-même, mais parce qu'on est en effet intelligible. »

C'est peu d'être clair, il faut être précis. La *précision* consiste à n'employer que les termes nécessaires à l'expression de la pensée, et les termes les plus justes. L'esprit veut connaître : rien n'est plus impatient que lui quand il attend; et plus les moyens qu'on lui offre pour arriver sont aisés et courts, plus il est satisfait. S'il sent que, par indigence ou par faiblesse, on lui

donne des circonlocutions pour un terme propre
qui existe, des tours recherchés pour des traits
naturels, il souffre plus ou moins, à propor-
tion du tort qu'on lui fait. « La plupart des
fautes de langage, dit Voltaire, sont, au fond,
des défauts de justesse. Le style précis a le
premier de tous les mérites, celui de rendre la
marche du discours semblable à celle de l'esprit. »

Le mérite de la précision se fait sentir dans
cette maxime de La Rochefoucauld : *L'esprit
est souvent la dupe du cœur.* S'il eût dit:
*L'amour, le goût que nous avons pour une
chose, nous la fait souvent trouver différente de ce qu'elle est réellement ;* c'est la
même pensée, mais elle se traîne, au lieu que
dans l'autre façon elle a des ailes.

La précision n'exclut ni la richesse ni les
agréments du style. Tous les genres d'écrire
ont leur précision. Celle du philosophe, qui
ne veut qu'instruire, ne suffit pas à l'orateur,
qui cherche à persuader ; car tout ce qui rend
l'image plus touchante ou le sentiment plus vif
est essentiel à l'éloquence. *Sit romanus orator,* dit Jul. Severianus, *attico copiosior, asia-
tico pressior (Præcept. rhet.,* c. 5).

Un païen, dans le Polyeucte de Corneille,
parle ainsi des premiers chrétiens :

Ils font des vœux pour nous qui les persécutons.

Racine, dans Esther, développe en six vers une idée semblable :

> Adorant dans leurs fers le Dieu qui les châtie,
> Tandis que votre main, sur eux appesantie,
> A leurs persécuteurs les livrait sans secours,
> Ils conjuraient ce Dieu de veiller sur vos jours,
> De rompre des méchants les trames criminelles,
> De mettre votre trône à l'ombre de ses ailes.

Ces deux exemples ont la précision qui leur est propre. Sévère, qui parle en homme d'État, ne dit qu'un mot, et ce mot est plein d'énergie. Esther, qui veut toucher Assuérus, étend davantage cette idée. Sévère ne fait qu'une réflexion, Esther fait une prière : ainsi l'un doit être concis, et l'autre déployer une éloquence attendrissante.

Au style précis est opposé le style *diffus*, qui consiste à dire peu avec beaucoup de paroles. *Je me suis habillé ce matin, je suis sorti du logis, je me suis rendu chez mon ami.* Il suffisait de dire : *Je me suis rendu chez mon ami ce matin.* Corneille, dans Nicomède, act. I, sc. 1 :

> Trois sceptres, à son trône attachés par mon bras,
> Parleront au lieu d'elle, et ne se tairont pas.

Voltaire ne voit dans la fin du second vers qu'un pléonasme vicieux ; mais cette forme orientale, transportée quelquefois dans la poésie grecque et latine, n'affaiblit pas toujours la pensée.

Ovide dit, pour peindre le déluge, *Omnia*

pontus erant; tout n'était qu'une mer. Cette expression était belle et suffisante, mais il ajoute : *decrant quoque littora ponto.*

Tout n'était qu'une mer, une mer sans rivages.

Le second hémistiche nous semble une redondance nuisible au premier. Les traducteurs, qui justifient tout, n'y verront jamais une faute.

Des critiques ont reproché à Cicéron d'être quelquefois un peu trop verbeux. *Ce qu'il y a de vif et de moelle,* dit Montaigne [1], *est étouffé par ses longueries d'apprêts.* L'exemple de Cicéron est peut-être une des raisons qui ont contribué à cette loquacité ordinaire au barreau. Les défauts des grands écrivains sont tout ce que les auteurs médiocres en imitent.

Le *naturel* du style consiste à rendre une idée, une image, un sentiment, sans recherche et sans effort. L'expression même la plus brillante perd de son mérite, dès que la recherche s'y laisse apercevoir. On sent, à ce travail, que l'auteur s'est occupé de lui-même, et a voulu nous en occuper ; et dès lors il a d'autant moins de droit à notre suffrage, que nous l'accordons toujours le plus tard et le moins qu'il est possible. Au contraire, dit Pascal, nous sommes étonnés, ravis, enchantés, lorsque nous voyons un style naturel ; c'est que

1. *Essais,* liv. II, chap. 10.

nous nous attendions de voir un auteur, et nous trouvons un homme.

Dans tous les arts, la belle imagination est toujours naturelle : la fausse est celle qui assemble des objets incompatibles ; la bizarre peint des objets qui n'ont ni analogie, ni allégorie, ni vraisemblance. L'imagination forte approfondit les objets, la faible les effleure, la douce se repose dans les peintures agréables, l'ardente entasse images sur images ; la sage est celle qui emploie avec choix tous ces différents caractères, mais qui admet très-rarement le bizarre et rejette toujours le faux [1].

On gagne beaucoup en perdant tous les ornements superflus pour se borner aux beautés simples, faciles, claires, et négligées en apparence. Pour l'éloquence et la poésie, comme pour l'architecture, il faut que tous les morceaux nécessaires se tournent en ornements naturels ; mais tout ornement qui n'est qu'ornement, est de trop : retranchez-le, il ne manque rien ; il n'y a que la vanité qui en souffre. Un auteur qui a trop d'esprit, et qui en veut toujours avoir, lasse et épuise le mien. Je n'en veux point avoir tant ; s'il en montrait moins, il me laisserait respirer et me ferait plus de plaisir. Tant d'éclairs m'éblouissent : je cherche une lumière douce, qui soulage mes faibles yeux. Je veux un sublime si familier, si

1. Voltaire.

simple, que chacun soit d'abord tenté de croire qu'il l'aurait trouvé sans peine, quoique peu d'hommes soient capables de le trouver. Je préfère l'aimable au surprenant et au merveilleux. Je veux un homme qui me fasse oublier qu'il est auteur; je veux qu'il me mette devant les yeux un laboureur qui craint pour ses moissons, un berger qui ne connaît que son village et son troupeau, une nourrice attendrie pour son petit enfant. Je veux qu'il me fasse penser, non à lui et à son bel esprit, mais à ceux qu'il fait parler [1].

Corneille, ce génie accoutumé à penser des choses sublimes, est guindé en plusieurs endroits. Dans Héraclius, act. I, sc. 3, il fait dire à Pulchérie :

La vapeur de mon sang ira grossir la foudre
Que Dieu tient déjà prête à te réduire en poudre.

Cette expression est outrée et bizarre. La vapeur d'un peu de sang ne peut guère servir à former le tonnerre. Une fille va-t-elle chercher de pareilles figures [2]? Fénelon disait : « Que nos expressions soient les images de nos pensées, et nos pensées les images de la vérité. »

Voiture, si admiré de son temps, est plein d'affectation, et l'on voit qu'il court après l'esprit ; par exemple, lorsqu'il compare mademoiselle de Rambouillet à la mer, et qu'il lui

1. Fénelon. — 2. Voltaire.

dit : « Il me semble que vous vous ressemblez
« comme deux gouttes d'eau, la mer et vous.
« Il y a cette différence que, toute vaste et
« grande qu'elle est, elle a ses bornes, et que
« vous n'en avez point, et que tous ceux qui
« connaissent votre esprit avouent qu'il n'a ni
« fond ni rive. Eh ! je vous supplie, de quel
« abîme avez-vous tiré ce déluge de lettres que
« vous avez envoyé ici ? » Ces plaisanteries sont
forcées et insipides.

Les hyperboles outrées de Balzac ne sont pas
moins condamnables. Qui peut tolérer qu'il dise
d'un cardinal *qu'il vient de prendre le sceptre
des rois et la livrée des roses,* et qu'il apprenne
à un de ses amis *qu'à Rome il se sauve à la
nage au milieu des parfums?*

Cette affectation d'esprit était le goût du
temps de Balzac et de Voiture. Racine, Boileau
et les bons écrivains du siècle de Louis XIV cor-
rigèrent la France, qui depuis est retombée
quelquefois dans ce défaut séduisant. « Le déplacé, le faux, le gigantesque, dit Voltaire,
semblent vouloir dominer aujourd'hui ; c'est à
qui enchérira sur le siècle passé. On appelle de
tous côtés les passants pour leur faire admirer
des tours de force, qu'on substitue à la démarche simple, aisée et naturelle des Fénelon, des
Bossuet, des Massillon. »

Ce n'est pas qu'il n'y ait quelquefois un
grand art, ou plutôt un très-heureux naturel,

à mêler quelques traits d'un style majestueux dans un sujet qui demande de la simplicité ; à placer à propos de la finesse , de la délicatesse dans un discours de véhémence et de force. Mais ces beautés ne s'enseignent pas. Il faut beaucoup d'esprit et de goût . il serait difficile de donner des leçons de l'un et de l'autre.

Un esprit médiocre croit écrire divinement : un bon esprit croit écrire raisonnablement [1].

Rien n'est plus opposé au style naturel que ce langage figuré, poétique , chargé de métaphores et d'antithèses, qu'on appelle, nous ne savons pourquoi , *style académique*. N'est-ce point faire injure à l'Académie? Plusieurs prédicateurs ont adopté ce jargon , quoiqu'il soit encore plus déplacé dans la chaire que partout ailleurs. « Quand vous enseignerez dans l'Église , disait saint Jérôme à Népotien , n'excitez point les applaudissements , mais les gémissements du peuple. Que les larmes de vos auditeurs soient vos louanges. Il faut que les discours d'un prêtre soient pleins de l'Écriture sainte : ne soyez pas un déclamateur , mais un vrai docteur des mystères de votre Dieu [2]. »

Du naturel naît la facilité du style , c'est-à-dire un style où le travail ne se montre pas. Cicéron doit un de ses plus grands charmes à

1. La Bruyère.
2. Fénelon.

la facilité inimitable de sa diction. Si l'on y aperçoit quelque légère étude, c'est dans le soin d'arranger les mots ; mais on sent que ce soin même lui a peu coûté, et que les mots, après s'être offerts à son esprit sans qu'il les cherchât, sont venus d'eux-mêmes et sans effort s'arranger dans ses périodes.

La *noblesse* du style consiste à éviter les images populaires et les termes bas.

> Quoi que vous écriviez, évitez la bassesse.
>
> BOIL., *Art poét.*, ch. 1.

Lorsqu'une chose nous est montrée avec des circonstances qui la relèvent ou l'agrandissent, cela nous paraît noble. On s'en aperçoit surtout dans les comparaisons, où l'esprit doit toujours gagner et ne jamais perdre ; car il faut qu'elles nous montrent la chose plus grande, ou, s'il ne ne s'agit pas de grandeur, plus fine et plus délicate. Mais il faut bien se donner de garde de montrer à l'âme un rapport dans le bas ; car elle se le serait caché si elle l'avait découvert [1].

Il est un art de dire noblement les petites choses : les orateurs et les poëtes sont quelquefois obligés de parler d'objets petits et minces, et il faut alors que la décence de l'expression couvre et orne la petitesse de la matière. D'Aguesseau, ayant à discuter les droits

1. Montesquieu.

des prétendants à la succession d'un acteur de la Comédie italienne, ne se permet pas de le désigner par son nom de comédien : « Tiberio « Fiorelli, dit-il, connu sous un autre nom « dans le monde. » En marge est le nom de *Scaramouche*, qui a été jugé indigne d'entrer dans le texte [1].

Quoi de plus petit que de faire paraître sur le théâtre tragique une confidente qui propose à sa maîtresse de rajuster son voile et ses cheveux ? Cependant Racine ennoblit ces idées par la magie de son style :

> Laissez-moi relever ces voiles détachés,
> Et ces cheveux épars, dont vos yeux sont cachés ;
> Souffrez que de vos pleurs je répare l'outrage.
>
> *Bérén.*, IV, 2.

On peut appliquer à ces vers le précepte de Boileau :

> Il dit sans s'avilir les plus petites choses.

Les termes les plus humbles, employés à propos, s'ennoblissent. Il est un art de placer, d'assortir les mots, et de relever celui qui manque de noblesse par un terme plus noble. Voyez ce que deviennent les instruments du labourage dans cette phrase de Pline l'ancien, *Gaudente terra vomere laureato et triumphali aratro* (XVIII, 5).

Le mot de *ridicule* est bas pour une tragé-

1. Crevier.

die. Corneille l'emploie noblement lorsqu'il fait
dire à Polyeucte :

> Allons fouler aux pieds ce foudre ridicule
> Dont arme un bois pourri ce peuple trop crédule.

Mais lorsque, dans la même pièce, l'auteur
dit :

> ..... Tout beau, Pauline, il entend vos paroles ;

il est impossible que ce *tout beau* soit ennobli, parce qu'il ne peut être accompagné de
rien qui le relève.

Racine dans *Athalie*, se sert des mots de
bouc, de *chien*, avec art et avec succès :

> Ai-je besoin du sang des *boucs* et des génisses ?
> I, 1.

> Dans son sang inhumain les *chiens* désaltérés.
> *Ibid.*

> Les *chiens* à qui son bras a livré Jézabel,
> Attendant que sur toi sa fureur se déploie,
> Déjà sont à ta porte, et demandent leur proie.
> III, 5.

L'*harmonie* du style résulte, en général, du
choix des mots et de leur arrangement dans
la phrase. Nous distinguerons l'harmonie des
mots, celle des périodes, et l'harmonie imitative.

1°. Pour la première, Boileau, dans ces
vers de l'*Art poétique*, nous a donné à la fois
le précepte et l'exemple :

> Il est un heureux choix de mots harmonieux :
> Fuyez des mauvais sons le concours odieux.

Le vers le mieux rempli, la plus noble pensée,
Ne peut plaire à l'esprit quand l'oreille est blessée.

Que l'on traduise ainsi le début des *Paradoxes* de Cicéron : *Animadverti, Brute, sæpe M. Catonem, avunculum tuum, quum in senatu sententiam diceret....* « Brutus, j'ai souvent remarqué que quand Caton ton oncle opinait dans le sénat.... » vous aurez une traduction choquante et risible, dont la cacophonie rappellera les mots adressés au cardinal de Retz par un bourgeois frondeur, impatient de tendre les chaînes le jour des Barricades : *Monseigneur, qu'attend-on donc tant ? et que ne les tend-on ?*

L'oreille n'est pas moins blessée de ces vers de Lamotte :

> Censeur sage et sincère....
> Travail toujours trop peu vanté...
> Mais écoutons, ce berger joue....
> Et le mien incertain encore...

Et de ceux-ci d'un plus grand poëte :

> Pourquoi ce roi du monde, et si libre et si sage,
> Subit-il si souvent un si dur esclavage ?

VOLTAIRE.

Au contraire, dans ces beaux vers de Racine, on sent combien la mélodie des paroles ajoute à la grandeur des pensées :

> L'Éternel est son nom, le monde est son ouvrage ;
> Il entend les soupirs de l'humble qu'on outrage,
> Juge tous les mortels avec d'égales lois,
> Et du haut de son trône interroge les rois.

Un vers, pour être bon, doit être semblable à l'or, en avoir le poids, le titre et le son : le poids, c'est la pensée ; le titre, c'est la pureté élégante du style ; le son, c'est l'harmonie. Si une de ces trois qualités lui manque, le vers ne vaut rien.

L'harmonie est quelque chose de si considérable, qu'elle peut quelquefois l'emporter sur le mérite de la propriété. Ainsi notre premier poëte lyrique a mieux aimé dire *compagnon* que *collègue*, dans un vers où ce dernier mot était le mot propre :

> L'inexpérience indocile
> Du compagnon de Paul-Emile
> Fit tout le succès d'Annibal.

Mais ces sacrifices de la justesse à l'harmonie doivent être toujours aussi légers que rares.

L'orateur distinguera donc les mots doux et sonores de ceux qui sont rudes et sourds, et les termes dont la liaison est harmonieuse et facile, de ceux dont l'union est dure et raboteuse ; mais ici, comme partout ailleurs, il évitera l'affectation et la contrainte. Cicéron (*Orat.*, c. 44) condamne avec raison Théopompe, pour avoir porté jusqu'à l'excès le soin minutieux d'éviter le concours des voyelles. L'harmonie qui ne va qu'à flatter l'oreille, n'est qu'un amusement de gens faibles et oisifs ; elle n'est bonne qu'autant que les sons y conviennent au sens des paroles, et que les paroles y inspirent des idées justes, des sentiments vertueux[1].

2°. Mais il est dans l'harmonie une condition non moins nécessaire que le choix et la succession des mots, et qui demande une oreille plus délicate et plus exercée. Elle consiste dans la texture, la coupe et l'enchaînement des phrases et des périodes.

On peut définir la *période* une pensée composée de plusieurs autres pensées, dont le sens est suspendu jusqu'à un dernier repos qui est commun à toutes. Chacune de ces pensées, prise séparément, se nomme *membre* de période : ces membres sont liés par des conjonctions ou par le sens.

Voici une période à quatre membres : « Si « M. de Turenne n'avait su que combattre et « vaincre ; | s'il ne s'était élevé au-dessus des « vertus humaines ; | si sa valeur et sa prudence n'avaient été animées d'un esprit de « foi et de charité ; | je le mettrais au rang « des Fabius et des Scipions. »

L'harmonie de la période consiste à ne pas laisser trop d'inégalité entre les membres, et surtout à ne pas faire les derniers trop courts par rapport aux premiers ; à éviter également les périodes trop longues et les phrases trop

---

1. Fénelon.

courtes, le style qui fait perdre haleine, et celui qui oblige à chaque instant de s'arrêter; à savoir enfin entremêler les phrases arrondies et soutenues avec d'autres qui le soient moins et qui servent comme de repos à l'oreille. On ne saurait croire combien un mot plus ou moins long à la fin d'une phrase, une chute mascu-line ou féminine, et quelquefois une syllabe de plus ou de moins, produit de différence dans l'harmonie?

Fléchier termine ainsi la première période de son oraison funèbre de Turenne : « Pour louer « la vie et pour déplorer la mort du sage « et vaillant Machabée. » S'il eût dit : « Pour « louer la vie du vaillant et sage Machabée, et « pour déplorer sa mort; » l'harmonie était détruite.

Bossuet commence par ces mots l'oraison funèbre de la reine d'Angleterre : « Celui qui « règne dans les cieux, et de qui relèvent « tous les empires, à qui seul appartient la « gloire, la majesté, l'indépendance, etc. » Qu'il eût placé l'*indépendance* avant la *gloire* et la *majesté*, que devenait l'harmonie?

Il n'est pas besoin de répéter que l'harmonie des mots serait bien frivole si elle ne servait qu'à couvrir le vide des pensées, et si l'on ressemblait à ce rhéteur qui, suivant Lucien, se croyait le premier des hommes, parce qu'il avait sans cesse dans la bouche quinze ou vingt mots attiques qu'il s'était exercé à prononcer avec grâce, et dont il assaisonnait tous ses discours [1].

3°. L'harmonie, telle que nous venons de l'envisager, peut s'appeler harmonie *mécanique*, parce qu'elle consiste uniquement dans les mots matériellement pris et considérés comme sons ; mais il est une autre sorte d'harmonie qu'on appelle *imitative*, et qui consiste dans le rapport des sons avec les objets qu'ils expriment.

Les vers de Claudien sont harmonieux, si l'on veut que l'harmonie ne soit qu'un arrangement mesuré de mots sonores ; mais cette harmonie nous fatigue, parce qu'elle n'imite jamais, et que ce n'est point contenter notre âme, en poésie comme en musique, que de remplir seulement notre oreille d'un son bruyant qui n'imite rien. Les premiers vers du poëme sur l'enlèvement de Proserpine,

> Inferni raptoris equos, afflataque curru
> Sidera Tænario, caligantesque profundæ, etc.

déplaisent par leur pompe ; et l'*Arma virumque cano* de Virgile nous plaît par l'imitation dans l'harmonie de la simplicité que doit avoir un exorde.

---

1. Lucien, *Rhetor. præceptor.*, c. 16 : Πρόχειρα ἐπ' ἄκρας τῆς γλώττης ἔχε τὸ ἄττα, καὶ κᾆτα, καὶ μῶν, καὶ ἀμηγέπη, καὶ ἰῶστε, καὶ τὰ τοιαῦτα, καὶ ἐν ἅπαντι λόγῳ καθάπερ τι ἥδυσμα ἐπίπαττε αὐτῶν.

Rien de plus pompeux encore que la description que fait Claudien du supplice d'Encelade accablé du mont Etna, I, 131 :

> In medio scopulis se porrigit Ætna perustis,
> Ætna Giganteos nunquam tacitura triumphos,
> Enceladi bustum, qui, saucia terga revinctus,
> Spirat inexhaustum flagranti pectore sulphur ;
> Et quoties detrectat onus cervice rebelli
> In dextrum lævumve latus, tunc insula fundo
> Vellitur, et dubiæ nutant cum mœnibus urbes.

Nous trouvons dans ces vers beaucoup d'emphase, et dans ceux de Virgile beaucoup de vérité. Sitôt qu'il commence à parler de l'Etna, il imite le tonnerre :

> .... Horrificis juxta tonat Ætna ruinis.
> (*Æneid.*, III, 571.)

Quand il vient au supplice d'Encelade,

> Fama est Enceladi semiustum fulmine corpus
> Urgeri mole hac ;

l'élision de ce monosyllabe, placé à la césure, exprime la pesanteur du mont qui écrase le géant.

> Et fessum quoties mutat latus, intremere omnem
> Murmure Trinacriam.

La prononciation arrêtée à *latus*, et précipitée ensuite par les dactyles, nous rend l'objet présent. Quand on a commencé à sentir et à goûter ces beautés d'un grand poëte, on devient très-indifférent à l'harmonie d'un déclamateur [1].

______

1. Racine le fils.

Ici,

Vox quoque per lucos vulgo exaudita silentes
Ingens ;   (*Georg.*, 1, 476.)

nous sommes obligés de nous reposer sur l'*in-gens* du second vers, et nous croyons entendre cette voix qui perce si loin dans le silence des forêts. On trouve un effet semblable, produit par des moyens différents, dans ces vers du songe d'Athalie :

« Tremble, m'a-t-elle dit, fille digne de moi ;
Le cruel Dieu des Juifs l'emporte aussi sur toi.
Je te plains de tomber dans ses mains redoutables,
Ma fille. »

Il semble qu'on entende se prolonger les derniers sons de cette voix menaçante, et qu'on voie le fantôme de Jézabel fuir et disparaître dans l'ombre.

Le choc même des syllabes rudes est un plaisir pour l'oreille dans ces vers imitatifs, *Georg.*, I, 145 :

Tum ferri rigor, atque argutæ lamina serræ,
J'entends crier la dent de la lime mordante.
                           (Trad. de DELILLE.)
Ergo ægre rastris terram rimantur.
                           (*Ibid.*, III, 534.)

C'est que les sons, quoique rudes, nous plaisent, quand nous voyons la cause de leur rudesse et que nous les trouvons d'accord avec la nature.

Virgile, si habile imitateur, avait puisé sa

science dans Homère , plus parfait imitateur encore. Homère fait entendre par son harmonie le bruit des flots, le choc des vents, le cri des voiles déchirées, la chute du rocher de Sisyphe. Ces exemples ne sont inconnus qu'à ceux qui ne connaissent pas les merveilles poétiques de l'antiquité.

Nos bons poëtes ont saisi, comme les anciens, les rapports des sons avec les pensées et les images. L'imitation demande-t-elle de la rudesse, ils savent appeler les consonnes à leur secours, et dire, pour dépeindre un monstre :

Indomptable taureau , dragon impétueux ,
Sa croupe se recourbe en replis tortueux.
                        (*Phèdre.*)

ou faire entendre les serpents sur la tête des Euménides, en multipliant la consonne qui imite le sifflement :

Pour qui sont ces serpents qui sifflent sur vos têtes ?
                        (*Andromaque.*)

En lisant ces deux vers de Boileau :

N'attendait pas qu'un bœuf, pressé de l'aiguillon ,
Traçât à pas tardifs un pénible sillon ,

nous sommes contraints de les prononcer lentement ; au lieu qu'on est emporté malgré soi dans une prononciation rapide par celui-ci :

Le moment où je parle est déjà loin de moi.

Et cet autre vers du même poëte ,

Le chagrin monte en croupe, et galope avec lui ;

n'est-il pas plus rapide dans sa cadence, et plus expressif par sa double image, que celui d'Horace,

Post equitem sedet atra cura [1]?

S'il se trouvait des hommes qui ne fussent point sensibles à cette harmonie, on pourrait leur dire avec Cicéron (*Orat.*, c. 50) : *Quas aures habeant, aut quid in his hominis simile sit, nescio.* Le même auteur fait ensuite cette remarque : « Au théâtre, un murmure s'élève de toutes parts quand un acteur se trompe sur une longue ou sur une brève. Le peuple sans doute ne connaît ni les pieds ni les nombres ; il ne saurait dire comment ni pourquoi son oreille est blessée ; mais la nature a mis en nous la juste mesure des longues et des brèves, comme celle des tons graves et des tons aigus, et nous en jugeons par sentiment. » Denys d'Halicarnasse, dans son traité *de l'arrangement des mots*, c. 11, a developpé ainsi l'observation de Cicéron [2] :

1. Racine le fils.

2. Ἤδη δ' ἔγωγε καὶ ἐν τοῖς πολυανθρωποτάτοις θεάτροις, ἃ συμπληροῖ παντοδαπὸς καὶ ἄμουσος ὄχλος, ἔδοξα καταμαθεῖν, ὡς φυσική τις ἐστὶν ἁπάντων ἡμῶν οἰκειότης πρὸς εὐμέλειάν τε καὶ εὐρυθμίαν· κιθαριστήν τε ἀγαθὸν σφόδρα εὐδοκιμοῦντα ἰδὼν θορυβηθέντα ὑπὸ τοῦ πλήθους, ὅτι μίαν χορδὴν ἀσύμφωνον ἔκρουσε, καὶ ἔφθειρε τὸ μέλος· καὶ αὐλητήν, κατὰ τῆς ἄκρας ἕξεως χρώμενον τοῖς ὀργάνοις, καὶ αὐτὸ τοῦτο παθόντα, ὅτι ἀσυμφώνως ἐμπνεύσας, ἢ μὴ πιέσας τὸ στόμα,

« Dans nos immenses théâtres, où se rassemble de toutes parts une foule ignorante, j'ai cru me convaincre que nous avons le sentiment inné de la mélodie et de la cadence ; j'ai vu de fameux joueurs de cithare hués par la multitude, pour avoir manqué une note et troublé la mesure ; j'ai vu tel joueur de flûte, non moins habile dans son art, également sifflé pour avoir mal ménagé son haleine et fait entendre des sons durs et discordants. Cependant, qu'on appelle un des censeurs, qu'on lui donne l'instrument, qu'on lui dise de refaire ce que l'artiste a manqué ; le pourra-t-il ? Non. C'est que pour exercer l'art il faut la science, que nous n'avons pas tous, et que pour juger il ne faut que le sentiment, présent commun de la nature. Il en est de même des rhythmes. J'ai vu tous les auditeurs s'indigner, se soulever à cause d'un battement, d'un accord, d'une intonation qui ne tombait pas au point juste et rompait l'harmonie. »

Ces observations, faites par des hommes qui

Θρυλλιγμὸν, ἢ τὴν καλουμένην ἐκμέλειαν ηὔλησε. Καίτοι, εἴ τις κελεύσειε τὸν ἰδιώτην, τούτων τε ὧν ἐνεκάλει τοῖς τεχνίταις ὡς ἡμαρτημένων, αὐτὸν ποιῆσαι λαβόντα τὰ ὄργανα, οὐκ ἂν δύναιτο, κ. τ. λ. La différence entre *μέλος*, la mélodie des sons, et *ῥυθμοί*, l'harmonie de la période, est clairement expliquée par Cicéron, *Orat.*, chap. 55 : *Omnino duo sunt, quæ condiant orationem, verborum numerorumque jucunditas,* etc. Les paroles, les sons, voilà les pierres qui servent à construire l'édifice ; c'est le nombre, le rhythme qui les polit et les arrange. (*Voy.* Quintilien, IX, 4.)

écrivaient spécialement sur l'art oratoire, nous font voir que la prose même est soumise à ces règles que la nature a dictées. En effet, l'analogie des sons avec les pensées et les mouvements de l'âme n'y est pas moins sensible; et les bons orateurs savent employer à propos des cadences tantôt lentes et graves, tantôt légères et rapides; tantôt fortes et impétueuses, tantôt douces et coulantes.

Cicéron, voulant prouver que Milon n'était point parti de Rome dans le dessein d'attaquer Clodius, décrit ainsi leur équipage et leur rencontre : *Obviam fit ei Clodius, expeditus, in equo, nulla rheda, nullis impedimentis, nullis Græcis comitibus, ut solebat; sine uxore, quod nunquam fere : quum hic insidiator, qui iter illud ad cædem faciendam apparasset, cum uxore veheretur in rheda, penulatus, magno, et impedito, et muliebri ac delicato ancillarum puerorumque comitatu* (pro Milone, c. 10). La rapidité du style semble d'abord imiter la marche de Clodius. Pour la peindre, Cicéron n'emploie que des mots courts, des phrases coupées, et beaucoup de syllabes brèves. Il a même eu soin d'éviter le concours des lettres dures qui auraient ralenti la prononciation. Au contraire, il affecte ensuite d'accumuler les hiatus, les longues, les épithètes, les mots composés de plusieurs syllabes, tout ce qui peut rendre le style grave et lent, pour mieux représenter cette marche paisible de Milon, et ce nombreux attirail de femmes et d'esclaves, plus propre à embarrasser qu'à servir au milieu d'un combat.

Fléchier, dans l'oraison funèbre de Turenne, ayant à traiter le sujet le plus touchant et le plus élevé, emploie une harmonie majestueuse et sombre. Après avoir tracé dans l'exorde le portrait allégorique de Machabée : « Ce vaillant homme, dit-il, poussant enfin « avec un courage invincible les ennemis qu'il « avait réduits à une fuite honteuse, reçoit le « coup mortel, et demeure comme enseveli « dans son triomphe. » *Demeure*, *enseveli*, *triomphe*, sont des expressions pittoresques et musicales ; et dans la rapidité de cette chute, *comme enseveli*, opposée à la lenteur de cette image, *dans son triomphe*, où deux nasales sourdes retentissent lugubrement, on reconnaît l'analogie des nombres avec les idées. Elle n'est pas moins sensible dans la peinture suivante : « Au premier bruit de ce funeste acci- « dent, toutes les villes de Judée furent émues ; « des ruisseaux de larmes coulèrent des yeux « de tous les habitants ; ils furent quelque « temps saisis, muets, immobiles. Un effort « de douleur rompant enfin ce long et morne « silence, d'une voix entrecoupée de sanglots « que formaient dans leurs cœurs la tristesse,

« la pitié, la crainte, ils s'écrièrent : Com-
« ment est mort cet homme puissant qui sau-
« vait le peuple d'Israël ? » Avec quel soin
l'orateur a coupé ces mots, comme par des
soupirs, *saisis, muets, immobiles* ! Combien la
lenteur et la plénitude dés sons rendent avec
justesse l'image *de ce long et morne silence* !
Ceux qui ne peuvent concevoir le secret des nombres et de l'harmonie peuvent le voir à découvert dans cette période, qui semble sortir avec
effort, se traîner, tomber, se relever, enfin
arriver avec peine jusqu'à l'exclamation qui
la termine, et que l'auditeur attend après une
si longue suspension. L'orateur peut s'abandonner alors sans réserve au sentiment qui a
éclaté ; toutes ses idées, toutes ses expressions
peuvent prendre le ton de l'enthousiasme qui
le possède, et l'harmonie obéit à sa pensée :
« A ces cris, Jérusalem redoubla ses pleurs,
« les voûtes du temple s'ébranlèrent, le Jour-
« dain se troubla, et tous ses rivages retenti-
« rent du son de ces lugubres paroles : Com-
« ment est mort cet homme puissant qui sauvait
« le peuple d'Israël ? »
Lorsque l'imitation demande de la vivacité
dans l'harmonie, on se sert du style coupé,
dont les parties sont indépendantes et sans
liaison réciproque : « Il passe le Rhin, il ob-
« serve les mouvements des ennemis, il relève
« le courage des alliés, il ménage la foi sus-

« pecte et chancelante des voisins ; il ôte aux
« uns la volonté , aux autres les moyens de
« nuire.... etc. [1]. »

Nous venons de considérer l'harmonie , et
comme une qualité générale du style, et comme
un ornement spécial , afin de n'avoir pas à revenir sur le même sujet : mais on sent bien
qu'un style nombreux ne convient pas à tous
les genres, quoique tous exigent un style satisfaisant pour l'oreille, et qu'on puisse remarquer que dans tous les bons écrivains , ou
simples ou sublimes , le son même des mots
s'accorde avec la pensée.

Aux qualités générales du style , on pourrait
joindre la *variété ;* car elle appartient à tous
les genres. Mais comme elle naît surtout des
différentes formes de style prescrites par la
convenance , nous n'en parlerons qu'après avoir
examiné les caractères distincts qui servent à
varier l'élocution.

II. QUALITÉS PARTICULIÈRES DU STYLE.

Les qualités *générales* du style sont partout
les mêmes ; partout le style doit être correct ,
clair , précis , naturel , noble , harmonieux :
les qualités *particulières* changent suivant la

1. Batteux.

nature des sujets qu'on traite ou des objets qu'on doit peindre. L'élocution sera-t-elle la même dans les matières de discussion, dans les sujets agréables, et dans les sujets élevés ou pathétiques? Non, et c'est d'après l'observation de la nature, seul fondement des règles de l'art, que les anciens avaient distingué les trois principaux caractères de l'élocution, le simple, le tempéré, le sublime.

Quelques modernes ont regardé cette division comme pédantesque, et ont voulu la bannir de l'art oratoire; ils ont reproché à Rollin de s'être traîné servilement dans cette route scolastique, et d'avoir comparé le style simple à une table proprement servie, mais sans raffinement et sans recherche; le tempéré, à une belle rivière ombragée de vertes forêts, et le sublime à un fleuve impétueux. Peut-être fallait-il seulement lui reprocher d'avoir traduit avec un peu trop de négligence Cicéron et Quintilien. Il suffira, je crois, pour justifier les anciens rhéteurs, de laisser parler Cicéron, qui n'a fait que développer leur doctrine. Il savait très-bien, et il a surtout prouvé par son exemple, que dans un seul discours on prend quelquefois tous les tons, et que ces divisions ne peuvent être exclusives; s'il les a conservées, c'est qu'il ne les a pas crues inutiles à l'enseignement de la rhétorique et à l'analyse des beautés oratoires.

« Rien, dit-il [1], ne semble d'abord plus facile à imiter que le style simple ; à l'épreuve, rien ne l'est moins. Quoiqu'il ne doive pas être très-nourri, cependant il faut qu'il ait un certain suc, et, sinon une extrême force, du moins celle qui prouve la santé. Commençons donc par le tirer de la servitude des nombres oratoires, nécessaires à d'autres genres, mais que celui-ci néglige. Sa marche doit être libre, quoique régulière ; il fuit la contrainte, mais il évite aussi les écarts et la licence. Qu'il ne cherche pas non plus à lier les mots par une construction pleine et serrée ; ces hiatus, ces voyelles qui se rencontrent, ont souvent je ne sais quel aimable abandon qui nous montre l'heureuse négligence d'un homme plus occupé des choses que des mots. Mais l'orateur, libre du travail de la période, de l'enchaînement de la phrase, a d'autres conditions à remplir ; car ces tours si rapides et si simples ne dispensent pas de toute application : il est un art de paraître sans art. Comme il y a des femmes à qui il sied bien de n'être point parées, l'élocution simple nous plaît, même sans ornements. C'est une beauté négligée, qui a des grâces d'autant plus touchantes qu'elle n'y songe pas.... L'orateur du genre simple, content de ces grâces modestes, sera peu hardi à créer des expressions nouvelles, réservé dans ses métaphores,

1. *Orator*, c. 23 et suiv.

économe de vieux mots , sobre en général dans
l'emploi des figures... Ce genre n'admet ni la
parure ni l'éclat : c'est un repas sans magnificence, mais où le bon goût règne avec l'économie ; le bon goût, c'est le choix. On ne
trouvera ici aucune de ces figures des rhéteurs,
ni antithèses brillantes, ni chutes et désinences
semblables , ni changements de lettres pour
faire un jeu de mots ; des beautés si travaillées,
des piéges ainsi tendus annonceraient trop l'envie de séduire. Les figures de répétition, qui
veulent une prononciation forte et animée, ne
s'accorderaient pas non plus avec ce ton modeste et simple ; mais il n'exclut pas les autres
figures de mots, pourvu que les phrases soient
coupées et toujours faciles, et les expressions
conformes à l'usage ; que les métaphores ne
soient pas trop hardies, ni les figures de pensées trop ambitieuses. L'orateur ne fera point
parler la république, n'évoquera point les morts,
n'affectera point ces riches énumérations qui
se lient dans une seule période. Ces ornements supposent dans la voix une véhémence
qu'on ne doit attendre ni exiger de lui ; il sera
simple dans son débit comme dans son style...
Son action ne sera ni tragique ni théâtrale ;
avec des gestes modérés et l'air du visage, il
produira une vive impression ; et, sans grimace, il fera voir naturellement dans quel sens
il faut l'entendre.

Le second genre de style a un peu plus d'abondance et de force que le premier, mais moins d'élévation que celui dont nous allons bientôt parler : il ne prétend pas à l'énergie ; son caractère est la douceur. Plus riche que le simple, plus humble que le sublime, tous les ornements lui conviennent, et ce qui le distingue enfin, c'est l'art de plaire. Les Grecs en ont eu plusieurs modèles ; mais, selon moi, Démétrius de Phalère les a tous effacés. Sa manière est douce et calme ; seulement quelques éclairs, la métaphore, la métonymie, y brillent par intervalles... Ce genre admet toutes les autres figures de mots et plusieurs figures de pensées. Il sert pour les discussions longues et soignées, pour les lieux communs qui n'ont pas besoin de véhémence : en un mot, telle est à peu près l'éloquence des disciples des philosophes ; elle est bonne en soi, mais qu'on se garde bien de la comparer à une éloquence plus mâle. En effet, ce style brillant et fleuri, toujours poli, toujours ingénieux, où s'enchaînent habilement toutes les grâces de l'élocution et de l'esprit, et qui a passé de l'école des sophistes dans les discours publics, paraît convenir essentiellement au genre tempéré : c'est qu'il est méprisé par le genre simple, repoussé par le sublime.

Le troisième genre, enfin, est ce genre sublime, riche, majestueux, éclatant, armé de

toute la force de la parole. C'est cette élévation, cette grandeur de style qui a commandé
l'admiration aux peuples, et leur a fait accorder, dans le gouvernement, tant de pouvoir à
l'éloquence : je parle de cette éloquence qui se
précipite et retentit comme un torrent, qui
étonne, qui saisit, et qu'on désespère d'atteindre. C'est elle qui règne sur les esprits,
c'est elle qui les entraîne à son gré; qui tantôt
brise tous les obstacles, tantôt s'insinue dans
les cœurs, y fait germer des opinions nouvelles, en arrache les mieux affermies. Mais
quelle différence entre l'orateur sublime et les
précédents ! Celui qui s'exerce dans le style
simple, dont le but est de parler avec goût,
avec esprit, sans chercher à s'élever plus haut,
peut être regardé, s'il réussit, comme un
grand orateur, quoiqu'il n'ait pas la première
place ; et une fois sûr de sa manière, il n'a
rien à craindre, il ne tombera pas. L'orateur
tempéré, pourvu qu'il soit assez fourni de cette
sorte d'ornements qui lui conviennent, ne peut
courir non plus de grands hasards ; et si même
il chancelle quelquefois, la chute ne sera jamais dangereuse, car il ne tombera pas de
très-haut. Mais si l'orateur sublime, que nous
plaçons le premier, veut être toujours vif, ar-
dent, impétueux ; si son génie le porte toujours au grand, s'il ne s'exerce qu'en ce
genre, s'il en fait son unique étude, et qu'il

ne sache pas le tempérer par le mélange des
deux autres, il ne s'attirera que de justes
mépris. En effet, celui qui joint à la simplicité de la diction la sagacité et la justesse
des pensées, plaît par la raison, comme l'orateur fleuri, par l'agrément ; mais celui qui
veut n'être que sublime ne paraît pas même
sensé. Un homme qui ne peut jamais parler
d'un ton calme et tranquille, qui ne connaît
ni méthode, ni définition, ni variété, ni
enjouement, lorsqu'il y a tant de sujets qui
demandent à être ainsi traités en tout ou en
partie, un homme qui, sans avoir préparé les
esprits, s'enflamme dès l'abord, n'a-t-il pas
l'air d'un frénétique parmi des gens de sens
rassis, d'un homme ivre parmi des gens à
jeun et de sang-froid ?

Quel est donc l'homme véritablement éloquent ? C'est celui qui sait employer toujours,
dans les petites choses, le style simple ; dans
les grandes, le sublime ; dans les médiocres,
le tempéré.

Cicéron trouve aisément, dans sa carrière
oratoire, des exemples de ces trois genres :
« Mon plaidoyer pour Cécina roulait entièrement sur l'ordonnance du préteur : je me
contentai d'éclaircir les points obscurs par des
définitions ; je fis l'éloge du droit ; j'expliquai
les mots équivoques. Dans mon discours pour
la loi Manilia, j'avais à louer Pompée : j'adoptai

le genre tempéré qui convenait au panégyrique.
La cause de Rabirius intéressait la majesté du
peuple romain : je m'y livrai à toute la chaleur
des mouvements passionnés. Mais il faut souvent employer tour à tour et varier à propos
ces différents styles. Quel est celui qu'on ne
trouve point, par exemple, dans mes cinq livres
de l'accusation, dans mes plaidoyers pour
Avitus, pour Cornélius, dans la plupart de
mes défenses? J'en citerais des preuves, si je
n'osais croire qu'elles sont connues, ou qu'on
peut facilement les y trouver. Il n'est point,
en effet, de beauté oratoire dont mes discours
ne laissent apercevoir, je ne dis pas le modèle,
mais l'essai, l'ébauche imparfaite : je n'atteins
pas le but, mais je le vois. »

C'était donc une erreur de s'imaginer,
comme on l'a fait, que les anciens traçaient
une ligne de démarcation entre ces divers
genres. Cicéron dit hautement le contraire, et
c'est toujours lui qu'il faut croire dans ces
grandes questions d'éloquence et de goût ; car
les autres rhéteurs ne l'ont pas toujours compris ; et Quintilien même, comme nous le verrons plus bas en parlant des figures, a quelquefois mal saisi les principes de l'orateur
romain. On aurait tort certainement d'opposer
le simple au sublime, puisque le sublime se
trouve souvent dans le simple, et qu'il n'est
rien de plus simple et en même temps de plus

Le Clerc. *Rhétor.*   9

sublime que ce passage de la Genèse, justement admiré par Longin : *Dieu dit : Que la lumière soit; et la lumière fut.* Mais c'est ici la pensée qui est sublime ; le style est simple. Jamais les grands critiques de l'antiquité ne se sont trompés sur cette distinction. Après avoir reconnu, comme eux, que le style simple n'exclut pas la grandeur ou l'énergie des idées, ni le style sublime une certaine naïveté de sentiments qui s'accorde très-bien avec les plus grands sujets, que les trois genres se mêlent souvent et se combinent l'un avec l'autre, et qu'ils peuvent se rencontrer tous dans une seule composition, et quelquefois dans une seule page, où l'élocution se plie et se façonne aux mouvements de la pensée, il nous reste à examiner avec quelque détail les qualités propres à chacun de ces trois genres, et les nuances diverses qui en forment le caractère.

1°. *Du style simple.*

Les observations précédentes, où nous avons entendu Cicéron parler surtout du style simple avec une complaisance et une prédilection qu'on retrouve dans tous les bons esprits, nous dispensent de nous y arrêter longtemps : et il faut avouer d'ailleurs qu'on ne pourrait donner ici que bien peu de règles. Ce style est principalement celui des discussions ordinaires.

Quand on disserte, quand on traite des sujets
qui ne sont susceptibles ni d'élévation ni d'a-
grément, les qualités convenables au style sont
l'ordre, la netteté, la concision, et par-dessus
tout la simplicité. Si pourtant il s'élève quelquefois, si, dans l'occasion, il est touchant, il
rentre bientôt dans cette sagesse, dans cette
simplicité noble qui fait son caractère ; il a de
la force, mais peu de hardiesse. Sa plus grande
difficulté est de n'être point monotone.

La *simplicité*, qui répond assez à ce que
Marmontel appelle le *familier noble*, est une
qualité plus précieuse et plus rare qu'on ne
croit ; bien peu d'auteurs y ont excellé. Il faut
un heureux génie pour saisir ces tons de nature, ces accents vrais que tous les artifices
d'une élocution brillante ne sauraient remplacer. Chacun croit y reconnaître son langage.
Voilà pourquoi le mélange de la simplicité avec
le sublime est presque toujours d'un très-grand
effet : elle lui prête des nuances qu'il n'aurait
pas. On trouve dans le style élevé l'énergie,
la majesté, la hardiesse des figures, l'éclat des
images, la véhémence et la rapidité des mouvements ; mais les souplesses de l'expression,
ses délicatesses, ses traits naturels, sont du
langage familier, et c'est de là que le poëte et
l'orateur doivent les prendre ; Racine, Bossuet,
Massillon, n'y manquent jamais. Quelquefois
même l'expression d'usage est la plus énergi-

qué ; elle est sublime dans sa simplicité, et une image, une métaphore, une hyperbole, un mot étrange ou pris de loin gâterait tout. *Madame se meurt ! Madame est morte !*

Quand vous me haïriez, je ne m'en plaindrais pas.

Voilà l'expression naturelle, et on le dirait de même sans étude et sans art.

Mais il y a des sujets qui demandent d'un bout à l'autre un style simple. Le goût consiste à ne pas s'y tromper. « Rien de plus inconvenant, dit Cicéron (*Orat.*, c. 21), que d'aller, si l'on plaide devant un seul juge au sujet d'une gouttière, se perdre dans les grands mots et les lieux communs, ou de parler en termes simples et familiers de la majesté du peuple romain. » Un orateur qui débuterait par un exorde pompeux au sujet d'un mur mitoyen, serait ridicule : c'était pourtant le vice du barreau jusqu'au milieu du dix-septième siècle ; on y disait avec emphase des choses triviales. Il serait facile d'en rappeler beaucoup d'exemples ; mais tous se réduisent à ce mot d'un avocat, homme d'esprit, qui, voyant que son adversaire parlait de la guerre de Troie et du Scamandre, l'interrompit en disant : *La Cour observera que ma partie ne s'appelle pas Scamandre, mais Michaut.*

Non de vi, neque cæde, nec veneno,
Sed lis est mihi de tribus capellis :

Vicini queror has abesse furto ;
Hoc judex sibi postulat probari.
Tu Cannas, Mithridaticumque bellum,
Et perjuria Punici furoris,
Et Syllas, Mariosque, Muciosque
Magna voce sonas, manuque tota :
Jam dic, Postume, de tribus capellis.

(MARTIAL, *Epigr.*, VI, 19 [1].)

La précision est une qualité générale du style ; la *concision* semble appartenir surtout au style simple. Le discours précis ne s'écarte pas du sujet, s'interdit les idées étrangères, et méprise tout ce qui est hors de propos : il n'est point de genre où cette attention ne soit nécessaire. Le discours concis explique et énonce en très-peu de mots, et bannit tout ce qui ressemble à l'amplification ou à l'ornement. Ainsi, la première de ces qualités est bonne en toute occasion ; la seconde ne convient pas à tous les sujets, ni avec toutes sortes de personnes, parce qu'il y a des matières qui veulent être développées et ornées, et que le demi-mot ne suffit pas à la plupart de ceux qui écoutent ou qui lisent : il faut leur dire le mot entier [2].

Nous devons distinguer ce qu'on appelle style laconique, et le style concis. Le premier n'admet strictement que très-peu de paroles ; il suffit au second d'exprimer brièvement chaque pensée. Un ouvrage peut être long et concis, lorsqu'il embrasse un sujet qui fournit beau-

1. Voy. Lucillius, *Antholog.*, II, 46, 1. — 2. Girard.

coup de pensées ou de faits ; une réponse, une lettre, ne peuvent être à la fois longues et laconiques. *Laconique* suppose une sorte d'affectation et une espèce de défaut ; *concis* emporte pour l'ordinaire une idée de perfection[1].

L'écueil de la concision, c'est la sécheresse. Tout ce qui ajoute à la persuasion, à l'illusion, aux moyens d'émouvoir, au plaisir d'être ému, n'est pas moins nécessaire au style de l'orateur et du poëte, que ne l'est au style du philosophe et de l'historien ce qui rend l'instruction plus facile et plus attrayante. *Ne quid nimis* est leur règle commune ; et si d'un côté l'emphase, la divagation, la redondance, sont un excès contraire à la précision aussi bien qu'à la concision du style, la sécheresse est l'excès opposé. Le poëte ou l'orateur qui ferait gloire de préférer une expression laconique, mais faible, froide et sans couleur, à une expression moins serrée, mais revêtue d'éclat, ou de force, ou de grâce, ne serait pas seulement économe, il serait avare ; et se priverait du nécessaire en s'abstenant du superflu[2].

2°. Du style tempéré.

Le style *tempéré*, c'est-à-dire celui qui sert comme de nuance entre les deux autres (*utroque temperatus, ut cinnus amborum*,

---

1. D'Alembert. — 2. Marmontel.

Cicéron, *Orat.*, c. 6), est surtout propre aux sujets agréables. Plus orné que le simple, moins fort et moins éclatant que le sublime, il sait plaire; et c'est par là qu'il fait aussi quelquefois triompher l'orateur. Dans un degré de chaleur et de force inférieur à la haute éloquence, la clarté, les développements, l'abondance, la grâce des pensées et des paroles jointe aux charmes de l'harmonie, peuvent encore persuader et ravir. Les qualités qui semblent convenir plus spécialement à ce genre sont l'élégance, la richesse, la finesse, la délicatesse, la naïveté.

L'élégance consiste à donner à la pensée un tour noble et poli, et à la rendre par des expressions châtiées, coulantes, et gracieuses à l'oreille; c'est la réunion de la justesse et de l'agrément [1].

L'élégance d'un discours n'est pas l'éloquence, c'en est une partie; ce n'est pas la seule harmonie, le seul nombre : c'est la clarté, le nombre et le choix des paroles. La poésie surtout, ne peut faire d'effet, si elle n'est élégante : l'élégance est un des principaux mérites de Virgile et de Racine.

Dans la Phèdre de Pradon, Hippolyte dit à Aricie :

Depuis que je vous vois, j'abandonne la chasse,
Et quand j'y vais, ce n'est que pour penser à vous.

1. Girard.

Hippolyte, dans Racine, dit la même chose ; mais il s'exprime ainsi :

> Mon arc, mes javelots, mon char, tout m'importune ;
> Je ne me souviens plus des leçons de Neptune ;
> Mes seuls gémissements font retentir les bois,
> Et mes coursiers oisifs ont oublié ma voix.
>
> (Act. II, sc. 2.)

Les vers de Pradon sont ridicules et plats, ceux de Racine sont élégants. Jamais ces deux auteurs ne sont plus différents que lorsqu'ils pensent de même.

Comme rien n'est plus utile que de comparer, opposons Malherbe à Racan ; tous deux ont imité cette pensée d'Horace :

> Pallida mors æquo pulsat pede pauperum tabernas,
> Regumque turres.
>
> (*Carm.*, I, 4 13.)

Voici l'imitation de Racan :

> Les lois de la mort sont fatales
> Aussi bien aux maisons royales
> Qu'aux taudis couverts de roseaux.
> Tous nos jours sont sujets aux Parques :
> Ceux des bergers et des monarques
> Sont coupés des mêmes ciseaux.

Celle de Malherbe est plus connue :

> Le pauvre en sa cabane, où le chaume le couvre,
> Est sujet à ses lois ;
> Et la garde qui veille aux barrières du Louvre,
> N'en défend pas nos rois.

Il est aisé de voir pourquoi il y a plus d'élégance dans les vers de l'un que dans ceux de l'autre.

1°. Malherbe commence par une image sensible :

Le pauvre en sa cabane, où le chaume le couvre ;

Racan, par des mots communs qui ne font point d'image, qui ne peignent rien : *Les lois de la mort sont fatales ; tous nos jours sont sujets aux Parques :* termes vagues, diction impropre, vers faibles. 2°. Les expressions de Malherbe embellissent les choses les plus basses : *cabane* est agréable et du style noble ; *taudis* est une expression du peuple. Enfin, les vers de Malherbe sont plus harmonieux et mieux conduits.

Dans le sublime, il ne faut pas que l'élégance se remarque ; elle l'affaiblirait. Si on avait loué l'élégance du Jupiter Olympien de Phidias, c'eût été en faire une satire ; mais on pouvait remarquer l'élégance de la Vénus de Praxitèle.

La *richesse* du style, c'est l'abondance unie à l'éclat : on la reconnaît à l'affluence ménagée des pensées brillantes, des images vives, des figures hardies, des tours nombreux.

Mais comme il y a une abondance stérile qui se répand en ornements superflus, ou qui tourne en divers sens la même idée, afin qu'elle semble se multiplier, il y a aussi un faux éclat. L'historien Florus, parlant de ces soldats romains qu'on trouva morts sur leurs ennemis après la bataille de Tarente , dit que leurs visages conservaient encore un air menaçant ; et il ajoute que la colère qui les avait animés pendant le combat vivait dans la mort même : *Omnium vulnera in pectore ; quidam hostibus suis immortui ; omnium in manibus enses , et relictæ in vultibus minæ ; et in ipsa morte ira vivebat* (I, 28). Sénèque le tragique plaint le vieux roi de la Troade privé des honneurs de la sépulture : « Ce père de tant « de rois n'a point de tombeau ; et le feu lui « manque dans Troie embrasée. »

> Ille tot regum parens
> Caret sepulcro Priamus ; et flamma indiget,
> Ardente Troja.
>
> (*Troas* , v. 54.)

Cette colère qui vit dans la mort, ce manque de feu dans l'embrasement d'une ville , ont quelque chose de trop recherché : ces sortes de pensées peuvent éblouir d'abord , mais elles paraissent frivoles quand on les examine de près[1]. Le danger et les passions ne recherchent point l'esprit : Hécube et Priam ne font point d'épigrammes quand leurs enfants sont égorgés dans l'incendie de Troie ; Didon ne soupire point en madrigaux, en volant au bûcher sur lequel elle va s'immoler ; Démosthène n'a point de jolies pensées quand il anime les Athéniens

1. Bouhours.

à la guerre ; s'il en avait , il serait un rhéteur,
et il est un homme d'État.

La véritable richesse consiste dans le nombre
des idées qu'un seul mot réveille, dans les rapports qu'il embrasse , dans l'importance des
objets qu'il montre à l'esprit. Virgile , après
avoir représenté dans les champs Élysées l'assemblée des hommes vertueux , fait d'un seul
trait l'éloge de Caton, en ajoutant qu'il y préside :

.... His dantem jura Catonem.

(Æneid. , VII , 670.)

Ainsi, ce qui fait ordinairement une pensée
riche et grande, c'est lorsqu'on dit une chose
qui en rappelle beaucoup d'autres, et qu'on
nous fait découvrir tout d'un coup ce que
nous n'aurions trouvé que par la réflexion.

Florus, qui n'est pas toujours puéril, montre
en peu de mots toutes les fautes d'Annibal :
« Lorsqu'il pouvait se servir de la victoire , il
« aima mieux en jouir. » *Quum victoria pos-
set uti, frui maluit* (II, 6).

Il nous représente toute la guerre de Macédoine, quand il dit : « Ce fut vaincre que d'y
« entrer. » *Introisse , victoria fuit* (II, 7).

Il nous donne tout le spectacle de la vie de
Scipion, en disant de sa jeunesse : « C'est le
« Scipion qui croît pour la destruction de l'A-
« frique. » *Hic erit Scipio , qui in exitium
Africæ crescit* (II, 6). Ne voyez-vous pas un

enfant qui croît et s'élève comme un géant?

Enfin, le vrai caractère d'Annibal, la situation de l'univers, la grandeur du peuple romain, toutes ces idées sont exprimées ainsi par le même auteur : « Annibal fugitif cher- « chait par tout l'univers un ennemi au peu- « ple romain. » *Qui, profugus ex Africa, hostem populo romano toto orbe quærebat* (II, 8)[1].

L'expression est riche, lorsque dans une seule image elle réunit plusieurs qualités de l'objet qu'elle veut peindre. *Un sceptre d'airain*, par exemple, annonce l'inflexibilité de l'âme d'un tyran et le poids accablant de son règne ; *un cœur de marbre* nous présente la froideur et la dureté ; *une âme de feu* rassemble la chaleur, l'activité, la rapidité, l'élévation ; dans *les roses de la jeunesse* on voit la fraîcheur, l'éclat, l'agrément, le peu de durée de ce bel âge. L'expression est plus riche encore lorsqu'elle fait tableau, comme dans ce vers où La Fontaine nous représente la mort du juste :

> Rien ne trouble sa fin ; c'est le soir d'un beau jour.

La richesse ne doit jamais dégénérer en luxe. Ne vous contentez pas de bannir de votre style les pensées frivoles, les faux brillants, et tout ce qui a plus d'éclat que de solidité ; songez

1. Montesquieu.

encore à ne vous écarter jamais de cette sage sobriété dans la distribution des ornements, de ce langage à la fois simple et noble dont les grands écrivains, tant anciens que modernes, ont donné l'exemple. Un discours où tout frappe et tout brille lasse et fatigue bientôt, parce qu'il est difficile que la recherche ne s'y fasse pas sentir, et que l'ostentation déplaît ; parce qu'un tel discours manque de cette variété qui fait le charme d'un ouvrage, et qu'enfin c'est une règle constante, que plus les choses nous affectent par un vif sentiment de plaisir, plus tôt nous nous en lassons. « Il faut, dit Cicéron, dans l'éloquence comme dans la peinture, des ombres pour donner du relief, et tout ne doit pas être lumière. » (*De Orat.*, III, 26.)

La *finesse* consiste à laisser deviner sans peine une partie de sa pensée ; et cette manière, lorsqu'elle est employée avec ménagement, est d'autant plus agréable qu'elle exerce et fait valoir l'intelligence des autres : c'est une énigme dont les gens d'esprit devinent tout d'un coup le mot. Hippolyte, dans Racine, s'exprime avec finesse lorsqu'il dit en parlant d'Aricie :

> Si je la haïssais, je ne la fuirais pas.

La Fontaine, dans une de ses fables :

> A ces mots, l'animal pervers :
> C'est le serpent que je veux dire.

Si l'auteur s'en était tenu là, c'était de la finesse ; mais comme le genre de l'apologue exigeait qu'il fût naïf plutôt que fin, il a achevé :

C'est le serpent que je veux dire,
Et non l'homme : on pourrait aisément s'y tromper.

On doit être sobre et circonspect dans l'usage de la finesse. Employée trop souvent, elle annonce de la prétention à l'esprit : or le grand art, en écrivant, n'est pas d'avoir seul de l'esprit ; il consiste plus à persuader à ses lecteurs qu'ils en ont, et à leur faire goûter ce qu'on leur dit, qu'à leur faire admirer la manière dont on le dit. L'affectation de ce style épigrammatique, inconnu aux bons écrivains de l'antiquité, est le défaut dominant de Sénèque. Cet auteur plaît quand on le considère par morceaux détachés ; mais il lasse quand on le lit de suite. Si Quintilien a dit de lui avec raison qu'il est rempli d'agréables défauts, *dulcibus abundat vitiis* (X, 1), on pourrait dire aussi qu'il est rempli de beautés désagréables par leur multitude, et par ce dessein qu'il paraît avoir eu de ne rien dire simplement et de tourner tout en épigramme.

L'esprit qu'on veut avoir gâte celui qu'on a.
GRESSET.

Le désir de faire paraître les choses plus ingénieuses qu'elles ne sont, conduit au raffinement et à l'équivoque. Dans la tragédie de la Toison d'or (act. III, sc. 4), Hypsipyle dit à Médée, en faisant allusion à ses sortiléges :

Je n'ai que des attraits, et vous avez des charmes ;

pointe aussi puérile que déplacée. Sénèque (*de Benef.*, VI, 54) dit, au sujet des amis : *In pectore amicus, non in atrio quæritur;* « On « cherche l'ami dans le cœur, et non dans « l'antichambre. » La pensée de l'auteur n'est pas claire ; en courant après la finesse, il est tombé dans l'obscurité. J'y vois une antithèse, dit Rollin ; mais je n'y découvre rien de plus, et j'avoue que n'ai pu en comprendre le sens.

Rien n'est plus opposé à la véritable éloquence que l'emploi de ces pensées fines, et la recherche de ces idées légères, déliées, sans consistance, et qui, comme la feuille du métal battu, ne prennent de l'éclat qu'en perdant de la solidité. Aussi, plus on mettra de cet esprit mince et brillant dans un écrit, moins il aura de nerf, de lumière, de chaleur et de style, à moins que cet esprit ne soit lui-même le fond du sujet, et que l'écrivain n'ait pas eu d'autre objet que la plaisanterie : alors l'art de dire de petites choses devient peut-être plus difficile que l'art d'en dire de grandes [1].

La *délicatesse* est la finesse du sentiment, comme la finesse est la délicatesse de l'esprit.

____

1. Buffon.

Virgile exprime ainsi la ressemblance de deux jumeaux :

Simillima proles
Indiscreta suis, gratusque parentibus error.
(*Æn.*, X, 392.)

Il raconte les jeux d'une bergère :

Malo me Galatea petit, lasciva puélla
Et fugit ad salices, et se cupit ante videri.
(*Eclog.*, III, 64.

Voilà des circonstances finement saisies ; mais cette finesse est en sentiment.

Il y a encore de la délicatesse dans ce vers de Racine. Quand Iphigénie a entendu son père lui défendre de revoir Achille, elle s'écrie (Act. V, sc. 1) :

Dieux plus doux, vous n'aviez demandé que ma vie !

La délicatesse est toujours bien reçue à la place de la finesse ; mais celle-ci, à la place de la délicatesse, manque de naturel et refroidit le style : c'est un défaut qu'Ovide n'a presque jamais évité. L'abus des grâces est l'afféterie, comme l'abus du sublime est l'ampoulé. Toute perfection est près d'un défaut.

La *naïveté* est opposée au réfléchi. En disant des choses qui vous ont coûté, vous pouvez bien faire voir que vous avez de l'esprit, mais non des grâces dans l'esprit. Pour le faire voir, il faut ne le point voir vous-même ; il faut que les autres, à qui d'ailleurs quelque chose de naïf et de simple en vous ne promettait rien de cela, soient doucement surpris de s'en apercevoir. On ne travaille pas à être naïf. Si vos expressions ne paraissent point trouvées plutôt que choisies, si vos sentiments n'ont point l'air de vous échapper, cette qualité vous manquera, quand vous auriez toutes les autres. La naïveté admet les ornements du style ; mais elle veut que ces ornements ne se montrent que dans la simplicité de la nature et avec une sorte de négligence.

Une des choses qui nous plaisent le plus, c'est le naïf ; mais c'est aussi le style le plus difficile à attraper : la raison en est qu'il est précisément entre le noble et le bas ; il est si près du bas, qu'il est très-difficile de le côtoyer toujours sans y tomber [1].

La naïveté est le caractère dominant de La Fontaine. Nul auteur n'a joint tant d'agrément et de philosophie avec tant de naturel et de candeur : ses tours sont si naïfs, il raconte avec tant d'ingénuité et de bonne foi, qu'il intéresse dans les choses les plus communes. Il commence ainsi la fable de l'âne et du chien :

> Il se faut entr'aider, c'est la loi de nature.
>   L'âne un jour pourtant s'en moqua ;
>   Et ne sais comme il y manqua ,
>   Car il est bonne créature.

Voulons-nous une preuve de l'expérience

1. Montesquieu.

d'un vieux rat et des dangers qu'il avait cou-
rus ?

Même il avait perdu sa queue à la bataille.

Le lapin et la belette prennent-ils pour
arbitre un chat ? nous aurons son portrait :

> C'était un chat vivant comme un dévot ermite,
> Un chat faisant la chattemite,
> Un saint homme de chat, bien fourré, gros et gras,
> Arbitre expert sur tous les cas.

Lamotte, qui avec de l'esprit crut pouvoir
imiter La Fontaine, ne devait pas réussir: Ce
qu'il a pris pour des naïvetés n'est rien moins
que naïf. Si La Fontaine appelle un chat qui
est choisi pour juge, *sa majesté fourrée*, on
voit bien que cette image, simple, naturelle
et comique, est venue se présenter sans effort
à son auteur. Mais que Lamotte appelle un
cadran *un greffier solaire*, vous sentez là
une grande contrainte avec peu de justesse :
le cadran serait plutôt le greffe que le greffier. Et quel charme dans cette idée de
greffier?

La Fontaine fait dire élégamment au corbeau par le renard :

> Vous êtes le phénix des hôtes de ces bois.

Lamotte appelle une rave un *phénomène po-
tager*; il est bien plus naturel de nommer
phénix un corbeau qu'on veut flatter, que

d'appeler une rave un *phénomène*. Lamotte appelle cette rave un *colosse* : que ces mots de *colosse* et de *phénomène* sont mal appliqués à une rave, et que tout cela est petit et froid ! Tout cela n'est point la naïveté. Qu'est-ce donc que la naïveté? Diderot nous l'apprendra :

« On est naïvement héros, naïvement scélérat, naïvement dévot, naïvement beau, naïvement orateur, naïvement philosophe ; sans naïveté, point de beauté ; on est un arbre, une fleur, une plante, un animal naïvement ; je dirais presque que de l'eau est naïvement de l'eau, sans quoi elle visera à de l'acier poli et au cristal. La naïveté est une grande ressemblance de l'imitation avec la chose : c'est de l'eau prise dans le ruisseau et jetée sur la toile. »

Certes Diderot n'est point naïf comme La Fontaine.

3°. *Du style sublime.*

Le ton n'est que la convenance du style à la nature du sujet ; il ne doit jamais être forcé ; il naîtra naturellement du fond même de la chose, et dépendra beaucoup du point de généralité auquel on aura porté ses pensées. Si l'on s'est élevé aux idées les plus générales, et si l'objet en lui-même est grand, le ton paraîtra s'élever à la même hauteur ; et si, en le soute-

nant à cette élévation, le génie fournit assez
pour donner à chaque objet une forte lumière,
si l'on peut ajouter la beauté du coloris à l'é-
nergie du dessin, si l'on peut, en un mot,
représenter chaque idée par une image vive et
bien terminée, et former de chaque suite d'idées
un tableau harmonieux et mouvant, le ton sera
non-seulement élevé, mais sublime.

Le sublime ne peut se trouver que dans les
grands sujets. La poésie, l'histoire et la philosophie ont toutes le même objet, et un très-
grand objet, l'homme et la nature. La philosophie décrit et dépeint la nature ; la poésie la
peint et l'embellit ; elle peint aussi les hommes
et les agrandit, elle les exagère ; elle crée les
héros et les dieux : l'histoire ne peint que
l'homme, et le peint tel qu'il est ; ainsi, le ton
de l'historien ne deviendra sublime que quand
il fera le portrait des plus grands hommes,
quand il exposera les plus grandes actions, les
plus grands mouvements, les plus grandes révolutions ; et partout ailleurs il suffira qu'il soit
majestueux et grave. Le ton du philosophe
pourra devenir sublime toutes les fois qu'il
parlera des lois de la nature, des êtres en général, de l'espace, de la matière, du mouvement
et du temps, de l'âme, de l'esprit humain, des
sentiments, des passions ; dans le reste, il
suffira qu'il soit noble et élevé. Mais le ton de
l'orateur et du poëte, dès que le sujet est grand,

doit toujours être sublime, parce qu'ils sont les maîtres de joindre à la grandeur de leur sujet autant de couleur, autant de mouvement, autant d'illusion qu'il leur plaît, et que, devant toujours peindre et toujours agrandir les objets, ils doivent aussi partout employer toute la force et déployer toute l'étendue de leur génie [1].

Les qualités qui conviennent à ce genre, c'est-à-dire aux sujets élevés ou pathétiques, sont l'énergie, la véhémence, la magnificence, et ce qu'on nomme proprement le sublime.

L'*énergie* presse en peu de mots le sentiment ou la pensée, pour l'exprimer avec plus de force et lui donner plus de ressort. Tels sont ces vers de Camille dans la tragédie d'Horace :

> Voir le dernier Romain à son dernier soupir,
> Moi seule en être cause, et mourir de plaisir !

Souvent l'énergie est dans la force que l'image communique à l'idée. Corneille dit que les trois favoris du vieux Galba s'empressaient ardemment

> A qui dévorerait ce règne d'un moment.

Quelle énergie dans cette expression, *dévorer un règne !* c'est là un de ces mots que Despréaux appelait *trouvés.* Mettez à la place l'expression simple, *à qui profiterait de ce règne d'un mo-*

____

1. Buffon.

ment : c'est la même idée ; à peine la reconnaît-on. Tacite a moins de force (*Hist.*, I, 7) : *Servorum manus avidæ, et tanquam apud senem festinantes.*

L'énergie résulte aussi du contraste des idées. Rien n'est plus frappant qu'une expression simple qui réunit en deux mots deux idées très-opposées :

Et campos ubi Troja fuit.

(*Æneid.*, III, 11.)

Ecce, dit Macrobe (*Saturnal.*, V, I), *paucissimis verbis maximam civitatem hausit et absorpsit : non reliquit illi nec ruinam.* Voltaire a traduit Virgile :

Dans sa course d'abord il découvre avec joie
Le faible Simoïs, et les champs où fut Troie.
(*Henriade*, ch. IX.)

Il en est de même de ce vers où Auguste, après avoir rappelé à Cinna les bienfaits dont il l'a comblé, lui dit :

Cinna, tu t'en souviens, et veux m'assassiner !

Les mots sur lesquels se réunissent les forces accumulées d'une foule d'idées et de sentiments, sont toujours les plus énergiques : « Pensez à vos ancêtres et à vos descendants, » disait un barbare à ses compagnons, en marchant contre les Romains : *Ituri in aciem, et majores et posteros cogitate* (Tacite, *Agricol.*, c. 32).

Que de choses sont renfermées dans ces deux mots ! Ceux qui ont loué la *fermeté* du style de Tacite n'ont pas tant de tort que le prétend le père Bouhours : c'est un terme hasardé, mais placé, qui exprime l'énergie et la force des pensées et du style.

Le dictateur Camille avait dit à ses soldats, sur le point d'en venir aux mains : *Hostem, an me, an vos ignoratis ?* (Tit. Liv., VI, 7.) Cette harangue de Henri IV ressemble à celle de Camille : « Je suis votre roi, vous êtes « Français, voilà l'ennemi. »

Dans le style oratoire, l'énergie exprime les choses d'une manière si forte et si vive, qu'elles laissent dans l'esprit des auditeurs des impressions profondes. « Tout change, s'écrie Mas- « sillon, tout s'use, tout s'éteint : Dieu seul « demeure toujours le même ; le torrent des « siècles, qui entraîne tous les hommes, coule « devant ses yeux ; et il voit avec indignation « de faibles mortels, emportés par ce cours ra- « pide, l'insulter en passant, vouloir faire de « ce seul instant tout leur bonheur, et tomber « au sortir de là entre les mains éternelles de « sa colère et de sa justice[1]. »

Ceux qui affectent la force du style tombent

—————

1. Massillon a répété deux fois cette période avec quelques changements : dans le troisième sermon du grand Carême, et dans le discours pour la bénédiction des drapeaux du régiment de Gatinat.

quelquefois dans l'exagération. Le vice d'une fausse énergie se fait sentir surtout dans ces deux vers de Théophile :

> Le voilà, ce poignard, qui du sang de son maître
> S'est souillé lâchement ; il en rougit, le traître !

Accuser de lâcheté un poignard et lui supposer de la honte, c'est passer les bornes du style figuré ; mais attribuer au sentiment de la honte la rougeur de ce poignard teint de sang, c'est le comble de la folie.

La strophe suivante est assez dans le goût de certains poëtes lyriques :

> Là, je vois la fatale table
> Que dresse le vil intérêt,
> Où la fortune redoutable
> Rend à chaque instant quelque arrêt.
> Source de douleur et de joie,
> Le livre du sort se déploie ;
> Tout tremble autour de ce scrutin.
> Plus loin, une main frénétique
> Chasse du cornet fatidique
> L'oracle roulant du destin.

Voilà un chef-d'œuvre de style rocailleux et de mauvais goût. *Mes vers sont durs, d'accord, mais forts de choses.* Oui, Lamotte, vos vers sont durs, mais ici la force dégénère en affectation barbare. Prenez-vous pour des termes énergiques votre *scrutin*, votre *cornet fatidique*, votre *oracle roulant* ?

La *véhémence* dépend moins de la force que du tour et du mouvement impétueux de l'expression : c'est l'impulsion que le style reçoit des sentiments qui naissent en foule et se pressent dans l'âme, impatients de se répandre et de passer dans l'âme d'autrui. La célérité des idées qui s'échappent comme des traits de lumière, communiquée à l'expression, fait la vivacité du style ; cette vivacité, animée par le sentiment, produit la véhémence.

Virgile fait ainsi parler Nisus, lorsqu'il veut mourir pour Euryale :

Me, me ; adsum, qui feci ! in me convertite ferrum,
O Rutuli ! mea fraus omnis : nihil iste nec ausus,
Nec potuit. Cœlum hoc, et conscia sidera testor :
Tantum infelicem nimium dilexit amicum.

(Æneid., IX, 427.)

Moi, c'est moi ! sur moi seul il faut porter vos coups,
Cet enfant n'a rien fait, n'a rien pu contre vous ;
Arrêtez ! me voici, voici votre victime ;
Epargnez l'innocence, et punissez le crime.
Hélas ! il aima trop un ami malheureux ;
Voilà tout son forfait, j'en atteste les dieux !

DELILLE.

Peut-on mieux exprimer l'impatience, la crainte de Nisus, et tout l'héroïsme de l'amitié ?

La *magnificence* est la richesse unie à la grandeur. Telle est cette image de David (Ps. XVII, v. 10) : « L'Eternel a abaissé les « cieux, et il est descendu : les nuages étaient « sous ses pieds. Assis sur les chérubins, il a

« pris son vol ; et son vol a devancé les ailes
« des vents. » Racine a dit dans ses chœurs
(*Esther*, act. III , sc. 9) :

> Cieux, abaissez-vous ;

J. B. Rousseau , dans ses Odes (I , 8) :

> Abaisse la hauteur des cieux ;

et Voltaire , dans sa Henriade :

> Viens, des cieux enflammés abaisse la hauteur.

Mais celui qui a dit le premier , *Inclinavit
cœlos , et descendit*, n'en demeure pas moins
le poëte qui a tracé en trois mots la plus im-
posante image que jamais l'imagination ait
conçue [1].

Dans le poëme de Milton , le chef des lé-
gions infernales élève son front au-dessus de
l'abîme , « son front, dit le poëte, cicatrisé
« par la foudre. »

> . . . . his face
> Deep scars of thunder had entrench'd , etc.
>
> *(Paradise lost , book I).*

Dans l'Iliade (I, 528), l'Olympe , ébranlé
d'un mouvement du sourcil de Jupiter , est le
modèle de la magnificence.

> Annuit, et totum nutu tremefecit Olympum.
>
> *(Æneid. , IX , 106 ; X , 115).*

Bossuet déplore ainsi la fuite précipitée de

1. La Harpe.

la reine d'Angleterre, poursuivie par les vaisseaux des rebelles : « O voyage bien différent
« de celui qu'elle avait fait sur la même mer,
« lorsque, venant prendre possession du sceptre
« de la Grande-Bretagne, elle voyait, pour
« ainsi dire, les ondes se courber sous elle,
« et soumettre toutes leurs vagues à la domi-
« natrice des mers ! »

Mais il est ici un écueil à éviter, c'est l'enflure. Elle exprime en termes pompeux une
pensée fausse, ou veut faire paraître les idées
plus grandes qu'elles ne sont.

Cinna, dans la tragédie de Corneille, dit,
en parlant de Pompée :

> Le ciel choisit sa mort pour servir dignement
> D'une marque éternelle à ce grand changement,
> Et devait cette gloire aux mânes d'un tel homme
> D'emporter avec eux la liberté de Rome.
>
> Act. II, sc. 1.

Cette pensée a beaucoup d'éclat, et même un
air de grandeur qui impose. Mais, quand on
l'examine, on voit qu'elle manque de solidité.
En effet, pourquoi le ciel devait-il faire l'honneur à Pompée de rendre les Romains esclaves
après sa mort? Le contraire serait plus vrai :
les mânes de Pompée devaient plutôt obtenir du
ciel le maintien éternel de cette liberté, pour
laquelle on suppose qu'il combattit et qu'il
mourut [1]. Voulez-vous savoir si une pensée

---

1. Cette remarque est de Voltaire ; on peut y trouver
trop de sévérité.

est naturelle et juste? examinez la proposition contraire; si ce contraire est vrai, la pensée que vous examinez est fausse. Que serait-ce donc qu'un ouvrage rempli de pensées recherchées et problématiques? Combien sont supérieurs à toutes ces idées brillantes ces vers simples et naturels :

Cinna, tu t'en souviens, et veux m'assassiner!
Soyons amis, Cinna, c'est moi qui t'en convie.

Ce n'est pas ce qu'on appelle *esprit*, c'est le sublime et le simple qui font la vraie beauté.

Vous trouverez difficilement rien de plus ampoulé que les vers de Malherbe sur la pénitence de saint Pierre :

C'est alors que ses cris en tonnerres éclatent;
Ses soupirs se font vents qui les chênes combattent;
Et ses pleurs, qui tantôt descendaient mollement,
Ressemblent un torrent, qui, des hautes montagnes,
Ravageant et noyant les voisines campagnes,
Veut que tout l'univers ne soit qu'un élément.

Ce poëte, qui eut le premier la gloire de donner à la poésie française l'exemple du goût et de l'harmonie, sort ici visiblement de son caractère, et nous montre combien il est aisé que l'enflure prenne la place du grand et du sublime. Cette pièce, publiée l'an 1587, était un ouvrage de la jeunesse de Malherbe, que ses autres compositions semblent désavouer [1]. Il imitait un auteur italien.

1. Rollin.

Dans le style élevé, comme partout ailleurs, évitez la profusion des images. La règle devient plus sévère dans les choses de sentiment, qu'une noble simplicité ne rend que plus touchantes : tout ce qui sent l'emphase refroidit le pathétique. Un héros, sur la scène, dit qu'il a essuyé une tempête, qu'il a vu périr son ami. Il touche, il intéresse, s'il parle avec douleur de sa perte, s'il est plus occupé de son ami que de tout le reste. Mais s'il parle de *source de feux bouillonnant sur les eaux, et de la foudre qui ouvre à sillons redoublés le ciel et l'onde*, il ne touche plus, il deviend froid. (V. l'Electre de Crébillon, act. II, sc. 1, récit de Tydée.)

La plupart de ceux qui veulent faire de beaux discours, cherchent sans choix également partout la pompe des paroles : ils croient avoir tout fait, pourvu qu'ils aient fait un amas de grands mots et de pensées vagues. La véritable éloquence n'a rien d'enflé ni d'ambitieux. Elle se modère, elle se proportionne aux sujets qu'elle traite et aux gens qu'elle instruit ; elle n'est grande et sublime que quand il faut l'être [1].

On a défini le SUBLIME tout ce qui porte nos idées et nos sentiments au plus haut degré d'élévation ; tout ce qui s'empare si vivement de notre âme, que sa sensibilité, réunie en un point, laisse toutes ses facultés comme inter-

1. Fénelon.

dites et suspendues. Des exemples le définiront mieux.

Il y a deux sortes de sublime : l'un qu'on nomme *sublime de pensée*, parce qu'il consiste dans une grande idée, soit exprimée simplement, soit revêtue d'images ; l'autre appelé *sublime de sentiment*, parce qu'il peint un mouvement de l'âme.

Le trait fameux de Moïse, « Dieu dit : *Que « la lumière soit*, et la lumière fut, » c'est-à-dire, la puissance de Dieu obéie tout à coup par le néant même, est du sublime de pensée. Longin le cite (περὶ Ὕψους, c. 7, *al.* 9), et l'oppose aux plus beaux traits d'Homère.

Dieu seul est grand, mes frères ! Voilà, dans Massillon, les premières paroles de l'Eloge de Louis XIV : c'est un beau mot que celui-là, prononcé en regardant le cercueil de Louis le Grand [1].

> J'ai vu l'impie adoré sur la terre :
> Pareil au cèdre, il cachait dans les cieux
>   Son front audacieux ;
> Il semblait à son gré gouverner le tonnerre,
>   Foulait aux pieds ses ennemis vaincus :
> Je n'ai fait que passer, il n'était déjà plus.

> (*Esther*, act. III, sc. dernière.)

Les cinq premiers vers sont du style élevé ; mais le dernier est sublime. Cependant nous

____
1. M. de Châteaubriand.

osons préférer la simplicité du texte : *Et trans-ivi, et ecce non erat* (Ps. XXXVI , v. 36) ; et cet autre passage : *Dixi ; ubinam sunt ?* (Deutéron., XXXII, 26.)

Sublime de sentiment : On vient annoncer au vieil Horace que deux de ses fils ont été tués et que le troisième a pris la fuite. Il est indigné de cette lâcheté.

JULIE.

Que vouliez-vous qu'il fît contre trois ?

HORACE.

Qu'il mourût.

Voilà, dit Voltaire, ce fameux *qu'il mourût*, ce trait du plus grand sublime, ce mot auquel il n'en est aucun de comparable dans toute l'antiquité. Tout l'auditoire fut si transporté, qu'on n'entendit jamais le vers faible qui suit,

Ou qu'un beau désespoir alors le secourût[1].

Il y a d'autres beautés tragiques, mais celle-ci est au premier rang.

Lorsque la conspiration de Cinna est décou-verte, qu'il a tout avoué, et qu'on ne s'attend plus qu'à une vengeance éclatante, Auguste, dans cette scène admirable, dit au conspi-rateur :

Soyons amis, Cinna, c'est moi qui t'en convie.

1. Duclos proposait :

Sabine. Mais il est votre fils. Horace. Lui, mon fils !... il le fut.

Nous croyons que La Harpe a justifié avec raison le vers de Corneille.

C'est là ce qui fit verser des larmes au grand Condé.

Dans Athalie, lorsque Abner expose à Joab tout ce qu'il doit redouter de la fureur de la reine, le grand prêtre répond :

> Celui qui met un frein à la fureur des flots
> Sait aussi des méchants arrêter les complots.
> Soumis avec respect à sa volonté sainte,
> Je crains Dieu, cher Abner, et n'ai point d'autre crainte.

Ce dernier vers exprime d'une manière sublime, quoique simple, l'intrépidité de la vertu religieuse.

Le honteuse lâcheté de nos mœurs, dit Fénelon, nous empêche de lever les yeux pour admirer le sublime de ces paroles :

> Aude, hospes, contemnere opes, et te quoque dignum
> Finge deo, rebusque veni non asper egenis.
>
> (*Æneid.*, VIII, 364).

Variété, convenance.

A la suite de nos observations sur les différents styles et leurs qualités, ajoutons, comme nous l'avons annoncé plus haut, que ce n'est pas assez de les connaître, et qu'il faut savoir les *varier*, les fondre ensemble, les tempérer l'un par l'autre, éviter enfin la monotonie. *Les beaux vers !* disait Fontenelle, *ô les beaux vers ! je ne sais pourquoi je bâille.* Il lisait un poëme sans variété.

> Sans cesse, en écrivant, variez vos discours ;

> Un style trop égal et toujours uniforme
> En vain brille à nos yeux, il faut qu'il nous endorme.
>
> BOILEAU.

Une longue uniformité, dit Montesquieu, rend tout insupportable : le même ordre de périodes longtemps continué accable dans une harangue ; les mêmes nombres et les mêmes chutes mettent de l'ennui dans un long poëme. S'il est vrai que l'on ait fait cette fameuse allée de Moscow à Pétersbourg, le voyageur doit périr d'ennui, renfermé entre les deux rangs de cette allée ; et celui qui aura voyagé longtemps dans les Alpes en descendra dégoûté des situations les plus heureuses et des points de vue les plus charmants.

Non-seulement les sujets sont de nature diverse ; mais entre les parties d'un même sujet, il y a des différences qui exigent de la variété dans le style.

Cicéron (*Orat.*, c. 21) a distingué ainsi les attributs des trois genres : *Quot officia oratoris, tot sunt genera dicendi : subtile, in probando ; modicum, in delectando ; vehemens, in flectendo.* Voulez-vous instruire, éclairer, persuader par la raison ? appliquez-vous à donner à votre éloquence un caractère délié, un langage fin et subtil. Voulez-vous délasser l'attention, et un moment vous occuper à plaire ? employez-y la séduction d'un style tempéré, légèrement semé de fleurs. Voulez-vous tou-

cher, émouvoir, étonner, troubler, entraîner
vos auditeurs? employez-y la véhémence. Et
en effet chacun de ces trois caractères convient
plus ou moins au sujet, au lieu, aux personnes,
au naturel de l'orateur : l'erreur, nous le
répétons, est de vouloir leur marquer des
limites toujours fixes et déterminées. Telle
fable de La Fontaine, telle page de Cicéron,
de Bossuet ou de Racine, nous les présente
tous les trois. Les sujets les plus favorables à
l'éloquence sont ceux qui donnent lieu à cette
variété harmonieuse et ravissante, et les ouvrages où elle règne sont du petit nombre de
ceux dont on ne se lasse jamais [1].

Mais par quel moyen peut-on espérer de
répandre toujours de la variété dans le style,
et d'en bannir l'uniformité? Par la *convenance*,
qualité qui renferme toutes les autres. Zénon
voulait que chaque mot portât le caractère de
la chose qu'il exprime [2]. En effet, il y a pour
chaque idée une expression, un tour unique.
Chez les auteurs médiocres, l'expression est
presque toujours à côté de l'idée ; mais la propriété est le caractère distinctif des grands
écrivains, et un poëte a dit avec raison :

Des couleurs du sujet je teindrai mon langage.

Comme le genre d'exécution que doit employer un artiste dépend de l'objet qu'il traite ;

1. Marmontel. — 2. Diogène de Laërte, VII, 59.

comme le genre du Poussin n'est pas celui de Téniers, ni l'architecture d'un temple celle d'une maison commune : aussi chaque genre d'écrire a son style propre en prose et en vers. On sait assez que le style de l'histoire n'est pas celui d'une oraison funèbre ; que la comédie ne doit point se servir des tours hardis de l'ode, des expressions pathétiques de la tragédie, ni des métaphores et des comparaisons de l'épopée. Tout écrit, de quelque nature qu'il soit, exige les qualités que nous avons nommées *générales ;* les différences consistent dans les formes du style. Ainsi un personnage de comédie n'aura ni idées sublimes ni idées philosophiques ; un berger n'aura point les idées d'un conquérant ; une épître didactique ne respirera point la passion, et dans aucun de ces écrits on n'emploiera ni métaphores hardies, ni exclamations pathétiques, ni expressions véhémentes.

Entre le simple et le sublime, il y a plusieurs nuances ; et c'est dans l'art de les assortir que consiste la perfection de l'éloquence et de la poésie. C'est par cet art que Virgile s'est élevé quelquefois dans l'églogue. Ce vers,

Ut vidi, ut perii, ut me malus abstulit error !

serait aussi bien dans la bouche de Didon que dans celle d'un berger, parce qu'il est naturel, vrai, élégant, et que le sentiment qu'il renferme convient à tous les rangs ; mais ce vers,

Castaneæque nuces, mea quas Amaryllis amabat,

ne conviendrait pas à un personnage héroïque, parce qu'il a pour objet une chose trop petite pour un héros. Nous n'entendons point par petit ce qui est bas et grossier ; car le bas et le grossier n'est point un genre, c'est un défaut. Ces deux exemples font voir évidemment dans quel cas on doit se permettre le mélange des styles, et quand on doit se le défendre [1].

Pour donner au style ou plus de force ou plus de grâce, dans les nuances diverses que nous venons de parcourir depuis le langage le plus simple jusqu'au plus élevé, nous avons encore les alliances de mots, *le pouvoir d'un mot mis en sa place*, les épithètes, et surtout les figures, que Longin [2] regarde comme une des sources principales de la sublimité du discours, et qui sont un des plus beaux ornements de tous les genres de style.

Des alliances de mots.

Comme ce n'est point dans une stérile abondance de mots que consiste la beauté d'une langue, mais dans ces tours de phrase, dans ces expressions frappantes qui rendent la pensée avec justesse, avec énergie, les bons

1. Voltaire. — 2. C. 6 et 14, *al.* 8 et 16.

écrivains ne cherchent point à inventer des mots nouveaux : ils étudient l'art de combiner heureusement ceux que l'usage autorise. C'est par une liaison fine et juste de mots déjà connus qu'ils enrichissent le langage.

In verbis etiam tenuis cautusque serendis.....
Dixeris egregie, notum si callida verbum
Reddiderit junctura novum.
                    (Horat., *de Arte poet.*, v. 45.)

Ainsi, dans l'Enéide, IX, 275, Ascagne dit au jeune Euryale, dont il admire avec respect le noble courage :

Te vero, mea quem spatiis propioribus æta
Insequitur, *venerande puer*.

Corneille, ce génie mâle et vigoureux, qui savait s'exprimer comme il pensait, en unissant ces deux mots *aspirer* et *descendre*, qui ne semblent pas faits l'un pour l'autre, nous montre l'inconstance de l'homme dégoûté des grandeurs qu'il a tant désirées :

Et monté sur le faîte, il aspire à descendre.
                    (*Cinna*, act. II, sc. 1.)

Racine admirait surtout ce vers, et le faisait admirer à ses enfants. En effet, ce mot *aspirer*, qui d'ordinaire s'emploie avec *s'élever*, devient une beauté neuve quand on le joint à *descendre*. C'est cet heureux emploi de mots qui fait la belle poésie et rend un ouvrage immortel.

Agamemnon, dans Racine :

> Ces noms de roi des rois et de chef de la Grèce
> Chatouillaient de mon cœur l'orgueilleuse faiblesse.

Le verbe *chatouiller* est ennobli et rendu digne de la tragédie par la manière dont il est placé. *Orgueilleuse faiblesse,* réunit deux idées qui semblent incohérentes, mais qui, dans la réalité, s'allient avec précision.

Le mot *incurable* n'a encore été enchâssé dans un vers que par l'industrieux Racine :

> D'un incurable amour remèdes impuissants.   (*Phèdre.*)

Racine s'était fait, par une intelligence particulière, une langue qui n'appartenait qu'à lui seul. Combien d'alliances de mots inusitées jusqu'à lui, dont on n'a presque pas aperçu l'audace ! Ce qu'il inventait semblait plutôt manquer à la langue que la violer.

« Sortez du temps et du changement, et « aspirez à l'éternité. » Cette expression de Bossuet [1], *Sortez du temps,* pour dire *renoncez aux choses temporelles,* est aussi belle que hardie. Le temps ne paraît pas une chose dont on puisse sortir autrement que par la mort. Mais l'orateur évangélique veut que, dès cette vie même, on devance le jour où le temps doit finir [2].

Il ne s'agit que de concilier la nouveauté de

1. *Oraison funèbre de la duchesse d'Orléans.*
2. Racine le fils.

l'expression avec la clarté, la justesse ; et si elle rend la pensée ou l'image avec vérité, et dans le style que le sujet demande, plus elle est inouïe, et plus elle est heureuse. C'est ce qu'un ancien appelait dans Horace, *curiosa felicitas*.

Les écrivains médiocres, faute de connaître la force des expressions, les unissent quelquefois sans grâce et sans justesse : de là ce bizarre assemblage de mots qui sont, comme dit J. B. Rousseau, le clinquant du discours,

> Et qui, par force et sans choix enrôlés,
> Hurlent d'effroi de se voir accouplés.
>
> (Épît. 2 , liv. II.)

Du pouvoir d'un mot mis en sa place.

Ce vers de Boileau sur Malherbe, qui, dit-il,

> D'un mot mis en sa place enseigna le pouvoir,

renferme un sens juste et profond : déplacer un mot dans une phrase bien faite, c'est déplacer un œil dans un visage.

Il y a certains mots d'une énergie singulière, et qu'on doit bien se garder, par cette raison, de confondre dans la phrase ; il faut les tirer de rang, et les placer ou à la fin, ou dans quelque poste remarquable qui fixe sur eux l'attention.

Ce seul demi-vers de Virgile , *Navem in*

conspectu nullam (Æn., 1, 188), prouve l'effet d'un mot bien placé. Lorsque, après le mot *conspectu*, nous arrêtons notre prononciation sur celui-ci, *nullam*, nous croyons être à la place d'un homme qui jette au loin ses regards et ne découvre rien. Si nous lisons, *Nullam in conspectu navem*, l'image est effacée [1].

Bossuet loue la fierté avec laquelle Condé, proscrit et fugitif, soutint l'honneur de sa naissance. En Flandre, sur les terres d'Autriche, il exigea que les princes de cette maison lui cédassent la préséance ; « et la maison de « France, dit l'orateur, garda son rang sur « celle d'Autriche jusque dans Bruxelles. » Ce trait, *jusque dans Bruxelles*, achève de relever la fierté de courage du prince, qui se fait rendre ce qui lui est dû par les princes d'Autriche jusque dans la capitale des Pays-Bas autrichiens. Transposez ce mot, il frappera beaucoup moins.

Dans ces reproches que fait Clytemnestre à Agamemnon :

> Cette soif de régner, que rien ne peut éteindre ;
> L'orgueil de voir vingt rois vous servir et vous craindre ;
> Tous les droits de l'empire en vos mains confiés ;
> Cruel, c'est à ces dieux que vous sacrifiez !

le mot de *cruel* est tellement à sa place, qu'il n'est pas possible de lui en donner une autre

1. Racine le fils.

sans lui faire perdre une partie de sa force [1].

Lorsque Longepierre, dans sa Médée, a dit sur les liens du sang :

Nœuds tout-puissants, on ne vous rompt jamais,
Et l'on n'efface point d'ineffaçables traits ;

il a voulu imiter ce vers d'Athalie,

Pour réparer des ans l'irréparable outrage ;

et il a fait voir dans cette imitation qu'il ignorait l'usage du mot mis à sa place.

En français, l'ordre des mots est fixé : le substantif passe avant l'adjectif, le nominatif avant son verbe, et ainsi du reste. Cet ordre est favorable à la clarté ; mais, uniformément observé, il rendrait le style languissant ; et nous ne contraignons point les habiles poëtes, ni même les habiles orateurs, à suivre timidement une syntaxe timide. C'est à eux à parler en maîtres. Les règles sont établies pour qu'on écrive bien ; ceux qui savent bien écrire n'ont pas besoin d'elles. Ainsi, on peut sauver la monotonie par l'inversion, qui met les idées dans la place que semble exiger la nature, c'est-à-dire l'intérêt, le sentiment, ou la passion.

Dans l'oraison funèbre du grand Condé, Bossuet, après la comparaison de l'aigle, ajoute : « Aussi vifs étaient les regards, aussi « vite et impétueuse était l'attaque, aussi fortes

____
1. Crevier.

« et inévitables étaient les mains du prince de
« Condé. » La phrase languirait sans la suspension légère que l'inversion produit. Qu'on substitue l'ordre grammatical : *Les regards du prince de Condé étaient aussi vifs , son attaque était aussi vite et impétueuse* , etc. ce tour n'a plus de vivacité. Les hardiesses qui, sans ôter à la phrase sa clarté , la rendent plus vive, sont permises à l'orateur comme au poëte. On doit obéir aux règles ; mais cette obéissance n'est point un esclavage pour ceux qui cherchent à plaire dans une langue vivante , parce que , tant qu'elle est soumise à l'usage , elle peut recevoir des exceptions à ses règles, et qu'elle les reçoit surtout des auteurs qui , l'ayant étudiée avec soin , se sont acquis sur elle une espèce d'autorité dont ils n'usent qu'à son avantage ; et quand nous jugeons ces auteurs sur la seule rigueur des règles , nous pouvons condamner souvent ce qu'il faudrait admirer [1].

Des Épithètes.

Les épithètes embellissent le discours, pourvu qu'elles ne soient pas trop multipliées. Si, de ces beaux vers de Racine :

> Et la rame inutile
> Fatigua vainement une mer immobile ,

on retranchait les épithètes, et que l'on dît

[1]. Racine le fils.

simplement *la rame fatigua vainement la
mer*, de quelles grâces l'expression ne se
trouverait-elle pas dépouillée !

Il en est de même de cet autre vers du même
poëte :

Dans l'Orient désert que devint mon ennui !

> (*Bérénice.*)

Cette seule épithète, *désert*, exprime la pensée
de Tibulle (IV, 13, 12) :

. . . . . . Et in solis tu mihi turba locis.

Lorsque le grand prêtre, dans Athalie, fait
espérer que Dieu doit un jour tirer Joas du
tombeau :

Et de David éteint rallumer le flambeau,

cette épithète, qui accompagnerait mal tout
autre nom, semble faite pour celui de David,
la lumière d'Israël, d'où doit sortir la lumière
des nations.

Dans ce vers de l'Enéide, III, 3 :

. . . . . . Omnis humo fumat Neptunia Troja ;

comme cette grande image, *omnis humo fumat Troja*, est agrandie encore dans l'imagination du lecteur par l'épithète *Neptunia*, qui
fait remonter à l'origine de Troie !

Fléchier dit de Turenne : « Combien de fois
« essaya-t-il d'une main impuissante d'arracher
« le fatal bandeau qui fermait ses yeux à la vé-

« rité ! » On voit ici les épithètes contribuer à l'élégance et à la force du style.

Il y en a de plus remarquables encore, qui forment entre le substantif et l'adjectif une antithèse, non de mots, mais de pensées, et qu'on peut ranger parmi ces expressions neuves dont nous parlions tout à l'heure. A cet exemple de Racine :

Chatouillaient de mon cœur *l'orgueilleuse faiblesse*,

nous joindrons cette phrase de Massillon, dans son discours pour le troisième dimanche du Petit Carême : « Une *impiété superstitieuse* refuse au Très-Haut la connaissance de l'avenir, et a la faiblesse d'aller consulter une pythonisse. »

Mais l'épithète qui, selon son acception littérale, doit nécessairement ajouter une idée nouvelle à la signification incomplète d'un mot pour exprimer toute une pensée, devient le compagnon inutile, et dès lors l'ennemi du substantif, toutes les fois qu'elle ne sert point à le caractériser ou à le modifier. Toute épithète qui n'est pas nécessaire, ou du moins appelée pour la clarté, l'énergie, la couleur ou l'harmonie, et qui ne figure point sensiblement dans une période, ne doit jamais y trouver place. Proscrivez-la comme un pléonasme, et n'oubliez pas que les adjectifs et les adverbes qui semblent donner plus d'éclat et de vigueur à la pensée, contribuent souvent à l'affaiblir en énervant le style [1].

Quintilien (VIII, 6) compare le discours trop chargé d'épithètes à une armée où il y aurait autant de valets que de soldats: le nombre serait doublé, mais non les forces. C'est en effet la faiblesse et l'indigence qui condüisent l'écrivain à ce vice ; peu riche en idées principales, il appelle à son secours les accessoires.

Amas d'épithètes, mauvaises louanges ; ce sont les fait qui louent, et la manière de les raconter [2].

Les poëtes grecs et les latins n'étaient pas aussi sévères que nous sur le choix des épithètes. Ils disaient *flavum* aurum, *humida vina*, *æquoreum* mare (Quintilien, VIII, 6): c'est qu'ils peignaient dans leur style. Nous voulons que les épithètes disent plus ; et l'on s'est moqué avec raison de Chapelain qui loue les *doigts inégaux* de la belle Agnès [3].

DES FIGURES.

Le style est *figuré* par les images, par les expressions pittoresques, qui figurent les choses dont on parle, et qui les défigurent quand les images ne sont pas justes [4].

1. Maury. — 2. La Bruyère.
3. Crevier.
4. Voltaire.

On a quelquefois défini les figures : *des façons de parler qui s'éloignent de la manière
naturelle et ordinaire*. Définition fausse : car
il n'y a rien de si naturel, de si ordinaire et
de si commun que les figures dans le langage
des hommes ; et l'auteur des *Tropes* observe à
juste titre qu'il se fait dans un jour de marché,
à la halle, plus de figures qu'en plusieurs jours
d'assemblées académiques.

Les figures sont des tours, des mouvements
de style, qui, par la manière dont ils rendent
la pensée, y ajoutent de la force ou de la grâce.
Elles sont proprement l'expression du sentiment dans le discours, comme les attitudes
dans la sculpture et la peinture, *quasi gestus
orationis*, dit Cicéron [1].

Il y a des figures qui changent la signification des mots, et on les nomme *tropes*,
d'un verbe grec (τρέπω, τέτροπα) qui signifie
changer. C'est ainsi qu'on dit cent *voiles*
pour cent vaisseaux, et qu'on appelle *lion*
un homme courageux. D'autres figures laissent aux mots leur véritable signification, et
elles conservent le nom générique de *figures*.
Celles-ci se distinguent encore en deux espèces :
figures de mots, et *figures de pensées*.

La figure de mot y est tellement attachée,
que, si on change le mot, elle périt. La figure

____

1. *Orat.*, c. 25.

de pensée subsiste malgré le changement des
mots, pourvu que le sens ne change pas.

1°. *Des tropes.*

Les trois principaux tropes, auxquels se
rapportent les autres, sont la métaphore, la
métonymie, la synecdoche.

1. La *métaphore* est une figure par laquelle
on transporte la signification propre d'un mot
à une autre signification, qui ne lui convient
qu'en vertu d'une comparaison qui est dans
l'esprit. Toute métaphore renferme donc une
comparaison ; mais elle en rend l'expression
plus rapide et plus vive. *In toto autem meta-
phora brevior est similitudo* (Quintil., VIII, 6).
Quand Homère dit qu'Achille s'élance comme
un lion, c'est une comparaison ; mais quand
il dit du même héros, *ce lion s'élance*, c'est
une métaphore.

L'éloquence ne saurait exister sans ce langage auxiliaire de l'imagination : le discours
doit frapper également l'esprit et les sens des
hommes ; or les sens ne sont émus que par la
vérité et la vivacité des images. La métaphore
servira donc à donner des corps aux objets les
plus spirituels ; et c'est ainsi que tout ce qui
appartient à notre âme est exprimé dans le
langage commun par des images sensibles.
Nous disons la *pénétration* de l'esprit, la *ra-*

pidité de la pensée , la *chaleur* du sentiment , la *dureté* de l'âme.

Non-seulement la métaphore rend sensible ce qui ne l'est pas, mais elle peint un objet sensible sous des traits plus riants ou plus énergiques. Quand on dit d'un homme endormi qu'il est *enseveli dans le sommeil*, on donne plus d'expression à l'idée que si l'on disait simplement qu'il dort. Virgile a prêté une double force à cette image :

Invadunt urbem somno vinoque *sepultam*.

(*Æneid.*, II , 265).

La métaphore est le plus beau, le plus riche, le plus fréquemment employé de tous les tropes, et c'est par cette figure que le style s'embellit et se colore ; c'est par elle que tout est vivant dans la poésie et dans l'éloquence. Cette hardiesse, qui donne du sentiment aux êtres qui n'en ont point , est ordinaire aux passions. Voilà ce que n'ont point observé ceux qui ont critiqué ce vers :

Le flot qui l'apporta recule épouvanté.

La douleur, disent-ils , ne cherche pas les ornements. Ce n'est pas non plus un ornement que cherche Théramène ; il parle le langage de la douleur, qui lui fait croire que toute la nature a horreur comme lui de ce monstre vomi par les flots [1].

1. Racine le fils.

Dans la tragédie d'Alzire, Alvarès dit à Gusman :

> Votre hymen est le nœud qui joindra les deux mondes.

Image frappante, qui offre à l'esprit un magnifique spectacle. Cette autre métaphore est encore belle et heureusement préparée :

> L'Américain farouche est un monstre sauvage,
> Qui mord en frémissant le frein de l'esclavage.

Celle-ci, dans Zaïre, est touchante et vraie :

> Le Dieu qui rend la force aux plus faibles courages,
> Soutiendra ce roseau plié par les orages.

Les métaphores sont défectueuses : 1° quand elles sont tirées de sujets bas : on reproche à Tertullien d'avoir dit que *le déluge universel fut la lessive générale de la nature : Diluvium, naturæ generale lixivium.* Le style ne vaut pas mieux que la pensée. On lit dans un poëte : *Dieu lava bien la tête à son image.* Benserade pouvait mieux choisir ses modèles. 2° Quand elles sont forcées, prises de loin, et que le rapport n'est point assez naturel, ni la comparaison assez sensible. Théophile a dit : *Je baignerai mes mains dans les ondes de tes cheveux;* et ailleurs : *La charrue écorche la plaine.* Mais Théophile, suivant La Bruyère, charge ses descriptions, s'appesantit sur les détails; il exagère, il passe le vrai dans la nature, il en fait le roman. 3° Quand les termes métaphoriques, dont l'un est dit de l'autre, excitent des idées qui ne peuvent être liées, comme si l'on disait d'un orateur, *c'est un torrent qui s'allume*, au lieu de, *c'est un torrent qui entraîne*. Dans les premières éditions du Cid, Chimène disait :

> Malgré des *feux* si beaux qui *rompent* ma colère.

Feux et *rompent* ne vont point ensemble. Au mot *rompent* on a depuis substitué *troublent*, correction qui laisse une faute. Rousseau a dit dans une de ses odes :

> Et les jeunes zéphyrs, de leurs chaudes haleines,
> Ont *fondu l'écorce* des eaux.

Fondre se dit de la glace ou du métal ; on ne peut donc pas dire, même au figuré, *fondre l'écorce*. Cette métaphore, l'*écorce des eaux*, pour dire la *glace*, est d'ailleurs peu naturelle.

Chaque langue a ses métaphores propres, et tellement consacrées par l'usage, que, si vous en remplacez les termes par les équivalents même qui en approchent le plus, vous vous rendez ridicule. *Entrailles*, dans sa signification métaphorique, exprime la tendresse paternelle. Mais à ce mot on ne pourrait pas substituer un synonyme, comme cet Anglais qui, dans les premiers temps de son arrivée en France, écrivait à Fénelon : *Monseigneur,*

vous avez pour moi des boyaux de père.
Il voulait dire *des entrailles.* Thésée à son
fils :

> Je t'aimais, et je sens que, malgré ton offense,
> Mes entrailles pour toi se troublent par avance.
>
> (Phèdre.)

Quand la métaphore, sans être dure ni forcée, a quelque chose de hardi, on l'adoucit
par ces phrases : *pour ainsi dire, si l'on
peut parler ainsi, etc. ;* mais ces correctifs
ne sont bons que pour la prose ; ils feraient
languir la poésie, qui est plus libre et qui aime
une noble audace. Cependant on trouve souvent aussi dans les grands orateurs des métaphores qui étonneraient un poëte. Ces figures
sont tellement fondues dans le style, qu'elles
ne blessent point le goût le plus sévère. Massillon (*Sermon sur le mélange des bons et des
méchants*) : « Le juste peut avec confiance
« condamner dans les autres ce qu'il s'interdit
« à lui-même ; ses instructions ne *rougissent*
« pas de sa conduite. »

Ce qu'on appelle *allégorie*, n'est qu'une
métaphore plus étendue. Quand on emprunte
une idée, il est naturel de la suivre ; c'est ce
qu'on a pu remarquer dans quelques-uns des
exemples cités, et ce qu'on peut voir encore
dans ces beaux vers de Racine (*Mithridate*) :

> Ils savent que, sur eux prêt à se déborder,
> Ce torrent, s'il m'entraîne, ira tout inonder ;

> Et vous les verrez tous, prévenant son ravage,
> Guider dans l'Italie et suivre mon passage. . .

L'idée de *torrent*, sous laquelle le poëte désigne la puissance romaine, a amené les mots *se déborder*, *entraîner*, *inonder*, *ravage*, et la métaphore devient allégorie. Souvent l'allégorie est plus étendue, et elle appartient alors aux figures de pensées. Ainsi Horace (*Od.*, I, 14) se représente sa patrie exposée à de nouvelles guerres civiles, sous l'image d'un vaisseau qui va braver de nouveaux orages. C'est dans ce sens qu'un poëte a dit :

> L'allégorie habite un palais diaphane.

Voilà l'exemple et la définition. Aristote (*Rhétor.*, II, 20) va jusqu'à permettre, dans les discours devant les grandes assemblées, les paraboles et les fables : elles saisissent toujours la multitude. Il en rapporte de très-ingénieuses, et qui sont de la plus haute antiquité, comme celle du cheval qui implora le secours de l'homme pour se venger du cerf, et devint esclave pour avoir cherché un protecteur. Cet apologue se trouvait dans un discours de Stésichore aux Himériens, qui voulaient donner des gardes à Phalaris.

La *catachrèse* est une espèce de métaphore à laquelle on a recours par nécessité, quand on ne trouve point de mot propre dans la langue pour exprimer ce qu'on veut dire. Ainsi, on dit qu'un cheval a été *ferré d'argent*, plutôt que d'inventer un mot nouveau qui ne serait pas entendu. De même, *une feuille de papier*, *une feuille de fer-blanc*, *une feuille d'or*, *une feuille d'étain*, *une feuille de carton*; *le talc se lève par feuilles*; *les feuilles d'un paravent*, *etc.* Quelques rhéteurs entendent par catachrèse une métaphore hardie et un peu dure. Leur définition n'est pas exacte; on le voit par ces exemples.

II. La *métonymie* consiste 1° à prendre la cause pour l'effet : c'est ainsi que le nom des dieux du paganisme se prend pour la chose dont ils étaient regardés comme les inventeurs, ou à laquelle ils présidaient. On dit *les travaux de Mars* pour les travaux de la guerre, *les Muses* pour les beaux-arts; Virgile a dit *un vieux Bacchus* pour du vin vieux : *Implentur veteris Bacchi* (Æneid., I, 219). Dans Ovide, une lampe presque éteinte se rallume quand on y verse *Pallas* :

Ut vigil infusa Pallade flamma solet. —
(*Trist.*, IV, 5, 3.)

2° Elle prend l'effet pour la cause ; le même poëte dit que le mont Pélion n'avait plus d'ombres :

. . . . Nudus
Arboris Othrys erat; *nec habebat Pelion umbras.*
(Metam., XII, 512.)

Déjà l'Othrys est nu ; *Pélion n'a plus d'ombre.*

(Saint-Ange.)

L'*ombre*, qui est l'effet des arbres, est prise ici pour les arbres mêmes. C'est par la même figure qu'on dit d'un héros qui combat : *La mort est dans ses mains.*

3° Le contenant pour le contenu. *Il avale la coupe funeste,* c'est-à-dire le poison contenu dans la coupe. *La terre se tut devant Alexandre,* c'est-à-dire les peuples de la terre. *Carcer,* prison, se dit en latin d'un homme qui mérite la prison :

Ain' tandem , carcer?... bonorum extortor, legum contortor? (Terent., *Phorm.*, II, 3, 26.)

4° Le signe pour la chose signifiée. L'*épée* se prend pour la profession militaire, et la *robe* pour la magistrature. Le *sceptre* est pris pour la royauté dans ces vers de Quinault :

Dans ma vieillesse languissante ,
Le sceptre que je tiens pèse à ma main tremblante.

5° Le possesseur pour la chose même qu'il possède. Virgile a dit : *Jam proximus ardet Ucalegon;* Ucalégon brûle déja, pour, *la flamme dévore le palais d'Ucalégon* (Énéide, II, 311).

6° Le nom abstrait pour le concret. (*Blancheur* est un terme abstrait, et *blanc* un terme concret.) Phèdre (1, 8) a dit de la grue qui enfonce son cou dans la gueule du loup, qu'elle lui confie la longueur de son cou, *colli longitudinem*. Pour *corvus stupidus*, il a dit (I , 13) *corvi stupor*.

III. La *synecdoche* se fait 1° lorsqu'on prend le genre pour l'espèce, ou l'espèce pour le genre. Quand on dit *les mortels* pour les hommes, c'est le genre pour l'espèce; car les animaux sont sujets à la mort aussi bien que nous. Et quand les poëtes grecs et latins, pour représenter un beau vallon, nomment celui de *Tempé*, c'est l'espèce pour le genre :

> Somnus agrestium
> Lenis virorum non humiles domos
> Fastidit, umbrosamque ripam,
> Non zephyris agitata *Tempe*.
>   (HORAT., *Carm.*, III , 1 , 21.)

2° En prenant la partie pour le tout, et le tout pour la partie. *Cent voiles* pour cent vaisseaux, *une tête si chère* pour une personne si précieuse; c'est la partie pour le tout. *Les peuples qui boivent la Seine;* c'est le tout pour la partie.

> Summa placidum *caput* extulit unda.
>   (*Æneid.*, I , 131.)

Neptune éleva son front calme sur les eaux. Ce ne serait pas entendre le poëte que de prendre son expression à la lettre, et d'imaginer la tête d'un nageur qui paraît au-dessus des flots : cette image serait pauvre et mesquine en poésie comme en peinture. Virgile a voulu fixer nos regards sur le front même du dieu, parce que le front est le siége de la sérénité : *placidum caput*[1].

3° Le singulier pour le pluriel. *Le Germain révolté*, c'est-à-dire les Germains.

4° Le nom de la matière pour la chose qui en est faite. Ainsi le *fer* se prend pour l'épée : *Armé d'un fer vainqueur*. Virgile s'est servi de ce mot pour le soc de la charrue :

At prius ignotum *ferro* quam scindimus æquor.

        (*Georg.*, I , 50.)

Mais ne croyons pas qu'il soit permis de prendre indifféremment un mot pour un autre, soit par métonymie, soit par synecdoche : il faut que les expressions figurées soient autorisées par l'usage, ou du moins que le sens littéral qu'on veut faire entendre se présente naturellement à l'esprit sans révolter la droite raison, et sans blesser les oreilles accoutumées à la pureté du langage. Quoiqu'on puisse dire *cent voiles* pour cent vaisseaux, on se rendrait ridicule si, dans le même sens, on osait dire *cent mâts* ou *cent avirons*. C'est ici surtout que l'usage est l'arbitre du discours.

Si volet usus,
Quem penes arbitrium est, et jus, et norma loquendi.

      (Horat., *de Arte poet.*, v. 71.)

L'*antonomase* est une espèce de synec-

1. Batteux.

doche par laquelle on met un nom commun
pour un nom propre, ou bien un nom propre
pour un nom commun. L'*orateur romain* pour
marquer Cicéron ; *le destructeur le Carthage
et de Numance*, pour désigner noblement le
second Scipion l'Africain : c'est le nom commun
pour le nom propre. Un *Sardanapale*, pour
exprimer un prince voluptueux ; un *Néron*,
pour faire entendre un prince cruel ; un *Mé-
cène*, ou bien un protecteur des lettres : c'est
le nom propre pour le nom commun. Boileau
a dit :

Aux Saumaises futurs préparer des tortures ,

c'est-à-dire, aux critiques, aux commenta-
teurs à venir [1].

On joint encore à ces principaux tropes la
métalepse, espèce de métonymie, comme *dé-
sidéror* pour *absum* ; l'*antiphrase*, comme
les *Euménides* ou déesses bienfaisantes, pour
les *Furies* ; le *sarcasme*, raillerie amère et
insultante, dont les modernes n'ont point fait
une figure ; l'*hypallage*, qui transpose les
mots, et renverse la construction qui semblerait naturelle, comme *dare classibus austros*,
pour *classes austris*, trope fort rare en français , et que Beauzée [2] ne veut pas même admettre dans la plupart des exemples latins cités
par les grammairiens et les rhéteurs.

____

1. Dumarsais. — 2. *Gramm.*, liv. III, c. 9.

2°. *Des figures de mots proprement dites*.

Parmi les figures de mots, il y en a quatre qui sont plus grammaticales qu'oratoires, mais qui ne laissent pas de faire un bel effet dans le discours. Ces figures sont l'ellipse, le pléonasme, l'hyperbate, la syllepse.

L'*ellipse* supprime des mots dont la construction grammaticale paraîtrait avoir besoin. Si ce vide est facile à remplir, c'est-à-dire, si le mot ou les mots retranchés se présentent naturellement à l'esprit, et si on les supplée sans altérer la construction, l'ellipse est parfaite ; et non-seulement elle est permise, mais elle est souvent nécessaire pour alléger l'expression, qui sans cela serait lourde et pénible. Les bons auteurs sont pleins de ces ellipses régulières. Vauvenargues a dit : « La paix rend les peuples « plus heureux, et les hommes plus faibles. » La Rochefoucauld : « Il y a des reproches « qui louent, et des louanges qui médisent. » On trouve moins de régularité dans cette ellipse que les anciens appelaient *zeugme*, et que les poëtes se permettent quelquefois :

Le cœur est pour Pyrrhus, et les vœux pour Oreste.
(Andromaque, II, 2.)

Un défaut à éviter ici, quoique des écrivains célèbres semblent l'autoriser par quelques exemples, c'est la différence du passif à

l'actif : « Qui ne sait point *aimer* n'est pas digne
« de l'*être*. »

Cette figure a surtout l'avantage de donner
un tour plus vif à l'expression : « Le bon esprit,
« dit La Bruyère, nous découvre notre devoir,
« notre engagement à le faire ; et s'il y a du
« péril, avec péril. » Cet avantage est si grand,
qu'on pardonne même les ellipses les moins
susceptibles d'analyse, quand elles rendent le
discours plus rapide sans le rendre obscur.

Je t'aimais inconstant, qu'aurais-je fait fidèle ?

La grammaire eût dit : *Si* je t'aimais *quoi-*
que tu fusses inconstant, qu'aurais-je fait *si*
tu avais été fidèle ? Mais ce tour serait languissant. Notre langue ne manque donc point
de hardiesse dans l'ellipse ; mais elle veut que
ce qu'on ne dit pas soit aisément sous-en-
tendu.

Le *pléonasme*, au contraire, ajoute ce que
la grammaire rejette comme superflu :

Je l'ai vu, dis-je, vu, de mes propres yeux vu ;
Ce qu'on appelle vu.

Il suffisait pour le sens de dire, *je l'ai vu.*
Lorsque le pléonasme n'est qu'une suite de paroles inutiles, c'est un vice qu'aucune figure
ne peut justifier.

L'*hyperbate* transpose l'ordre de la syntaxe
usitée :

Et les hautes vertus que de vous il hérite,

pour *qu'il hérite de vous.* Cette figure, qui nuit à la clarté, nous est rarement permise dans la prose, où elle n'a été bien maniée que par nos grands orateurs. Elle était surtout propre aux langues anciennes, et elle servait quelquefois, suivant Longin [1], à exprimer la passion.

La *syllepse* fait figurer le mot avec l'idée, plutôt qu'avec le mot auquel il se rapporte :

> Entre le pauvre et vous, vous prendrez Dieu pour juge;
> Vous souvenant, mon fils, que, caché sous ce lin,
> Comme eux vous fûtes pauvre, et comme eux orphelin.

Comme eux se rapporte à l'idée, et ne s'accorde pas avec la construction de la phrase [2].

Les figures de mots qui sont purement oratoires ne dérangent rien aux règles de la grammaire ; elles n'ont pour objet que de rendre la course de l'écrivain plus leste et sa marche plus ferme. Voici les principales.

La *répétition* est une des plus communes et des plus énergiques. Le mot emporte la définition. On emploie cette figure pour insister sur quelque preuve, sur quelque vérité, ou pour peindre la passion, qui s'occupe fortement de son objet et répète souvent le mot qui en exprime l'idée. On en voit un exemple dans

1 Περὶ Ὕψους, c. 18, *al.* 22.
2. Batteux.

ces vers admirables où Virgile peint la douleur d'Orphée après la mort d'Eurydice :

> Te, *dulcis conjux*, te *solo in littore secum*,
> Te *veniente die*, te *decedente canebat*.
>   (*Georg.*, IV, 465.)

> Tendre épouse, c'est *toi* qu'appelait son amour,
> *Toi* qu'il pleurait la nuit, *toi* qu'il pleurait le jour.
>   (Delille.)

Mentor, retrouvant Télémaque dans l'île de
Chypre, lui dit d'un ton de voix terrible :
« Fuyez, fuyez ; hâtez-vous de fuir. » Cette
répétition est très-propre à faire sentir au jeune
Télémaque le danger du pays qu'il habite, et
la nécessité de le quitter promptement [1]. Joab
dit de même dans Athalie, act. I, sc. 1 :

> Rompez, rompez tout pacte avec l'impiété.

Despréaux, dans sa cinquième épître :

> *L'argent*, *l'argent*, dit-on, sans lui tout est stérile ;
> La vertu sans *argent* n'est qu'un meuble inutile ;
> *L'argent* en honnête homme érige un scélérat ;
> *L'argent* seul au palais peut faire un magistrat.

Retranchez de ces vers la répétition, vous
n'entendez plus un poëte.

Les anciens rhéteurs reconnaissaient des répétitions de plusieurs sortes, la *conversion*, qui
répète le dernier mot dans chaque membre ou
dans chaque incise : *Pœnos populus romanus
justitia vicit, armis vicit, liberalitate vicit ;*

____
1. Crevier.

la *complexion*, qui répète le premier mot et le dernier : *Quem senatus damnarit, quem populus romanus damnarit, quem omnium existimatio damnarit, eum vos sententiis vestris absolvetis ?* la *traduction* (ἀντανάκλασις), que l'on peut confondre avec l'*annomination* ou la *paronomase*, et qui consiste à répéter un mot dans une signification différente, ou avec une légère altération[1], etc., etc.

Dans ces vers de Racine, *Esther*, act. I, sc. 5 :

> On égorge à la fois les enfants, les vieillards,
> *Et* la sœur *et* le frère,
> *Et* la fille *et* la mère,
> Le fils dans les bras de son père !

la répétition de la conjonction *et* semble multiplier les meurtres, et peint la fureur du soldat. Les Latins nommaient cette figure *connexum;* les Grecs, πολυσύνδετον.

La *disjonction* (ἀσύνδετον, διάλυτον, *dissolutio*) supprime, au contraire, les particules conjonctives, pour rendre le discours plus rapide. Hermione, dans Racine, laisse éclater son emportement et sa fureur, après l'assassinat de Pyrrhus, lorsqu'elle dit à Oreste :

> Adieu, tu peux partir. Je demeure en Epire ;
> Je renonce à la Grèce, à Sparte, à son empire,
> A ma famille.

Liez ce discours par des conjonctions qui en-

---

1. *Rhetor. ad Herenn.*, **IV**, passim.

chaînent chaque membre de phrase avec le suivant ; le style languit, la passion n'y est plus. Il en est de même de ces vers de la Henriade, chant VI :

Français, Anglais, Lorrains, que la fureur assemble,
Avançaient, combattaient, frappaient, mouraient ensemble.

Ces vers ne sont que l'imitation d'un passage de Xénophon, cité par Longin (c. 16 ; *al.* 19) comme exemple de cette figure, et que Despréaux traduit ainsi : *Ayant approché leurs boucliers les uns des autres, ils reculaient, ils combattaient, ils tuaient, ils mouraient ensemble* [1].

L'*apposition* emploie des substantifs comme épithètes. Louis Racine (poëme de la *Religion*) :

C'est dans un faible objet, imperceptible ouvrage,
Que l'art de l'ouvrier me frappe d'avantage.

Dans le premier de ces deux vers, *imperceptible ouvrage* est joint par opposition à *faible objet :* tour plus hardi et plus vif que si l'on eût dit, *faible objet* qui est un *ouvrage imperceptible.* L'apposition ne convient qu'au style noble et soutenu.

On peut joindre à ces figures la *déclinaison*

1 Καὶ συμβαλόντες τὰς ἀσπίδας, ἐωθοῦντο, ἐμάχοντο, ἀπέκτεινον, ἀπέθνησκον. *Hellenic.*, IV, 3 ; et *Agesil.*, II, 12. L'historien raconte dans ces deux endroits la bataille de Coronée.

ou *dérivation*, par laquelle on emploie dans une même phrase plusieurs mots dérivés de la même origine ; la *gradation* (χλίμαξ), qui arrange les mots selon leur degré de force ou de faiblesse ; l'*expolition*, espèce d'amplification en termes différents ; la *synonymie*, qui rassemble plusieurs mots de même signification, et qui est toujours voisine d'un défaut, comme la *tautologie* ou *périssologie*, autre figure du même genre ; la *régression* ou *réplication*, nommée par les Grecs *épanastrophe* ou *anadiplose*, espèce de répétition, ainsi que la *palilogie*, l'*épanalepse*, l'*antistrophe* ou la *conversion*, l'*antimétabole* ou la *commutation* ; l'*euphémisme*, qui déguise les idées odieuses ou tristes sous des noms qui ne sont pas les noms propres de ces idées, comme *vita functus* pour *mortuus*, *sacer* pour *exsecrabilis* ; l'*onomatopée*, appelée par Quintilien (VIII, 6) *fictio nominis*, et par laquelle un mot imite le son naturel de ce qu'il signifie, *mugir*, *murmurer*, *siffler* ; l'*énallage*, qui emploie un genre pour un autre genre, un mode pour un autre mode, comme l'*antiptose* un cas pour un autre ; l'*hellénisme* et le *latinisme*, imitation des constructions grecques ou latines ; et beaucoup d'autres figures de mots, dont les rhéteurs enseigneront l'usage à ceux qui seront curieux de connaître toutes ces savantes inutilités.

Nous allons toutefois, pour compléter ces notions élémentaires, donner ici quelques détails sur plusieurs figures de construction qui appartiennent plus spécialement aux langues anciennes, et que pour cette raison la plupart des rhéteurs modernes ont négligées.

Ainsi, à l'*hyperbate*, propre à toutes les langues, se rapportent, chez les anciens, quelques figures qui se présentent sans cesse et qu'il est bon remarquer une fois.

L'*anastrophe* renverse les mots, comme *mecum* pour *cum me; quamobrem* pour *ob quam rem*, etc. Et dans Horace, *Carm.*, II, 19, 32 :

> Ore pedes tetigitque crura ,

La *tmèse* coupe un mot en deux, comme dans Virgile, *Georg.*, III, 381 :

> Septem subjecta trioni ,

pour *septentrioni*. On disait, même en prose (Cic., *pro Sextio*, c. 31), *quod judicium cumque subierat, damnabatur.* Le vieux poëte Ennius se permettait souvent des tmèses fort singulières :

> Saxo cere comminuit brum.
> Oblatam stultum est medi spernere cinam.

La *parenthèse* ou *dialyse* interrompt le sens d'une phrase par une autre phrase qu'elle jette au milieu :

> Tityre, dum redeo (brevis est via), pasce capellas.
> (VIRG., *Eclog.*, IX, 23.)

En français, la langue oratoire, et surtout la poésie, n'aiment point les parenthèses.

La *synchyse* confond tout l'ordre de la construction naturelle dans les périodes, comme :

Saxa vocant Itali, mediis quæ in fluctibus, Aras.

(Virg. *Æn.*, I, 113.)

On peut aussi ranger parmi les hyperbates, l'*anacoluthe*, ou le défaut de suite dans la construction. Les meilleurs écrivains ont laissé échapper dans leur style de ces négligences, et les grammairiens en ont fait des figures.

Les Grecs n'ont pas moins multiplié les mots pous caractériser les divers accidents de grammaire qu'ils nomment *métaplasmes :* ils ont distingué la *prosthèse*, qui ajoute une lettre ; l'*aphérèse*, qui en retranche une ; le *diplasiasme*, qui redouble la lettre, comme ὅττι pour ὅτι, *rettulit* pour *retulit;* la *syncope*, qui retranche une syllabe au milieu du mot ; l'*apocope*, à la fin ; la *paragoge*, qui en ajoute une à la fin ; l'*épenthèse*, au milieu ; la *métathèse*, qui transpose la lettre ; l'*antistœchon* ou *antithèse*, qui la change ; la *diérèse*, qui d'une syllabe en fait deux ; la *crase* ou *synérèse*, qui de deux en fait une, etc., etc.

Il était beaucoup plus facile de prodiguer les figures de construction : aussi les rhéteurs

admettent-ils, comme on l'a vu, bien des
sortes de répétitions, d'hyperbates, de pléo-
nasmes ; à ceux-ci appartiennent encore les
figures nommées *congeries* ou *athroismus*,
percursio ou *epitrochasmus*, *polyptote* [1] ou
répétition d'un mot à plusieurs cas, etc. Ils
ont aussi l'*homœoptote* (*similiter cadens*),
l'*homœotéleute* (*similiter desinens*), qui consistent dans la symétrie des cas et des désinences, mais qui ressembleraient trop à nos
vers, dont un des caractères les plus marqués
est la rime. Il faut d'ailleurs se borner dans
l'énumération de ces formes variées du langage, qui amusaient autrefois les grammairiens. Jules Scaliger, dans les IIIe et IVe livres
de sa Poétique, a épuisé ce sujet avec beaucoup de patience et d'érudition.

On aurait tort cependant, même aujour-
d'hui, de négliger cette étude, que les plus
grands écrivains n'ont pas dédaignée. Cicéron
parle ainsi des tropes et des figures de mots :
« L'orateur connaîtra si bien les ressources que
les mots lui fournissent, qu'il n'en laissera
échapper aucun qui n'ait de la force ou de
l'élégance. Il emploiera surtout les métaphores,
qui, par les comparaisons qu'elles suggèrent à
l'esprit, le transportent d'un objet à un autre,
le détournent et le ramènent, et lui font de cette
distraction rapide un nouveau plaisir. Les fi-

1. Longin, περὶ Ὕψους, c. 19, *al.* 23.

gures qui naissent de la combinaison des mots servent aussi à embellir le discours. On peut les comparer à ces décorations qui ornent le théâtre ou la place publique les jours de fête ; elles ne sont pas les seuls ornements du spectacle, mais elles brillent entre tous les autres. Les figures de mots font un semblable effet dans le discours, et l'attention devient naturellement plus vive, lorsque les termes, répétés et redoublés à propos, même avec un léger changement, se placent au commencement ou à la fin de la phrase, ou dans ces deux endroits, ou au milieu ; qu'ils terminent plusieurs phrases de suite, ou se reproduisent immédiatement dans une acception différente ; lorsque plusieurs membres de phrase ont la même chute ou la même désinence ; que l'orateur procède par symétrie ou par gradation , supprime les particules conjonctives, change plusieurs fois le cas d'un même nom, etc. [1]. » On voit par la précision de ces détails que Cicéron , à une époque même où il avait élevé si haut la gloire de l'éloquence romaine, attachait encore quelque prix à ces leçons des rhéteurs.

3° *Des figures de pensées.*

C'est surtout des figures de pensées qu'on peut dire qu'elles sont comme les attitudes du discours, *quasi gestus orationis.* Nous avons

1. *Orator,* c. 39.

vu que c'était l'expression de Cicéron (*Orat.*, c. 25). Les Grecs les concevaient de même, puisqu'ils les nommaient σχήματα, *gestus, habitus, formæ*. Le discours qui n'est point figuré (*oratio recta*), c'est la statue droite, sans gestes, sans attitudes ; le discours que les figures animent (*flexa, figurata*), c'est la statue qui, sous la main de l'artiste, prend toutes les formes et tous les mouvements de la nature ; c'est Apollon qui vient de lancer une flèche meurtrière, et qui lève un front noble et calme, où se peint la victoire ; c'est Laocoon, dont tous les membres cèdent à l'impression de la douleur [1]. On doit s'étonner que Quintilien, qui paraît avoir saisi ces rapports, vienne dire ensuite (IX, 1) que les figures sont des manières de s'exprimer *éloignées de la forme commune et ordinaire*, comme si le mouvement ne nous était pas aussi ordinaire que l'immobilité. Mais il est tout simple qu'après s'être ainsi trompé, il reproche à Cicéron d'avoir compris parmi les figures plusieurs formes du discours qui, suivant lui, ne sont point des figures. C'est que Cicéron n'a jamais

---

1. Telle est évidemment l'idée que Sénèque le rhéteur se faisait du style figuré, lorsqu'il disait de Porcius Latro (*Controv.*, I, *proœm.*) : « Non placebat illi orationem *inflectere*, nec unquam *recta via* discedere, nisi quum hoc aut necessitas exegisset, aut magna suasisset utilitas... Summam quidem esse dementiam, *detorquere* orationem, cui *rectam* esse liceret. »

cru que des figures fussent des façons de parler singulières, et qu'il entend par là tous les mouvements et les tours qu'on peut donner au langage. Il n'a point d'autre doctrine dans l'*Orateur* et dans ses trois Dialogues : on la trouve même déjà dans le quatrième livre de la *Rhétorique à Herennius*, où l'on voit au rang des figures de pensées l'*amplification*, la *division*, l'*exemple*, etc.; point remarquable de conformité entre cet ouvrage et ceux que l'on ne conteste pas à Cicéron. Il ne faut jamais perdre de vue cette idée en lisant ses traités sur l'art oratoire. Les grands génies ne cherchent qu'à simplifier ; les rhéteurs divisent et subdivisent.

Scaliger, dans le troisième livre de sa Poétique, se vante d'avoir trouvé le premier la véritable classification des figures de pensées ; ce qu'on n'avait pu faire jusqu'à lui, dit-il, faute de l'esprit philosophique, *quippe ignari philosophiæ* [1]. La grande découverte de Scaliger consiste à distinguer ainsi les figures : ou elles disent plus, comme l'hyperbole ; ou elles disent moins, comme la litote ; ou le contraire, comme l'ironie ; ou une seule chose en plusieurs façons, comme la périphrase, etc. Suivant cette division, qui ne paraît pas demander un si grand effort de philosophie, il range en différentes classes toutes les figures.

1. *Poetices* lib. III , qui et *Idea*, c. 31.

Sans chercher, comme lui, des subdivisions compliquées, nous suivrons dans cette énumération la marche même de la nature. C'est surtout quand nous sommes animés par une violente passion, que nous parlons, sans le vouloir, ce langage qu'elle nous inspire; alors les mots figurés se présentent d'eux-mêmes si naturellement, qu'il serait impossible de les rejeter et de ne parler qu'en mots simples. Dans une conversation tranquille, où il ne s'agit que de faire entendre ce que nous pensons, les mots simples nous suffisent; mais quand il est de notre intérêt de persuader aux autres ce que nous voulons, et de faire sur eux une impression pareille à celle dont nous sommes frappés, la nature semble nous dicter elle-même son langage. Elle est attentive à nous fournir tous les secours qui nous sont nécessaires; et, comme, pour la conservation de notre corps, elle nous enseigne à faire dans les dangers de prompts mouvements que la réflexion n'aurait pas le temps de nous apprendre; elle fournit à notre âme un secours convenable à nos besoins, en nous inspirant un langage propre à persuader ceux à qui nous parlons, parce qu'il leur plaît; et il leur plaît, parce qu'il les remue et réveille en eux les passions dont il présente la peinture [1].

Nous ne chercherons donc point d'autre mé-

1. Racine le fils.

thode que celle de la nature même : nous la suivrons dans les mouvements qu'elle nous enseigne à exprimer par les figures, et nous commencerons par les plus vives et les plus véhémentes ; ce sont celles-là que les rhéteurs ont dû remarquer les premières.

L'*interrogation*, mouvement naturel dans l'indignation, la douleur, la crainte, l'étonnement, anime le discours, tient l'auditeur en haleine, et le force à recevoir l'impression. Massillon commence ainsi son sermon sur le mauvais riche, qui a pour texte, *Crucior in hac flamma* (Luc., XVI, 24), *Je suis tourmenté par cette flamme* : « Quels sont « donc les crimes affreux qui ont creusé à cet « infortuné ce gouffre de tourments où il est « enseveli, et allumé le feu vengeur qui le « dévore? Est-ce un profanateur de son pro- « pre corps ? A-t-il trempé ses mains dans le « sang innocent ? A-t-il fait de la veuve et « de l'orphelin la proie de ses injustices ? « Est-ce un homme sans foi, sans mœurs, « sans caractère, un monstre d'iniquité ? » Les interrogations accumulées expriment l'é- motion de l'orateur, et la font passer dans le cœur de ceux qui l'écoutent [1].

Ce demi-vers de Virgile,

Usque adeone mori miserum est ?

(*Æn.*, XII, 646.)

1. Crevier.

peint l'ardeur d'un guerrier qui va combattre. Un vieillard malade et près de mourir dirait froidement : *Non est usque adeo miserum mori* [1].

Racine procède souvent par interrogations dans les situations passionnées ; et cette figure donne aussitôt la plus vive rapidité à son style, et anime tous ses raisonnements, qui ne sont jamais ni froids, ni languissants, ni abstraits :

> Pourquoi l'assassiner ? qu'a-t-il fait ? à quel titre ?
> Qui te l'a dit ?
>
> *(Andromaque.)*

La *subjection* est une interrogation moins vive, par laquelle l'orateur s'adresse à son adversaire ou à son auditeur, en se chargeant lui-même de répondre pour eux. (Cicéron, *pro Roscio Amerino*, c. 19 ; *pro lege Manil.*, c. 21 ; *in Verr.*, II, 78.) Cette sorte d'interrogation anime l'esprit de l'auditeur ; il cherche la réponse, il se fait un plaisir de la prévoir. Par exemple : « Je demande comment cet « homme est devenu si riche : lui a-t-on laissé « un ample patrimoine ? Tous les biens de son « père ont été vendus. Lui est-il survenu quel- « que héritage ? Non, tous ses parents l'ont « déshérité. A-t-il gagné quelque procès ? Non- « seulement il n'en est rien, mais il a eu, après

1. Rollin.

« avoir perdu sa cause, une forte amende à
« payer. Si donc, comme on le voit, il ne
« s'est enrichi par aucun de ces moyens,
« ou il a chez lui quelque mine d'or, ou il
« est arrivé à la fortune par des voies illégi-
« times [1].

Les anciens distinguent deux sortes de *sub-
jections*, l'une, qu'ils appellent proprement
de ce nom, et par laquelle l'orateur interroge
les autres, afin de répondre pour eux ;
l'autre, qu'ils nomment *ratiocinatio*, et par
laquelle il s'entretient avec lui-même : « Nos
« ancêtres ont eu raison de ne jamais ôter la
« vie à un roi vaincu et fait prisonnier. Pour-
« quoi? parce qu'il est injuste d'user cruelle-
« ment du pouvoir que la fortune nous donne
« sur celui qu'elle avait naguère placé au pre-
« mier rang parmi les hommes. Mais quoi !
« n'a-t-il pas mis contre nous une armée en
« campagne? Je ne dois plus m'en souvenir.
« D'où vient tant d'indulgence? Il est digne
« d'un héros de regarder comme des ennemis
« ceux qui lui disputent la victoire, et comme
« des hommes ceux qu'il a vaincus, afin de
« tempérer par sa magnanimité les rigueurs de
« la guerre, et d'ajouter par sa clémence aux
« douceurs de la paix. Mais lui, vainqueur,
« aurait-il agi de même? Non, sans doute ; il

1. *Rhetor. ad Herenn.*, IV, 23.

« eût été moins sage. Pourquoi donc lui par-
« donner ? C'est que j'ai l'habitude de mépriser
« les vindicatifs et de ne point les imiter[1]. »
On voit que, s'il y a quelque différence entre
ces deux figures, la nuance est bien légère ; on
peut les définir toutes deux, l'interrogation
suivie de la réponse.

Quelques rhéteurs modernes y ont rapporté
aussi cette forme de style employée avec grâce
par Fléchier dans l'oraison funèbre de Turenne : « Qui fit jamais de si grandes choses ?
« qui les dit avec plus de retenue ? Remportait-
« il quelque avantage ; à l'entendre, ce n'était
« pas qu'il fût habile, mais l'ennemi s'était
« trompé. Rendait-il compte d'une bataille ; il
« n'oubliait rien, sinon que c'était lui qui
« l'avait gagnée. Racontait-il quelques-unes de
« ces actions qui l'avaient rendu si célèbre ; on
« eût dit qu'il n'en avait été que le spectateur,
« et l'on doutait si c'était lui qui se trompait,
« ou la renommée. »

L'*apostrophe* se fait, non lorsqu'on adresse
la parole à quelqu'un, mais lorsqu'on la détourne de ceux à qui on parlait d'abord, pour
l'adresser à d'autres. Fléchier, dans le même
éloge : « Puissances ennemies de la France,
« vous vivez ; et l'esprit de la charité chrétienne
« m'interdit de faire aucun souhait pour votre

_____
1. *Rhetor. ad Herenn.*, IV ,16.

« mort. Puissiez-vous seulement reconnaître
« la justice de nos armes, recevoir la paix que,
« malgré vos pertes, vous avez tant de fois
« refusée! etc. »

Cicéron, *pro Balbo*, c. 5 : *O nationes,
urbes, populi, reges, tetrarchœ, tyranni,
testes Cn. Pompeii non solum virtutis in
bello, sed etiam religionis in pace ; vos
denique mutœ regiones, imploro, et sola
terrarum ultimarum ; vos, maria, portus,
insulœ littoraque! Quœ est enim ora, quœ
sedes, qui locus, etc.*

Enée remarque, en racontant ses malheurs, que, si l'on avait été attentif à un
certain événement, Troie n'aurait pas été
prise :

Trojaque, nunc stares, Priamique arx alta, maneres.

(*Æn.*, II, 56.)

Cette apostrophe fait sentir toute la tendresse
d'un bon citoyen pour sa patrie. Changez une
lettre, *staret, maneret,* ce sentiment disparaît [1].

On trouve au second livre des Rois un des
plus beaux exemples de cette figure. David
s'écrie, en pleurant Saül et Jonathas : « Et
vous, monts de Gelboé, que jamais la rosée
ni la pluie ne rafraîchissent vos coteaux ;

____

[1]. Rollin.

que jamais on n'y offre les prémices des moissons, puisque c'est là qu'est tombé le bouclier des braves, le bouclier de Saül, comme s'il n'était pas l'oint du Seigneur ! » (*Reg.*, II, 1, 21.)

L'*exclamation* est l'expression de tout sentiment vif et subit qui saisit l'âme. Elle éclate d'ordinaire par des interjections ; c'est ainsi que Cornélie, lorsqu'elle entend vanter la douleur de César à la vue de l'urne qui renfermait les cendres de Pompée, s'écrie :

O soupirs ! O respect ! O qu'il est doux de plaindre
Le sort d'un ennemi, quand il n'est plus à craindre !

Bossuet, en prononçant l'oraison funèbre de la duchesse d'Orléans enlevée à la fleur de son âge, fut obligé de s'arrêter après cette exclamation : « O nuit désastreuse ! ô nuit « effroyable, où retentit tout à coup comme « un éclat de tonnerre cette étonnante nou- « velle, *Madame se meurt, Madame est* « *morte !* » L'auditoire s'émut à ce cri, et la voix de l'orateur fut interrompue par les pleurs et les sanglots.

Ces figures nous conduisent naturellement à la *prosopopée*, qui exprime encore mieux les émotions touchantes ou profondes, puisqu'elle prête de l'action et du sentiment aux choses inanimées, puisqu'elle fait parler les présents, les absents, le ciel, la terre, les êtres insensibles, réels, abstraits, imaginaires, et quelquefois même les morts, dont elle ouvre les tombeaux. (Cicéron, *in Catil.*, I, 11 ; *pro Murena*, c. 19 ; *pro Balbo*, c. 19 ; *pro Cœlio*, c. 14.) Fléchier nous en fournit un exemple dans l'éloge funèbre de Montausier, dont le caractère propre avait été une noble franchise : « Oserais-je, dit l'orateur, dans un discours « où la franchise et la candeur font le sujet de « nos éloges, employer la fiction et le men- « songe? Ce tombeau s'ouvrirait, ces ossements « se rejoindraient et se ranimeraient pour me « dire : *Pourquoi viens-tu mentir pour moi qui* « *ne mentis jamais pour personne? Ne me rends* « *pas un honneur que je n'ai point mérité, à* « *moi qui n'en voulus jamais rendre qu'au* « *mérite. Laisse-moi reposer dans le sein de la* « *vérité, et ne viens pas troubler ma paix par* « *la flatterie que j'ai haïe. Ne dissimule pas mes* « *défauts, et ne m'attribue pas mes vertus : loue* « *seulement la miséricorde de Dieu qui a voulu* « *m'humilier par les uns et me sanctifier par les* « *autres....*» Pourquoi faut-il que les antithèses viennent donner un air de petitesse à de si grands traits?

Une des plus célèbres prosopopées de l'antiquité est celle des lois dans le Criton, c. 12. Socrate, à qui ses amis ont ménagé les moyens de s'enfuir de sa prison, croit entendre les lois elles-mêmes qui lui disent : « Ignores-tu

« donc, toi qu'on appelle sage, que la patrie
« est plus vénérable encore qu'une mère, un
« père, et tous les aïeux; plus auguste, plus
« sacrée, et dans un rang plus sublime aux
« yeux des immortels et des hommes qui
« pensent bien; qu'il faut être encore plus res-
« pectueux, plus soumis, plus humble devant
« la patrie irritée que devant un père en cour-
« roux; qu'il faut, ou la fléchir, ou souffrir
« en silence les peines qu'elle inflige, les verges,
« la prison; que lorsqu'elle t'envoie aux com-
« bats recevoir des blessures et la mort, ton
« devoir est d'obéir; que c'est un crime de fuir,
« de céder, de quitter le poste qu'elle t'assigne;
« que tu dois enfin, et sur les champs de ba-
« taille, et dans les tribunaux, et partout, te
« soumettre aux ordres de ton gouvernement,
« de ton pays, ou employer les voies de per-
« suasion que te laisse la justice; mais que si la
« révolte est sacrilége envers un père ou une
« mère, elle l'est encore plus envers la patrie?
« Que répondrons-nous aux lois, Criton? Est-
« ce la vérité qu'elles disent? — La vérité. » Il
faut lire dans le texte même tout ce morceau;
il est simple et sublime.

Cette figure se borne souvent à apostropher
des choses insensibles : « *Glaive du Seigneur,*
« s'écrie Bossuet dans l'oraison funèbre de
« Marie-Thérèse d'Autriche, *glaive du Sei-*
« *gneur, quel coup vous venez de frapper !* »

La prosopopée amène quelquefois le *dialogisme*. Ainsi, dans le plaidoyer pour Sext. Roscius d'Amérie, c. 19, Cicéron feint un court dialogue entre lui-même et l'accusateur; supposition oratoire qui a beaucoup de rapport avec la subjection : « Roscius a voulu déshéri- « ter son fils! pour quelle raison?—Je l'ignore. « — L'a-t-il déshérité? — Non. — Qui l'en a « empêché?—Il en avait l'intention. — A qui « l'a-t-il dit?—A personne. » Le dialogisme, selon quelques anciens, consiste le plus souvent à donner à chacun de ceux que l'on met en scène le langage convenable à sa situation. Cicéron, dans cet ouvrage de sa jeunesse intitulé *Rhétorique à Herennius* [1], pour s'exercer dans l'art de rendre ainsi le discours dramatique, fait agir et parler le vainqueur et le vaincu; et nous retrouvons dans ce tableau toute l'horreur des guerres civiles de Marius et de Sylla, dont le jeune auteur venait d'être témoin, l'impunité du meurtre, le bruit des armes, le silence des lois. « La ville était inon- « dée de soldats, et les habitants effrayés se « renfermaient chez eux; le lâche, tout cou- « vert de ses armes, un javelot à la main, ac- « compagné de cinq jeunes gens armés comme « lui, se précipite dans la maison, et s'écrie « d'une voix terrible : Où est l'heureux mortel

1. IV, 52.

« à qui appartient ce logis? que ne vient-il?
« pourquoi ce silence? La crainte ferme la
« bouche à tout le monde. Seule, la femme de
« ce malheureux citoyen, fondant en larmes,
« et se jetant aux pieds du vainqueur : Epar-
« gnez-nous, dit-elle, et au nom de tout ce
« que vous avez de plus cher, prenez pitié de
« nous; n'immolez pas une famille qui respire
« à peine; soyez modéré dans la fortune; nous
« fûmes heureux comme vous; songez que
« vous êtes homme. Mais lui : Pourquoi ne
« me livres-tu pas ton mari, sans me fatiguer
« de tes lamentations? il n'échappera pas. Ce-
« pendant on annonce au maître de la maison
« qu'un furieux a violé son asile, et qu'il me-
« nace à grands cris de tout passer au fil de
« l'épée. A cette nouvelle : Gorgias, dit-il,
« fidèle gouverneur de mes enfants, cachez-
« les, veillez sur eux, et faites qu'ils puissent
« arriver à l'adolescence ! A peine avait-il
« achevé que son ennemi lui crie : Tu oses
« donc ne pas obéir tout de suite à mes ordres,
« et ma voix ne t'a pas glacé d'effroi? Satisfais
« ma haine, et que ton sang apaise ma colère.
« Alors ce vieillard courageux lui répond : Je
« craignais d'être réellement vaincu; mais, je
« le vois, tu ne veux pas comparaître avec moi
« devant les tribunaux, où la défaite est hon-
« teuse, et le triomphe glorieux; tu veux me
« tuer. Eh bien ! je périrai assassiné, mais

« non vaincu. Comment, réplique le barbare,
« tu choisis l'instant de la mort pour parler
« par sentences, et tu ne veux pas supplier
« celui que tu vois tout-puissant? Non, s'écrie
« la femme, il vous implore, il vous supplie ;
« mais vous, laissez-vous toucher. O mon
« époux ! au nom des dieux, embrasse ton
« maître ; il t'a vaincu ; cherche à te vaincre
« toi-même. — Ne cesseras-tu pas, ô femme
« chérie, de tenir des discours indignes de
« moi? Ne songe plus à ton époux, songe à
« ton devoir. Et toi, pourquoi balances - tu à
« m'arracher la vie et à déchaîner les furies
« contre toi? Le farouche vainqueur repousse
« alors la femme qui s'efforçait de l'attendrir
« par ses larmes ; et comme le père de famille
« allait proférer encore quelques mots qui au-
« raient été dignes de son courage, l'assassin
« le perça de son épée. » Il me semble, ajoute
Cicéron, que dans cet exemple on a donné un
langage convenable à tous ceux qu'on fait parler, et c'est la première règle de cette figure. Il
y a aussi des dialogismes par hypothèse ; ainsi :
« Que pensez-vous que l'on dise, si vous por-
tez cette sentence ? Ne dira-t-on pas, etc. » et
l'on suppose le discours.

Dans le dialogisme que nous venons de
transcrire, se montre à plusieurs reprises une
autre figure nommée *obsécration*, c'est-à-dire
prière, instances, supplications. Ainsi, dans le

Télémaque, Philoctète dit à Néoptolème : « O
« mon fils ! je te conjure par les mânes de ton
« père, par ta mère, par tout ce que tu as de
« plus cher sur la terre, de ne pas me laisser
« seul dans les maux que tu vois ! »

On y trouve aussi l'*imprécation*, figure par
laquelle on invoque le ciel, les enfers, ou quelque puissance supérieure contre un objet odieux.
*Dii te perduint, fugitive ! ita non modo ne-
quam et improbus, sed fatuus et amens es.*
(Cic., *pro Dejot.*, c. 7.)

> Règne, de crime en crime enfin te voilà roi...
> Et pour vous souhaiter tous les malheurs ensemble,
> Puisse naître de vous un fils qui me ressemble !
>
> (CORNEILLE, *Rodogune*.)

Il suffit d'indiquer le rapport de ces deux
figures avec l'*optation* qui exprime un vœu :
*Vellem, dii immortales fecissent, patres con-
scripti, ut vivo potius Serv. Sulpicio gratias
ageremus, quam honores mortuo quæreremus.*
(Cic., *Philippic.*, IX, 1.)

L'*hypotypose* peint l'objet avec des couleurs
si vives et des images si vraies, qu'elle le met
en quelque façon sous les yeux.

> Illum absens absentem auditque videtque.
>
> (*Æneid.*, IV, 83.)

Cicéron nous représente ainsi Verrès : *Stetit
soleatus prætor populi romani, cum pallio*

purpureo tunicaque talari, muliercula nixus in littore (Verrin., V, 33). Quintilien (VIII, 3) développe d'une manière admirable toute la force et toute l'énergie de cette courte description. Qu'on change en effet quelques mots, et qu'on en dérange d'autres, en mettant *stetit Verres in littore,.... cum muliere colloquens,* cet excellent tableau perdra une grande partie de sa vivacité et de ses couleurs. La principale beauté consiste à peindre un préteur du peuple romain dans l'attitude où le représente Cicéron, appuyé nonchalamment sur une femme : ces deux mots, *muliercula nixus,* sont une peinture parlante. *In littore,* réservé pour la fin, y ajoute un dernier trait, et marque la licence effrénée de Verrès, qui, paraissant en cette indigne posture sur le rivage et aux yeux de tout le monde, semble braver insolemment la bienséance et l'honnêteté publique [1].

Virgile peint en un vers et demi la consternation de la mère d'Euryale au moment qu'elle apprit sa mort :

> Miseræ calor ossa reliquit;
> Excussi manibus radii, revolutaque pensa.

> (*Æneid.,* IX, 475.)

Dans ces vers de Racine :

> Un poignard à la main, l'implacable Athalie
> Au carnage animait ses barbares soldats;

[1] Rollin.

ce seul trait, *un poignard à la main*, fait une image. Mais d'ordinaire l'hypotypose a plus d'étendue ; elle copie l'objet par différents traits rassemblés ; et ainsi elle amène l'accumulation, qui ramasse toutes les circonstances avec force et vivacité sous un seul point de vue.

Peindre, c'est non-seulement décrire les choses, mais en représenter toutes les circonstances d'une manière si vive et si sensible, que l'auditeur s'imagine presque les voir. Par exemple, un froid historien qui raconterait la mort de Didon, se contenterait de dire : Elle fut si accablée de douleur après le départ d'Enée, qu'elle ne pût supporter la vie ; elle monta au haut de son palais ; elle se mit sur un bûcher, et se tua elle-même. En écoutant ces paroles, vous apprenez le fait, mais vous ne le voyez pas. Ecoutez Virgile, il le mettra devant vos yeux. N'est-il pas vrai que, quand il ramasse toutes les circonstances de ce désespoir, qu'il vous montre Didon furieuse, avec un visage où la mort est déjà peinte, qu'il la fait parler à la vue de ce portrait et de cette épée, votre imagination vous transporte à Carthage ; vous croyez voir la flotte des Troyens qui fuit le rivage, et la reine, que rien n'est capable de consoler ; vous entrez dans tous les sentiments qu'eurent alors les véritables spectateurs ? Ce n'est plus Virgile que vous écoutez ; vous êtes trop attentif aux dernières paroles de la malheureuse Didon pour penser à lui. Le poëte disparaît ; on ne voit plus que ce qu'il fait voir, on n'entend plus que ceux qu'il fait parler [1].

Lisez la description de la mort d'Hippolyte dans Racine ; on y sent un cœur touché, on est touché soi-même par la force de la peinture. C'est le propre de la poésie : *ut pictura poesis;* et Homère est le plus grand des poëtes, parce qu'il est le plus grand des peintres [2].

Nous avons cité des exemples des poëtes pour faire mieux comprendre la force de cette figure; car la peinture est encore plus vive dans les poëtes que dans les orateurs. La poésie ne diffère ici de la prose oratoire qu'en ce qu'elle peint avec enthousiasme et par des traits plus hardis. La prose a ses peintures, quoique plus modérées ; sans ces peintures, on ne peut échauffer l'imagination de l'auditeur, ni exciter ses passions. Cicéron (*de Orat.* , 1, 28) exige de l'orateur la diction presque des poëtes, *verba prope poetarum ;* ce *presque* dit tout.

Nous pouvons comprendre sous le nom général d'hypotypose :

1° L'*effiction* ou la *prosopographie* , qui représente les traits extérieurs d'une personne, le visage, l'air, le maintien. Nous venons d'en voir des exemples.

1. Fénelon.
2. Crevier.

2° L'*éthopée*, représentation des mœurs, qui décrit les vertus ou les vices, les qualités ou les défauts. Salluste : « L. Catilina, né d'une famille « patricienne, eut en partage la force du corps « et de l'âme, mais un esprit méchant, un « cœur pervers. Les guerres civiles, les meur- « tres, les brigandages, les factions charmèrent « son premier âge, et devinrent les soins de sa « jeunesse. Il opposait à l'excès du froid, de « la faim et des veilles, une incroyable fermeté. « Hardi, artificieux, souple ; capable de tout « feindre et de tout dissimuler ; avide du bien « d'autrui, prodigue du sien, il joignait à « toutes les passions ardentes une élocution « facile, mais peu de jugement : cet esprit « démesuré ne formait que des vœux exces- « sifs, chimériques, trop grands pour sa for- « tune. »

3° De la réunion de la *prosopographie* et de l'*éthopée*, se forme le *caractère* ou *portrait* (*notatio*), qui nous montre en action le personnage tout entier. Le caractère du faux riche ou du glorieux, dans la Rhétorique à Herennius, IV, 50, mérite d'être comparé à ceux qu'on admire dans Théophraste et La Bruyère.

4° La *chronographie* caractérise le temps d'un événement par le détail des circonstances :

Nox erat, et placidum carpebant fessa soporem

Corpora per terras ; silvæque et sæva quierant
Æquora , etc.　　　　　　　　(*Æneid.*, IV , 521.)

5° La *topographie* nous fait voir le lieu de la scène, un temple, un palais, un paysage, etc. Telle est celle de la grotte de Calypso qui commence le Télémaque. On peut y joindre le tableau de Jérusalem tracé, dans le livre XVII des Martyrs, par un grand écrivain de nos jours, qu'il est déjà permis de citer.

6° La *démonstration* ou *description* (διατύπωσις, ἐνάργεια, διαγραφή) rassemble quelquefois toutes les espèces d'hypotyposes, l'extérieur, les sentiments, les lieux, etc. Voyez la tempête du premier livre de l'Enéide, la prise de Troie au second livre, et tant d'autres tableaux qui nous mettent sous les yeux la chose même. Cicéron, jeune encore, et voulant, pour s'exercer au style oratoire, donner un exemple de cette figure, décrit ainsi la mort de Tib. Gracchus [1] : « Dès qu'il voit que le peuple chancelle et semble craindre que l'autorité du « sénat ne change les projets de son tribun, il « convoque l'assemblée publique. Cependant « un citoyen pervers , tout rempli de pensées « funestes et criminelles , s'élance du temple « de Jupiter, le visage trempé de sueur, l'œil « en feu, les cheveux hérissés, et la toge relevée au-dessus du genou, afin de marcher

----

1. *Rhetor. ad Herenn.*, IV , 55.

« plus vite avec ses complices. Le crieur or-
« donne qu’on écoute Gracchus : son ennemi,
« pressant du pied un des siéges, le brise, et
« commande aux autres d’en faire autant. Au
« moment où Gracchus commence la prière
« aux dieux, on se précipite impétueusement
« sur lui; de toutes parts on vole, on s’as-
« semble; et un homme du peuple s’écrie :
« Fuis, Tibérius, fuis, ne vois-tu pas qu’on
« va te massacrer? regarde. Alors la multitude
« inconstante, saisie d’une terreur soudaine,
« prend la fuite. L’assassin, écumant de rage,
« respirant le crime, et n’ayant plus de senti-
« ment que pour la cruauté, roidit son bras ;
« et tandis que Gracchus doute encore, mais
« ne recule pas, il le frappe à la tempe. Grac-
« chus, sans flétrir sa vertu par une seule
« plainte, tombe en silence. Le meurtrier, ar-
« rosé du sang d’un bon citoyen, s’avance la
« tête haute comme s’il eût fait une belle ac-
« tion, présente gaiement sa main sacrilége à
« ceux qui se réjouissent avec lui, et retourne
« au temple de Jupiter. »

L’*accumulation*, figure que son nom même
définit, et qui, comme on l’a vu, entre souvent
dans l’hypotypose, peut se rapporter au lieu
commun de *l’énumération des parties* et à
celui des *circonstances*.

L’*ironie* (ou *contre-vérité*) s’emploie lorsqu’on dit précisément le contraire de ce qu’on

pense et de ce qu'on veut faire entendre. L'ironie socratique est fameuse dans l'antiquité.
Cicéron (*in Pison.*, c. 24) a recours à cette
figure pour se moquer de Pison, qui disait
que, s'il n'avait pas triomphé de la Macédoine,
c'était parce qu'il n'avait jamais souhaité les
honneurs du triomphe : « Que Pompée est
« malheureux de ne pouvoir plus t'imiter ! il
« s'est mépris, il n'avait pas étudié sous les
« mêmes philosophes que toi. L'insensé ! il a
« déjà triomphé trois fois. J'en rougis pour
« vous, Crassus : quoi ! après avoir terminé
« une guerre formidable, vous avez demandé
« au sénat, avec tant d'empressement, la cou-
« ronne de laurier ! etc. »

Despréaux, voulant donner Quinault pour
un mauvais poëte, a dit, par ironie :

Je le déclare donc, Quinault est un Virgile.

Le public n'a pas confirmé le jugement de
Despréaux, jugement insoutenable sur le Par-
nasse, dit Fontenelle, et recevable seulement
dans un tribunal infiniment respectable, où
le satirique lui-même n'eût pas trouvé son
compte.

Expression favorite de l'enjouement, du mépris, de la colère, l'ironie est quelquefois la
dernière ressource de la fureur et du désespoir.
Oreste apprend qu'Hermione n'a pu survivre à

Pyrrhus, qu'il vient lui-même d'immoler ; il s'écrie :

> Grâce aux dieux, mon malheur passe mon espérance !
> Oui, je te loue, ô ciel, de ta persévérance !

Et il termine cette affreuse ironie par un vers qui y met le comble :

> Eh bien ! je meurs content, et mon sort est rempli.

Dans la situation d'Oreste, dit La Harpe, ce mot, *je meurs content,* est le sublime de la rage.

L'*astéisme*, qui déguise le blâme sous le voile de la louange, et réciproquement, est une espèce d'ironie. Ce tour, comme le mot l'exprime, porte surtout le caractère de l'urbanité. Ainsi Virgile, *Eclog.,* III, 90 :

> Qui Bavium non odit, amet tua carmina, Mævi.

L'*hyperbole* donne à l'objet dont on parle quelques degrés de plus ou de moins qu'il n'en a dans la réalité. Elle est l'effet d'une imagination vivement frappée, à qui les expressions ordinaires paraissent trop faibles. Sénèque a dit : *In hoc omnis hyperbole extenditur, ut ad verum mendacio veniat* (*de Benef.,* VII, 23) ; et La Bruyère après lui : « L'hyperbole exprime au delà de la vérité pour ramener l'esprit à la mieux connaître. »

Virgile dépeint ainsi la légèreté à la course de l'amazone Camille :

> Illa vel intactæ segetis per summa volaret
> Gramina, nec teneras cursu læsisset aristas;
> Vel mare per medium, fluctu suspensa tumenti,
> Ferret iter, celeres nec tingeret æquore plantas.
>
> (Æneid., VII, 808.)

Fléchier s'est servi de cette figure lorsqu'il a dit comme un poëte : « Des ruisseaux de « larmes coulèrent des yeux de tous les habi- « tants. » Mais, observe Quintilien (VIII, 6), on doit user sobrement de l'hyperbole, et craindre de tomber dans l'enflure. Souvent, pour vouloir porter trop haut l'hyperbole, on la détruit ; la corde de l'arc, pour être trop tendue, se relâche[1]. C'est le vice de ces vers de Brébeuf, que la satire n'a pas épargnés :

> De morts et de mourants cent montagnes plaintives,
> D'un sang impétueux cent vagues fugitives.

Celui qui *soupirait* de voir Louis XIV à l'étroit dans le Louvre, et qui disait :

> Une si grande majesté
> A trop peu de toute la terre   (*De Cailly*),

est pareillement tombé dans une exagération puérile. Pourquoi imitait-il Martial ?

> Hæc, Auguste, tamen, quæ vertice sidera pulsat,
> Par domus est cœlo ; sed minor est domino.
>
> (VIII, 36.)

---

1 Τὸ γὰρ ἐνίοτε περαιτέρω προεκπίπτειν, ἀναιρεῖ τὴν ὑπερβολὴν, καὶ τὰ τοιαῦτα ὑπερτεινόμενα χαλᾶται. Longin, c. 31, *al.* 38.

La *litote* ou *diminution*, qui peut être regardée comme une autre espèce d'hyperbole, dit moins pour faire entendre plus. Ce tour, pris à la lettre, paraît affaiblir la pensée ; mais les idées accessoires en font sentir toute la force. Quand Chimène dit à Rodrigue (*Cid*, III, 4) : *Va, je ne te hais point*, elle lui fait entendre bien plus que ces mots-là ne veulent dire. Horace (*Od.*, I, 28, 14) désigne Pythagore par ces mots, *non sordidus auctor naturæ verique*; Virgile (*Eclog.*, II, 25) fait dire à Corydon, *Nec sum adeo informis* : ce sont deux exemples de la litote ; le premier fait entendre clairement que Pythagore est un philosophe de la plus grande autorité ; le second, que c'est par une espèce de pudeur que Corydon ne dit pas affirmativement ce qu'il pense de sa beauté. Ainsi cette figure est quelquefois l'expression de la fausse modestie.

Quand la litote veut réellement dire moins, c'est alors l'*exténuation*; comme si l'on n'appelait que *sévère* celui qui est *cruel*, *économe* celui qui est *avare*, ou si l'on donnait à un crime énorme le nom de *faute légère*, à une méchanceté atroce celui de *fragilité pardonnable, etc.* C'est donc cette figure, et non la litote qui est opposée à l'hyperbole ; ôtez à l'une, ajoutez à l'autre, vous aurez la vérité.

La *signification* (ou *emphase*) laisse à deviner aussi plus qu'elle n'exprime : « Garde-

« toi , Saturninus, d'avoir trop de confiance
« dans cette multitude qui t'environne. Les
« Gracques sont morts et ne sont pas vengés [1]. »
Ainsi, dans Racine :

> Est-ce Monime, et suis-je Mithridate ?

La *périphrase* ou *circonlocution* exprime ,
au contraire, par un circuit de paroles, ce
qu'on aurait pu dire en moins de mots , mais
d'une manière moins gracieuse ou moins
noble. On se sert de périphrases pour l'ornement du discours, surtout en poésie. Homère
exprime ainsi le commencement du jour :
L'Aurore ouvre avec ses doigts de roses les
portes de l'Orient [2]. On s'en sert encore pour
envelopper des idées basses ou rebutantes, que
rappellerait le terme propre. Voyez, dans Sé-
miramis , comme l'idée des médicaments est
ennoblie :

> Ces végétaux puissants qu'en Perse on voit éclore,
> Bienfaits nés dans ses champs de l'astre qu'elle adore.
>
> (VOLT., *Sémiram.*, act. IV , sc. 2.)

Corneille , dans Polyeucte :

> Ainsi du genre humain l'ennemi vous abuse.

Le mot propre eût été ridicule.

Enfin la passion a aussi ses périphrases. Dans
la tragédie de Britannicus , où Néron est appelé

______

1. *Rhetor. ad Herenn.*, IV , 54.
2. *Voy.* Aristote, *Rhét.*, III , 2.

César, *empereur*; *Domitius*; Agrippine lui trouve un autre nom, quand elle veut le rendre méprisable :

> D'un côté, l'on verra le fils d'un empereur
> Redemandant la foi jurée à sa famille,
> Et de Germanicus on entendra la fille;
> De l'autre, l'on verra le fils d'Ænobarbus.

Britannicus est ici le fils d'un empereur; Agrippine est la fille de Germanicus, tant chéri des Romains; et Néron n'est que le fils de Domitius Ænobarbus [1].

Toutes les fois, dit Voltaire, qu'un mot présente une image ou basse, ou dégoûtante, ou comique, ennoblissez-le par des images accessoires; mais aussi ne vous piquez pas de vouloir ajouter une grandeur vaine à ce qui est imposant par soi-même. Si vous voulez exprimer que le roi vient, dites : *le roi vient;* et n'imitez pas ce poëte qui, trouvant ces mots trop communs, dit :

> Ce grand roi roule ici ses pas impérieux.

Il n'y a point de figure dont l'usage s'étende plus loin que la périphrase, pourvu qu'on ne la répande point partout sans choix et sans mesure; car aussitôt elle languit et rend le discours lâche et diffus [2].

1. Racine le fils.

2. Longin, c. 24, *al.* 29.

L'antithèse oppose les mots aux mots, les pensées aux pensées :

Vicieux, pénitent, courtisan, solitaire,
Il prit, quitta, reprit la cuirasse et la haire.

(Henriade.)

Cette figure, quand elle naît du sujet et qu'elle est placée à propos, produit un bel effet. Phocas, dans l'Héraclius de Corneille, voyant Héraclius et Martian se disputer le titre de fils de Maurice, et ne vouloir ni l'un ni l'autre être regardés comme fils de Phocas, s'écrie avec douleur :

O malheureux Phocas! O trop heureux Maurice !
Tu recouvres deux fils pour mourir après toi,
Et je n'en puis trouver pour régner après moi !

(Act. IV, sc. 4.)

Ici l'antithèse est la chose même, et elle devient non-seulement brillante, mais pathétique. Elle est noble et élevée dans ces paroles de Bossuet : « Malgré le mauvais succès de ses armes « infortunées (il parle de Charles Ier, roi d'An- « gleterre), si on a pu le vaincre, on n'a pu le « forcer ; et comme il n'a jamais refusé ce qui « était raisonnable, étant vainqueur, il a tou- « jours rejeté ce qui était faible et injuste, étant « captif. »

Tous les contrastes nous frappent, parce que les choses en opposition se relèvent toutes les deux : ces sortes de surprises font le plaisir que l'on trouve dans toutes les antithèses et figures pareilles. Quand Florus dit : « Sore et Algide, qui le croirait? nous ont été formidables ; Satrique et Cornicule étaient des provinces ; nous rougissons des Bovilliens et des Véruliens, mais nous en avons triomphé ; enfin, Tibur, notre faubourg, Préneste, où sont nos maisons de plaisance, étaient le sujet des vœux que nous allions faire au Capitole (I, 11), » cet auteur nous montre en même temps la grandeur de Rome et la petitesse de ses commencements ; et l'étonnement porte sur ces deux choses.

Le même historien, en parlant des Samnites, dit que leurs villes furent tellement détruites, qu'il est difficile de trouver à présent le sujet de vingt-quatre triomphes : *ut non facile appareat materia quatuor et viginti triumphorum* (I, 16). Et par les mêmes paroles qui marquent la destruction de ce peuple, il fait voir la grandeur de son courage et de son opiniâtreté [1].

Pour que cette figure soit irréprochable, il faut qu'elle porte sur un fond vrai et solide, et qu'elle ne roule pas sur des mots vides de sens. Observons toujours combien est grande la différence entre les antithèses d'idées et les antithèses d'expressions. Le vieux poëte Bertaut se

[1] Montesquieu.

rappelle tous les égarements de son cœur ; il s
plaint des étranges détours

Où, *dit-il*, me cherchant, j'ai perdu tant de jours,
Où me perdant, j'ai trouvé tant de peines.

Voilà de l'extravagance. Mais, quelque solid
que soit l'antithèse, si elle est trop répétée, ell
déplaît par l'air de recherche et par l'unifor
mité qu'elle met dans le style. C'est ce défau
qui dépare un peu le mérite de Fléchier et d
plusieurs de nos poëtes. L'esprit aime les con
trastes, dit Montesquieu ; mais le tour de phras
toujours le même et toujours uniforme dé
plaît extrêmement : ce contraste perpétuel de
vient symétrie, et cette opposition toujour
recherchée devient uniformité.

Quand les choses qu'on dit sont naturelle
ment opposées les unes aux autres, il faut
marquer l'opposition. Ces antithèses-là sont
naturelles, et font sans doute une beauté solide ; alors c'est la manière la plus courte et la
plus simple d'exprimer les choses. Mais chercher un détour pour trouver une batterie de
mots, cela est puéril. D'abord les gens de mauvais goût en sont éblouis ; mais dans la suite
ces affectations fatiguent l'auditeur. Connaissez-vous l'architecture gothique ? avez-vous
remarqué ces roses, ces points, ces petits ornements coupés et sans dessein suivi ? Voilà
en architecture ce que sont dans l'éloquence

les petites antithèses et les autres jeux de mots [1].

De l'antithèse est née une figure appelée par les anciens ὀξύμωρον, tour finement fou, parce qu'il mêle à la raison un air d'absurdité, et par les modernes, *tour de paradoxe*, parce qu'il affirme ou nie d'une même chose les deux contraires. On a proposé de nommer aussi cette figure *antilogie*, contradiction. Ainsi, dans le discours de Cicéron contre Cécilius, chap. 6, *etiam si tacent, satis dicunt;* dans la première Catilinaire, chap. 28, *quum tacent, clamant;* dans le remercîment pour le rappel de Marcellus, chap. 4, *ipsam victoriam vicisse videris;* dans le traité de l'Amitié, chap. 7, *quocirca et absentes adsunt, et egentes abundant, et imbecilles valent, et, quod difficilius dictu est, mortui vivunt.*

Présente, je vous fuis; absente, je vous trouve.
(RACINE, *Phèdre*.)

Fontenelle disait à un ministre plus digne cependant de blâme que d'éloge : *Vous avez travaillé vingt ans à vous rendre inutile.* Bossuet, à madame de La Vallière : « Echappez-vous à vous-même, sortez de vous-même, etc. » Il est aisé de voir qu'on peut rapporter à cette figure tout ce que nous avons dit sur les alliances de mots.

1. Fénelon.

La *comparaison*, au lieu d'opposer ainsi les idées, rapproche deux choses qui se ressemblent, soit par plusieurs côtés, soit par un seul : c'est une *métaphore* continuée. L'effet de cette figure est de donner plus de grâce au discours ou plus de force et de clarté au raisonnement. La poésie aime à se parer de comparaisons riches, grandes, expressives. On en voit un exemple dans ces beaux vers de la Henriade :

> Tel qu'échappé du sein d'un riant pâturage,
> Au bruit de la trompette animant son courage,
> Dans les champs de la Thrace un coursier orgueilleux,
> Indocile, inquiet, plein d'un feu belliqueux,
> Levant les crins mouvants de sa tête superbe,
> Impatient du frein, vole et bondit sur l'herbe;
> Tel paraissait d'Egmont, etc.

Et dans ceux-ci, où le même poëte représente d'Aumale désolant l'ennemi par ses fréquentes sorties, sous les traits d'un aigle ou d'un vautour qui se jette sur sa proie :

> Tels du fond du Caucase ou des sommets d'Athos,
> D'où l'œil découvre au loin l'air, la terre et les flots,
> Les aigles, les vautours aux ailes étendues,
> D'un vol précipité fendant les vastes nues,
> Vont dans les champs de l'air enlever les oiseaux;
> Dans les bois, sur les prés déchirent les troupeaux,
> Et dans les flancs affreux de leurs roches sanglantes
> Remportent à grands cris ces dépouilles vivantes.

Les orateurs, sans se permettre trop souvent de telles comparaisons, ne se les interdisent pas. Bossuet, dans l'éloge de la reine

d'Angleterre, voulant la peindre seule debout
au milieu d'une révolution qui avait renversé
le monarque et le trône, exprime sa pensée
par cette image : « Comme une colonne dont
« la masse solide paraît le plus ferme appui
« d'un temple ruineux, lorsque ce grand édi-
« fice qu'elle soutenait fond sur elle sans
« l'abattre ; ainsi la reine se montre le ferme
« soutien de l'État, lorsqu'après en avoir
« porté le faix, elle n'est pas même courbée
« sous sa chute. »

Thomas présente une belle comparaison morale dans son éloge de Sully : « L'idée seule de
« Sully, dit-il, était pour Henri IV ce que la
« pensée de l'Etre suprême est pour l'homme
« juste, un frein pour le mal, un encourage-
« ment pour le bien. »

Les comparaisons doivent être vraies, nobles, employées à propos et avec discrétion.
Prodiguées, elles blessent et importunent.
Quand on rapproche deux hommes illustres,
la comparaison se nomme *parallèle*.

L'*allusion* est une comparaison qui se fait
dans l'esprit, et par laquelle on dit une chose
qui a du rapport à une autre, sans faire une
mention expresse de celle-ci ; elle se tire de
l'histoire, de la fable, des coutumes, des
mœurs, de quelque parole ou maxime célèbre.

« Enfin, comme il l'avait prévu (Louis XIV),
« il voit ses ennemis, après bien des confé-

« rences, bien des projets, bien des plaintes
« inutiles, contraints d'accepter ces mêmes
« conditions qu'il leur a offertes, sans avoir pu
« en rien retrancher, y rien ajouter, ou pour
« mieux dire, sans avoir pu, avec tous leurs
« efforts, s'écarter d'un seul pas du cercle étroit
« qu'il lui avait plu de leur tracer. » (Racine,
Discours à l'Académie.) On reconnaît ici le
cercle de Popilius.

La *gradation*, que l'on pourrait aussi
joindre, comme nous l'avons dit, aux figures
de mots, monte ou descend par degrés d'une
chose à une autre. Tel est cet endroit de
Cicéron (*in Verr.*, V, 66) : « C'est un crime
« de mettre aux fers un citoyen romain ; c'est
« un attentat de le battre de verges ; c'est
« presque un parricide de le faire mourir : que
« sera-ce de l'attacher à une croix ? » Ailleurs
il dit à Atticus (*Ep. ad Att.*, II, 23) ; *Si dor-
mis, expergiscere ; si stas, ingredere ; si ingre-
deris, curre ; si curris, advola.* Dans cette
autre période du même auteur (*in Catil.*, I,
3), la gradation est *descendante* d'abord, et
ensuite *ascendante* : *Nihil agis, nihil moliris,
nihil cogitas, quod ego non modo non audiam,
sed etiam non videam, planeque sentiam.* « Tu
ne fais rien, tu ne trames rien, tu ne projettes
rien que je n'apprenne, ou plutôt que je ne
voie et ne pénètre. »

La *prolepse* (ou *antéoccupation*) prévient

l'objection pour la réfuter d'avance ; c'est un tour adroit qui élude, qui affaiblit du moins les raisons que l'adversaire ne manquerait pas de présenter avec beaucoup de force : elles perdent ainsi le mérite et l'effet de la nouveauté. On pouvait reprocher à Despréaux son goût pour la satire, et la manière dont il traitait Chapelain. Il prévient cette objection, et y répond :

> Il a tort, dira l'un ; pourquoi faut-il qu'il nomme ?
> Attaquer Chapelain ! ah ! c'est un si bon homme ;
> Balzac en fait l'éloge en cent endroit divers.
> Il est vrai, s'il m'eût cru, qu'il n'eût point fait de vers ;
> Il se tue à rimer ; que n'écrit-il en prose ?
> Voilà ce que l'on dit. Hé, que dis-je autre chose ?
> En blâmant ses écrits, ai-je, d'un style affreux,
> Distillé sur sa vie un venin dangereux ?
> Ma muse, en l'attaquant, charitable et discrète,
> Sait de l'homme d'honneur distinguer le poëte.

Dans l'éloquence du barreau surtout, une objection pressentie, et repoussée avec art, est comme un trait déjà émoussé quand l'adversaire veut s'en servir. Cette espèce de triomphe, dont l'orateur jouit d'avance, augmente ses forces, et lui donne un air de confiance qui subjugue et entraîne les esprits.

La *suspension* est une figure qui sert à tenir l'auditeur dans l'incertitude, pour lui montrer ensuite un tout autre objet que celui qu'il attendait. Voyez un bel exemple de suspension, *Verrin.*, V, 5. Bossuet emploie ce tour à la fin

de l'oraison funèbre de la reine d'Angleterre :
« Combien de fois a-t-elle remercié Dieu hum-
« blement de deux grandes grâces, l'une de
« l'avoir fait chrétienne ; l'autre…. Messieurs,
« qu'attendez-vous? peut-être d'avoir rétabli
« les affaires du roi son fils? Non, c'est de
« l'avoir fait reine malheureuse. » On sent
quelle force la suspension donne ici au discours,
combien elle rend les auditeurs attentifs, et
contribue à faire naître dans leurs cœurs la
surprise et l'admiration. Dans le genre simple,
on connaît la fameuse lettre de madame de Sé-
vigné à M. de Coulanges : « Je vais vous mar-
« quer la chose du monde la plus étonnante, la
« plus surprenante, la plus merveilleuse, etc. »

La *prétérition* (ou *prétermission*) se fait lorsqu'on dit une chose en assurant qu'on se
gardera bien de la dire :

> Qu'est-il besoin, Nabal, qu'à tes yeux je rappelle
> De Joad et de moi la fameuse querelle,
> Quand j'osai contre lui disputer l'encensoir,
> Mes brigues, mes combats, mes pleurs, mon désespoir?
>
> (Athalie.)

> Je ne vous peindrai point le tumulte et les cris,
> Le sang de tous côtés ruisselant dans Paris,
> Le fils assassiné sur le corps de son père,
> Le frère avec la sœur, la fille avec la mère;
> Les époux expirant sous leurs toits embrasés,
> Les enfants au berceau sur la pierre écrasés.
>
> (Henriade.)

Il y a *réticence* ou *aposiopèse*, lorsque l'orateur, s'interposant lui-même au milieu de son discours, passe subitement à une autre idée. On se sert de la réticence quand on craint de s'expliquer, quand on aurait trop de choses à dire, quand on fait entendre par ce qui suit ce qu'on n'a pas voulu énoncer d'abord, et qu'on le fait plus fortement entendre que si l'on s'expliquait. Ainsi, dans le Britannicus de Racine :

> Et ce même Sénèque et ce même Burrhus
> Qui depuis..... Rome alors estimait leurs vertus.

Et dans Phèdre :

> Prenez garde, seigneur : vos invincibles mains
> Ont de monstres sans nombre affranchi les humains ;
> Mais tout n'est pas détruit, et vous en laissez vivre
> Un... Votre fils, seigneur, me défend de poursuivre ;
> Instruite du respect qu'il veut vous conserver,
> Je l'affligerais trop, si j'osais achever.

Dans la *communication*, l'orateur, plein de confiance dans son bon droit, s'en rapporte à la décision des juges, des auditeurs, de son adversaire même. C. Rabirius était accusé de crime d'Etat pour avoir pris les armes et suivi les consuls, le jour où le tribun L. Apuléius Saturninus fut tué dans une émeute sous les murs du Capitole. On répond à l'accusateur : *Tu denique, Labiene, quid faceres tali in re ac tempore, quùm ignaviæ ratio te in fugam atque in latebras impelleret, improbitas et furor L. Saturnini in Capitolium arcesseret, consules ad patriæ salutem ac libertatem vocarent? quam tandem auctoritatem, quam vocem, cujus sectam sequi, cujus imperio parere potissimum velles?* (Cic., *pro C. Rabirio, c. 8.*)

Il y a beaucoup de rapport entre cette figure et la *permission*, par laquelle on s'abandonne entièrement au pouvoir et à la volonté des autres, et qui est surtout propre à exciter la compassion [1].

La *dubitation* exprime l'incertitude de celui qui parle ; il ne sait ou ce qu'il doit dire ou ce qu'il doit faire. Cicéron (*de Orat.*, III, 56) rapporte que les ennemis mêmes de C. Gracchus ne purent s'empêcher de pleurer lorsqu'il prononça ces paroles : *Misérable ! où irai-je ? quel asile me reste-t-il ? Le Capitole ? il est inondé du sang de mon frère. Ma maison ? j'y verrais ma malheureuse mère fondre en larmes et mourir de douleur.* Voilà des mouvements. Qu'on supprime la figure, presque toute la force de la pensée disparaît. *Je ne sais où aller dans mon malheur ; il ne me reste aucun asile. Le Capitole est le lieu où l'on a répandu le sang de mon frère ; ma maison est un lieu où je verrais ma mère gémir et verser des larmes.* C'est la même chose : qu'est devenue cette vivacité ? où sont ces paroles coupées qui marquent si bien la nature dans les transports de la douleur ? La manière de dire les choses fait voir la manière dont on

―――――――――

1. *Rhetor. ad Herenn.*, IV., 29.

les sent , et c'est ce qui touche davantage l'auditeur [1]. Germanicus, haranguant ses soldats
révoltés, s'exprime ainsi dans Tacite : « Quel
« nom donner à cette foule séditieuse? Vous
« appellerai-je soldats, vous qui avez assiégé
« dans son camp le fils de votre empereur en le
« menaçant de vos armes? Citoyens, vous qui
« foulez aux pieds avec tant de mépris l'au-
« torité du sénat? Ennemis même? Non , vous
« avez violé les droits de la guerre, et ceux
« des ambassadeurs, et ceux de l'humanité. »
(*Annal.*, I, 42.)

Par la *correction* (ou *épanorthose*) l'orateur
se reprend lui-même, comme s'il voulait dire
mieux ou autre chose que ce qu'il dit. Ce tour
est très-propre à piquer et à réveiller l'attention
de l'auditeur (*Rhetoric. ad Herenn.*, IV, 26 ;
de Orat., III, 53). Fléchier, après avoir vanté
la noblesse du sang dont Turenne était sorti ,
revient sur son idée et se la reproche : « Mais
« que dis-je? il ne faut pas l'en louer ici ; il faut
« l'en plaindre : quelque glorieuse que fût la
« source dont il sortait, l'hérésie des derniers
« temps l'avait infectée. Il recevait avec ce beau
« sang des principes d'erreur et de men-
« songe ; et parmi ses exemples domestiques ,
« il trouvait celui d'ignorer et de combattre la
« vérité. »

La *licence* est un ton de liberté qui semble

____
1. Fénelon.

porté à l'excès, mais avec l'intention secrète de plaire ; car il en est de cette espèce de liberté comme de la correction : si elle est franche et qu'elle exprime les vrais sentiments de celui qui parle, elle est expression simple, et non pas tour figuré. On en trouve un exemple remarquable dans le plaidoyer *pour Ligarius*, c. 31 : « César, la guerre était commencée, elle « était presque terminée, lorsque, sans nulle « contrainte et de mon propre mouvement, je « suis allé me joindre à ceux qui s'étaient armés « contre vous. » Ce discours a un air de liberté, mais au fond il a pour but de plaire à César, et de faire l'éloge de sa clémence. Une autre intention plus louable était de sauver Ligarius, qui se trouvait dans un cas plus favorable que celui où se met Cicéron[1].

Faire une *concession*, c'est accorder quelque chose à son adversaire, mais pour en tirer sur-le-champ avantage contre lui. Cette figure est très-fréquente dans les orateurs (Cic., *pro Ligario*, c. 1 ; *pro Flacco*, c. 4 ; *pro Quintio*, c. 18 ; *in Verr.*, II, 19), et dans les poëtes :

> Je veux que la valeur de ses aïeux antiques
> Ait fourni de matière aux plus vieilles chroniques,
> Et que l'un des Capets, pour honorer leur nom,
> Ait de trois fleurs de lis doté leur écusson :
> Que sert ce vain amas d'une inutile gloire,
> Si, de tant de héros célèbres dans l'histoire,

1. Crevier.

Il ne peut rien offrir aux yeux de l'univers
Que de vieux parchemins qu'ont épargnés les vers ?
Si , tout sorti qu'il est d'une source divine,
Son cœur dément en lui sa superbe origine ,
Et, n'ayant rien de grand qu'une sotte fierté,
S'endort dans une lâche et molle oisiveté ?   (BOILEAU.)

L'*épiphonème* est une sorte d'exclamation sentencieuse qui termine un raisonnement ou un récit, comme :

. . . . . Tantæne animis cœlestibus iræ !
(*Æneid.*, I , 15.)

Tant de fiel entre-t-il dans l'âme des dévots ?
(*Lutrin*, I , 12.)

. . . . Adeo in teneris consuescere multum est !
(*Georg.*, II , 272.)

Tant de nos premiers ans l'habitude est puissante !
(DELILLE.)

Souvent l'épiphonème ramasse en une seule proposition vive et concise tout l'esprit d'une suite de vérités qui avaient été développées avec étendue. Massillon , dans son sermon *sur l'humanité des grands*, après avoir prouvé assez au long que les malheureux ont droit à la protection des grands, conclut par cette pensée, qui renferme toute la substance de ce qu'il vient d'établir : « En un mot, les grands et les princes ne sont, pour ainsi dire, que les hommes du peuple. »

L'épiphonème est le plus souvent une *sentence;* mais il termine toujours le morceau dont il dépend , au lieu que la *sentence* peut se placer partout ailleurs. La sentence est une pensée morale, un enseignement court et frappant, qui, déduit de l'observation, ou puisé dans le sens intime et la conscience, nous apprend ce qu'il faut dire ou ce qui se passe dans la vie ; c'est une espèce d'oracle. Telles sont les maximes exprimées dans les vers suivants :

> Mourir pour son pays n'est pas un triste sort,
> C'est s'immortaliser par une belle mort.
>
> (CORNEILLE.)
>
> Détestables flatteurs ! présent le plus funeste
> Que puisse faire aux rois la colère céleste.
>
> (RACINE.)
>
> Il n'est point ici-bas de moisson sans culture ;
> Le bonheur est un bien que nous vend la nature.
>
> (VOLTAIRE.)
>
> Tel brille au second rang, qui s'éclipse au premier.
>
> (*Id.*)
>
> Nous ne vivons jamais, nous attendons la vie.
>
> (*Id.*)
>
> O que la nuit est longue à la douleur qui veille !
>
> (SAURIN.)
>
> Le crime fait la honte, et non pas l'échafaud.
>
> (TH. CORNEILLE.)

Les sentences, fruit d'une réflexion froide, ne conviennent pas au langage de la passion. Placées à propos et bien exprimées, elles sont un grand ornement dans le discours ; mais, lorsqu'elles sont trop fréquentes, elles rendent le style haché, décousu, comme celui de Sénèque. Il est un art de les enchâsser dans la phrase et de les rendre moins saillantes :

« C'est alors que l'intérêt, infaillible scrutateur
« du cœur humain, vous montre à découvert
« cette injustice secrète que le magistrat ca-
« chait peut-être depuis longtemps dans la pro-
« fondeur de son cœur. » (*D'Aguesseau.*) Il y
a dans cette période une sentence : *l'intérêt,
infaillible scrutateur du cœur humain;* mais
elle entre dans le tissu du discours, et fait
corps avec lui.

Nous terminerons ici l'énumération des figures. Cicéron, après avoir montré rapidement
les ressources que les mots fournissent à l'orateur, veut indiquer aussi l'emploi des figures de
pensées, et il les met, pour ainsi dire, en
action. Nous citerons ce morceau comme une
récapitulation de nos préceptes :

« Je crois, dit-il[1], voir cet orateur que nous
cherchons présenter une seule et même chose
sous différents aspects, et amplifier une même
idée pour y fixer notre esprit; atténuer certains objets; railler avec art; s'écarter du sujet
par une digression; annoncer ce qu'il va dire;
conclure après chaque point; revenir sur ses
pas, et reprendre en peu de mots ce qu'il a
dit; donner une nouvelle force à ses preuves,
en les résumant; presser l'adversaire par de

---

1. Il ne faut pas oublier que, dans le système de Cicéron,
dont nous avons déjà parlé, *sententiarum ornamenta* ou
conformationes, signifie tous les mouvements de la pensée
dans le discours.

vives interrogations ; se répondre à lui-même, comme s'il était interrogé ; dire une chose et en faire entendre une autre ; paraître incertain sur le choix de ses pensées et de ses paroles ; établir des divisions ; omettre et négliger certaines choses ; prévenir les esprits en sa faveur ; rejeter les fautes qu'on lui impute sur son adversaire ; entrer en délibération avec les juges, et même avec sa partie ; décrire les mœurs des personnes et raconter leurs entretiens ; faire parler les choses inanimées ; distraire les esprits de la question ; exciter souvent la gaieté et le rire ; aller au-devant des objections ; offrir des comparaisons et des exemples ; distribuer une idée en plusieurs points qu'il parcourt successivement ; arrêter l'adversaire qui veut l'interrompre ; déclarer qu'il ne dit pas tout ; avertir les juges d'être sur leurs gardes ; parler avec une noble hardiesse ; s'abandonner quelquefois à la colère, aux reproches ; prier, supplier ; guérir les blessures ; se détourner un peu de son but ; faire des vœux, des imprécations ; s'entretenir familièrement avec ceux qui l'écoutent. Il rassemble toutes les autres perfections du discours ; il est vif et serré, s'il le faut ; il peint à l'imagination ; il exagère ; il laisse plus à entendre qu'il ne dit ; il s'égaye ; il trace des portraits et des caractères [1]. »

1. *Orat.*, c. 40.

Qu'on ajoute à cela, dit un écrivain qui cite ce morceau sans le traduire, tous les moyens que Cicéron indique ailleurs de rendre l'exorde insinuant, la preuve artificieuse, la péroraison pathétique, l'action et la diction propres à captiver en même temps les yeux, l'oreille et l'âme ; on concevra faiblement encore l'art oratoire de ce temps-là. Mais quelle idée on en aura surtout, si on observe, ce que Marmontel ne dit pas, que Cicéron ne parle ici que des *figures de pensées* (comme ailleurs, *de Orat.*, III, 53), et si on lit les trente derniers chapitres de l'Orateur, consacrés seulement à l'harmonie du style !

Les figures, quelles qu'elles soient, pour être employées avec avantage, doivent naître du fond même du sujet, et ne se montrer que pour revêtir d'une forme vive et brillante des pensées qui ont déjà par elles-mêmes de la force et de la vérité. C'est surtout ici qu'il faut de la mesure ; car l'abus en ce genre est d'autant plus funeste qu'il est presque toujours ridicule. Quintilien appelle les figures les yeux du discours ; mais les yeux ne doivent pas être répandus par tout le corps. *Ego vero hæc lumina orationis, velut oculos quosdam esse eloquentiæ credo ; sed neque oculos esse toto corpore velim* (VIII, 5).

QUATRIÈME PARTIE.

DE L'ACTION.

Nous avons dit que cette partie, quoique nécessaire à l'orateur , est indépendante de l'éloquence. C'est donc un orateur que nous allons laisser parler sur cette matière ; un simple rhéteur ne pourrait avoir la même autorité.

« L'action est, pour ainsi dire , l'éloquence du corps [1] ; elle se compose de la *voix* et du *geste*. La *voix* a autant d'inflexions qu'il y a de sentiments , et c'est elle surtout qui les communique. L'orateur prendra donc tous les tons convenables aux passions dont il voudra paraître animé , et qu'il se proposera d'exciter dans les cœurs.... N'a-t-on pas vu des gens qui s'exprimaient mal , par le seul mérite de l'action recueillir tous les fruits de l'éloquence ; et d'autres, qui savaient parler, ressembler à des ignorants par l'inconvenance de leur action? C'est à quoi songeait peut-être Démosthène lorsqu'il donnait à l'action le premier, le second, le troisième rang ; car, si elle est indispensable à l'éloquence, et que même sans l'éloquence elle ait tant de pouvoir, quel

1. Cicéron répète cette définition, *de Orat.*, III , 39 : *Est enim actio quasi sermo corporis.*

rang ne mérite-t-elle pas dans l'art de la parole[1]? »

On a remarqué cependant qu'il y avait quelque exagération dans ce mot de Démosthène, tant de fois cité : il semble, à l'entendre, que l'action ne soit pas seulement une des qualités importantes de l'orateur, mais que ce soit l'unique. Pour réduire sa pensée à une juste mesure, il faut dire qu'un discours médiocre, soutenu de toutes les forces et de toutes les grâces de l'action, fera plus d'effet que le plus éloquent discours qui sera dépourvu de ce charme puissant. Il est probable aussi que Démosthène n'y attache tant de prix que parce qu'il avait eu beaucoup de peine à perfectionner en lui ce mérite, et que, parlant devant un peuple inquiet, turbulent, railleur, il avait surtout senti le besoin de captiver, par l'action, les yeux et l'attention de ses juges. On peut même dire que c'était là nécessairement, dans l'antiquité, une des grandes conditions de l'éloquence : comment maîtriser une multitude agitée, comment soutenir la lutte du forum, sans tous les prestiges du geste et de la voix ?

Cicéron continue : « L'orateur qui aspire à la perfection fera donc entendre une voix forte, s'il doit être véhément ; douce, s'il est calme ; soutenue, s'il traite un sujet grave ; touchante, s'il veut attendrir. Et quel admirable instru-

1. *Orator*, c. 17.

ment que la voix, qui des trois tons, l'aigu, le grave et le moyen, forme dans le chant cette riche variété, cette élégante harmonie! Dans le discours, il y a peut-être aussi je ne sais quel chant que la prononciation dissimule ; non ce chant musical des rhéteurs phrygiens et cariens dans leurs péroraisons, mais celui dont veulent parler Démosthène et Eschine, quand ils se reprochent l'un à l'autre leurs inflexions de voix, et que Démosthène même accorde à son rival une voix douce et sonore. Une remarque à faire dans cette étude, c'est que la nature, comme pour régler elle-même l'harmonie de nos discours, nous enseigne à élever la voix sur une syllabe de chaque mot, mais sur une seule, dont la place n'est jamais en deçà de la troisième avant-dernière : l'art, pour le plaisir de l'oreille, imitera la nature. L'orateur doit désirer une belle voix ; mais s'il ne peut se la donner, il peut au moins cultiver et fortifier la sienne. Celui que nous mettons au premier rang étudiera donc les variations et les cadences de la voix ; il en parcourra, dans le bas et dans le haut, tous les tons et tous les degrés [1]. »

On trouve dans un ouvrage de la jeunesse de Cicéron quelques développements sur la prononciation ; il les donne comme absolument neufs, et c'est une preuve frappante de l'attention qu'il mit de bonne heure à étendre cette

_____
1. *Orator*, c. 18.

partie de l'art : les règles alors connues ne lui
suffisaient pas ; son génie devançait les leçons
de ses maîtres.

« Nous distinguerons dans la voix , dit-il , le
ton du simple discours , celui de la dispute, et
le ton des grands mouvements. Le ton du discours est tempéré ; il ressemble à celui du langage ordinaire. Le ton de la dispute est plus
vif, plus aigu, et on l'emploie dans la confirmation ou la réfutation. Le ton de l'amplification ou des grands mouvements est propre à
exciter dans l'âme de l'auditeur l'indignation
ou la pitié.

« On prononce sur le ton du discours les morceaux de dignité, de démonstration, de narration, de plaisanterie.... Le ton de la dispute
peut être continu ou divisé : il est continu ,
quand on précipite le débit avec force et rapidité ; il est divisé, quand les phrases animées,
retentissantes, sont entrecoupées par de nombreux repos. Le ton des grands mouvements
peut servir, tantôt à exagérer le délit pour
allumer la colère des auditeurs , tantôt à exagérer l'infortune pour les porter à la compassion.
Nous allons indiquer l'espèce de prononciation
que chaque circonstance demande.

« Le ton du discours, dans les morceaux de
dignité, exige des sons pleins, lents, modérés ;
craignez seulement trop de ressemblance avec
la déclamation tragique. Dans la démonstration,

la voix a moins de corps, et les repos sont fréquents; il faut que votre prononciation même paraisse faire entrer tour à tour et sans confusion vos preuves dans l'esprit des auditeurs. La narration exige des inflexions plus variées, qui représentent, pour ainsi dire, par les sons la nature de chaque fait et de chaque détail : avez-vous à raconter quelques discours, des questions, des réponses, des exclamations, exprimez par votre débit les affections de chaque personne et ses plus intimes sentiments. Les morceaux de plaisanterie se prononcent d'une voix doucement tremblante, et avec un ton léger de ridicule, mais sans éclat et sans bouffonnerie; ménagez avec art ce passage du discours sérieux à un badinage honnête et délicat.

« Le ton de la dispute est, suivant notre distinction, continu ou divisé. Lorsqu'il est continu, l'organe prend un peu plus de force; la voix se précipite sans interruption comme les paroles; on jette les sons et les mots avec vitesse, avec chaleur, pour que les effets de la prononciation ne soient jamais au-dessous de l'énergique volubilité de la phrase. Lorsqu'il est divisé, on fait retentir d'intervalle en intervalle des exclamations perçantes, et on a soin que chaque repos dure autant que l'exclamation même.

« Enfin, dans le ton propre aux grandes

figures de l'éloquence, si c'est l'indignation que l'orateur veut exciter, il trouve une voix pénétrante, des cris étouffés, et son débit, quoique varié, est toujours ferme, toujours rapide; si c'est la pitié, il prend une voix abattue, languissante, sans cesse entrecoupée, et qui revêt toutes les formes pour attendrir [1]. »

Il y a tant de vérité et de justesse dans ces observations, que les modernes n'ont pu que les répéter. En effet, si nous voulons imiter la nature, qui doit toujours être le type et la règle de l'art, nous verrons qu'on se recueille au lieu de déclamer, quand on expose ses raisons. Tout ce qui est preuve ou récit, tout ce qui est de pur raisonnement, demande surtout des intonations justes et simples. Mais les mouvements de l'âme veulent être accentués par les inflexions variées d'une voix tantôt élevée, tantôt adoucie, tantôt lente, tantôt précipitée, qui marquent la nuance des sentiments qu'on veut exprimer ou exciter. L'art de la musique se borne à cette seule et savante variété de sept notes, dont le retour, répété sans cesse, et toujours nouveau, paraît être ce que l'industrie humaine offre de plus merveilleux après le langage. Ce même art de varier les inflexions de la voix est aussi le grand secret de la prononciation oratoire; c'est cette continuité, ou cette diversité d'ac-

1. *Rhetor. ad Herenn.*, III, 13, 14.

cents, de mesures, de tons et de demi-tons, qui soutiennent et font ressortir les mouvements, les figures et les couleurs du discours [1].

Dans le *geste*, seconde partie de l'action, il faut craindre bien plus le trop que le trop peu. « L'orateur, dit Cicéron [2], tiendra le corps droit et élevé; il peut faire quelques pas, mais rarement et sans trop s'écarter; qu'il évite encore plus de courir dans la tribune. Il ne penchera point la tête nonchalamment; il ne gesticulera pas avec les doigts; il ne s'en servira pas pour battre la mesure. Enfin, qu'il règle tous les mouvements du corps, qu'il leur laisse toujours quelque gravité. On étend le bras, quand on parle avec force; on le ramène, quand le ton est plus modéré. Le visage, après la voix, a le plus de pouvoir dans cette partie de l'éloquence : quelle dignité, quelle grâce n'y ajoute-t-il pas! mais il ne faut ni affectation ni grimace. Réglez avec le même soin le mouvement des yeux; car si le visage est le miroir de l'âme, les yeux en sont les interprètes. Ils exprimeront, suivant la nature des pensées, la tristesse ou la joie.

« Dans les morceaux de dignité, l'orateur, sans changer de place, ne fera qu'un léger mouvement de la main droite; l'expression de

1. Maury.
2. *Orator*, c. 18.

son visage sera conforme à ses divers sentiments. Dans la démonstration, il avancera un
peu la tête; car nous nous approchons naturellement de ceux que nous voulons instruire et
persuader. La narration admet volontiers la
même attitude, la même physionomie, qui
conviennent à l'expression de la dignité. Dans
la plaisanterie, nous donnerons à notre visage
un air de gaieté, sans trop multiplier les gestes.
Voilà pour les tons du simple discours. Dans la
dispute, si le ton est continu, la gesticulation
doit être rapide, les traits mobiles, les yeux
vifs et perçants; s'il est divisé, l'orateur porte
sans cesse le bras en avant, il change de place,
son œil est fixe et plein de feu. Dans le ton des
grands mouvements, si l'on veut engager les
auditeurs à faire quelque chose, on observera,
tout en donnant au geste plus de lenteur et de
gravité, ce que nous avons recommandé pour
la dispute continue; si l'on veut les attendrir
par la plainte, on tournera ses mains contre
soi-même; on se frappera la tête; quelquefois
aussi, à un geste plus calme et plus égal, on
joindra une physionomie abattue et trou-
blée [1]. » On reconnaît ici, à quelques traits,
la déclamation violente de la tribune publique;
nous avons même retranché, *pedis dextri
rara supplosio*, mouvement qui serait trop

---

1. *Rhetor. ad Herenn.*, III, 15.
Le Clerc. *Rhétor.*   14

contraire à nos usages. Le reste nous paraît fondé sur la nature et l'expérience.

La *mémoire* peut être regardée comme une troisième partie de l'action, quoique les anciens en fassent très-souvent une cinquième partie de l'art oratoire. Cicéron n'en parle pas dans l'Orateur, et il n'en dit presque rien dans ses trois Dialogues, II, 87 ; dans les Partitions, c. 7, il se contente de rappeler en peu de mots la mémoire artificielle, dont il avait étudié autrefois [1] les singuliers préceptes. « La mémoire, dit-il, est comme la sœur de l'écriture, et elle a de nombreux rapports avec elle. L'écriture est gravée sur des tablettes qui conservent les caractères dont elle est formée ; ainsi la mémoire artificielle a certains lieux, certaines cellules où sont gravées, comme les caractères sur les tablettes, les images de ses souvenirs. » Cette prétendue science est fort obscure, tandis qu'il est incontestable que l'étude et la persévérance peuvent ici prêter à la nature les plus puissants secours. Il nous suffira donc d'observer que, par cette partie de l'art, les anciens n'entendaient presque jamais la mémoire des mots ; car Fénelon a fort bien prouvé que les orateurs n'apprenaient point par cœur les discours qu'ils prononçaient. Le plus admirable emploi de la mémoire, c'est l'improvisation. L'esprit, par

---

1. *Rhetor. ad Herenn.*, III, 16-24.

une agilité étonnante, occupé en même temps des preuves, des pensées, des expressions, de l'arrangement, du geste, de la prononciation, et allant toujours en avant et au delà de ce qui se dit actuellement, prépare de quoi fournir sans cesse et sans interruption à l'orateur, et remet ce dépôt à la mémoire, qui, d'une main fidèle, l'ayant reçu de l'invention et livré à l'élocution, le rend à l'orateur à point nommé, sans prévenir ni retarder ses ordres d'un moment [1].

Mais pour arriver à ces triomphes de la mémoire, il faut l'avoir nourrie et formée en l'accoutumant à retenir fidèlement les chefs-d'œuvre des grands orateurs et des grands poëtes. On le voit aisément : ici, comme dans les autres parties de l'action, la culture et l'exercice en apprendront beaucoup plus que les préceptes et les livres.

⸻◆⸻

CONCLUSION.

La Rhétorique, de l'aveu de Quintilien lui-même, ne donne point de règles générales et invariablement déterminées. L'éloquence ne serait pas difficile à atteindre, si l'on pouvait s'y élever par une méthode certaine et en suivant une route qui menât toujours au but. De toutes les règles, il en est une seule qui ne souffre point d'exception, celle de parler con-

1. Rollin, d'après Quintilien, X, 7.

venablement à la chose, aux personnes, aux
temps, aux lieux. Si vous vous plaignez de
l'incertitude vague des autres préceptes, si vous
demandez qui vous indiquera le choix de ces
styles, de ces figures, nous vous répondrons :
Ce sera le goût perfectionné par la lecture et
l'imitation des grands modèles. Les préceptes
utiles que nous venons de rassembler sont plus
aisés à donner qu'à mettre en pratique :

> Savoir la marche est chose fort unie ;
> Jouer le jeu, c'est le fruit du génie.
>
> J. B. R.

SUPPLÉMENT.

DES MATIÈRES DE COMPOSITION

DANS LES CLASSES DE RHÉTORIQUE.

Nous venons de recueillir les observations et les préceptes des meilleurs écrivains sur l'art de la parole, depuis Aristote jusqu'à ceux qui, dans ces derniers temps, ont approfondi avec le plus de succès les théories littéraires, et le mieux analysé les beautés oratoires. Les auteurs du premier rang nous ont fourni des exemples; et leur nom seul a dû rappeler aussitôt le souvenir de tous ces beaux ouvrages, de tous ces morceaux sublimes qui feront éternellement leur gloire, et que les maîtres d'éloquence ne se lasseront jamais de citer et de proposer pour modèles, sans avoir besoin d'être avertis par nous. Mais on a remarqué depuis longtemps que, si la plupart des lois du goût sont universelles, si les discours les moins développés ont ordinairement leur exorde et leur péroraison, cependant l'application de ces préceptes à un genre plus restreint n'est pas toujours aisé, et qu'il y a bien loin, par exemple, des grandes compositions des anciens et des modernes aux sujets que traitent les jeunes rhéteurs de nos écoles. Les maîtres ont eu à vaincre, dans tous les temps, la même difficulté.

Isocrate préparait ses auditeurs au grand théâtre des luttes judiciaires et des délibérations publiques ; mais leurs exercices oratoires n'avaient certainement pas la même étendue ni la même forme que les discours de Démosthène ; et quand L. Plotius vint donner à Rome les premières leçons d'éloquence latine, les déclamations de ses élèves ne ressemblaient sans doute ni à la seconde Philippique, ni aux plaidoyers pour Cluentius et pour Milon.

Nous allons examiner d'abord quelles furent, chez ces deux peuples, les matières de composition dans les classes d'éloquence ; nous parlerons ensuite de la méthode qu'on suit généralement aujourd'hui dans les nôtres ; et nous terminerons par quelques pièces, que l'on pourra comparer à celles que Sénèque le rhéteur et d'autres anciens ont rassemblées.

Longtemps la poésie régna seule dans les écoles des Grecs, comme dans leur littérature. Homère, disciple du poëte Phémius, qu'il a immortalisé dans l'Odyssée, enseigna lui-même la langue poétique aux jeunes gens de Chios, ἐδίδασκε τὰ ἔπεα [1]. Son Achille, élève de Phénix, avait appris de lui à chanter sur sa lyre les exploits des héros. Plusieurs siècles après, quand la prose eut succédé aux vers dans la physique, la morale, l'histoire ; quand les gou-

—

1. *Vie d'Homère* attribuée à Hérodote, c. 25.

vernements, plus régulièrement constitués, eurent donné plus d'importance et d'étendue aux délibérations publiques; quand les tribunaux eurent renoncé à l'usage austère de l'ancien aréopage, qui défendait l'éloquence, l'enseignement dut prendre une forme nouvelle et devenir plus varié. Alors parurent les maîtres connus sous le nom de sophistes; ils s'annoncèrent, suivant l'expression dont on se servait encore, comme instruisant la jeunesse dans tous les arts des Muses (πᾶσα μουσική); mais la force même des choses les obligea de sacrifier la musique, et bientôt la poésie, à des connaissances plus positives et d'un intérêt plus ordinaire. Il n'était plus temps d'amuser ses loisirs des rêves brillants de l'imagination, lorsqu'il fallait monter à la tribune pour soutenir une loi, ou paraître devant des juges pour repousser une injuste accusation.

Nous voyons cependant que ces premiers maîtres, qui enseignaient surtout la dialectique, ne donnèrent pas une attention exclusive au genre délibératif et au genre judiciaire; et si Quintilien (II, 4) a eu tort de dire, contre l'autorité de plusieurs anciens, que les sujets feints dans ces deux genres ne s'introduisirent que vers l'époque de Démétrius de Phalère, il est probable du moins que les sophistes auraient cru, en s'y bornant, restreindre l'art dans des limites trop étroites. Zénon d'Elée, Protagoras, Gorgias, Prodicus, et la plupart de ceux qui les suivirent, pour former leurs disciples aux combats de la parole, examinèrent devant eux des thèses générales, et agitèrent le pour et le contre sur toutes les questions ; ils embrassèrent ainsi tous les objets sur lesquels on peut parler, et, à l'imitation des sages qui avaient autrefois parcouru la Grèce, ils donnèrent accès dans leurs écoles à toutes les sciences naturelles et philosophiques. Plusieurs faits attestent jusqu'où fut portée cette manie de parler sur tout et de paraître tout savoir. Hippias (*de Orat.*, III, 32), aux jeux olympiques, étonna les Grecs eux-mêmes de sa vanité puérile ; et plus tard le péripatéticien Phormion (*ibid.*, II, 18) osait parler de la guerre devant Annibal.

Cicéron, qui, dans ses dialogues sur l'Orateur, réclame pour son art l'immense héritage de ces anciens maîtres d'éloquence, fait dire à Crassus (*de Orat.*, III, 31) : « Reconnaissons nos droits ; si nous méritons réellement le titre qu'on nous donne, si dans les causes civiles et criminelles, si dans les conseils publics, on a recours à l'orateur, c'est à nous, oui, c'est à nous qu'appartiennent toutes ces grandes questions que des spéculateurs oisifs, nous voyant distraits par tant d'autres soins, ont envahies comme un domaine abandonné. Ils ont même tourné l'orateur en ridicule, et c'est ce qu'a fait Socrate dans le Gorgias ; ou bien ils ont écrit sur notre art quelques traités, qu'ils ont intitulés *de l'Art oratoire*, comme si tout ce qu'ils enseignent sur la justice, le devoir, les lois et le gouvernement des Etats, sur la morale, et même sur la connaissance de la nature, n'appartenait pas également à l'orateur. Mais puisque c'est là qu'est notre bien, hâtons-nous d'aller le reprendre chez ceux qui nous en ont dépossédés.... L'orateur peut courir en liberté dans cette vaste carrière; partout il sera dans son domaine, et il trouvera aisément, sur tous les sujets, toutes les richesses oratoires. »

Cette variété infinie que les rhéteurs grecs cherchaient à répandre dans leurs leçons, cette espèce d'universalité ambitieuse dans les compositions destinées à exercer leurs élèves, ne doit pas nous étonner chez un tel peuple : sa religion poétique, la vie fabuleuse et passionnée de ses dieux, les aventures de ses héros, l'éclat de ses théâtres, la magnificence de ses jeux publics, le bruit des discussions philosophiques dont retentissaient les promenades et les gymnases, la forme même du gouvernement dans la plupart de ces petits Etats, où il fut souvent moins utile de servir ses concitoyens que de leur plaire, tous ces prestiges de la vie sociale, appelaient l'imagination des jeunes disciples de l'éloquence sur une foule d'objets intéressants et variés; et les maîtres s'empres-

saient de satisfaire cette avidité de connaître ,
de juger , de sentir , et ce besoin de trouver
des paroles pour exprimer tant de pensées ingénieuses , touchantes ou sublimes.

Les écoles des rhéteurs grecs , même quand
on s'y occupa davantage de délibérations et de
plaidoyers , conservèrent longtemps des traces
de ces prétentions aux connaissances universelles ; on les retrouve même dans leurs livres
élémentaires ; et , à une époque où ils n'avaient
plus de Gorgias , de Prodicus , d'Hippias , leurs
maîtres de rhétorique affectaient encore de
donner sur tous les genres des règles et des
exemples. Aphthonius , qui paraît ne s'être
adressé qu'à des enfants , leur faisait composer ,
comme on le voit dans ses Exercices , des apo-
logues , des narrations , des *chries* ou développements , des sentences , des lieux communs ,
des réfutations , des éloges , etc. Vers le même
temps , le nom de sophiste ayant retrouvé
quelque gloire sous les Antonins , les rhéteurs
grecs , fiers de ce titre , se remirent à parler de
tout , et les questions les plus difficiles et les
plus austères furent quelquefois le sujet de leurs
déclamations publiques. Mais au siècle de Périclès , l'union de la philosophie et de la rhétorique avait produit de grands orateurs ; elle ne
produisit alors que Philostrate , Aristide , et les
épigrammes de Lucien.

Les Romains , qui furent toujours bien moins

amis que les Grecs des longs discours, et surtout des discours inutiles, s'apercevant peut-être des inconvénients de leur méthode, renfermèrent en de certaines bornes le champ presque infini des études oratoires. Chez eux l'esprit politique effaçait tout, et leur âme, toute remplie de l'amour de la patrie et de l'orgueil de la victoire, n'avait plus de place pour ces jeux de l'imagination, qu'ils regardaient comme les amusements d'un peuple vaincu. Ils ne cultivèrent longtemps que l'éloquence pratique ; et dès qu'il s'établit à Rome des rhéteurs latins qui voulurent apprendre à la jeunesse à traiter des sujets factices, les magistrats, protecteurs des institutions de la république, s'alarmèrent ; le sénat, les censeurs fermèrent ces écoles, *où la jeunesse*, disaient-ils, *passait les jours dans l'oisiveté;* et l'un des deux censeurs qui portèrent cet édit contre les maîtres d'éloquence était l'orateur Crassus[1]. Quelle était donc l'éducation de la jeunesse romaine qui prétendait aux charges et aux distinctions ? Cicéron nous l'apprend dans l'ouvrage où il raconte ses études (*Brut.*, c. 89 et suiv.), et l'auteur du Dialogue des Orateurs (c. 34) approuve l'ancien usage. Après avoir entendu les philosophes grecs, on s'attachait à quelque orateur célèbre, on l'accompagnait au forum; c'était sur le champ de bataille qu'on apprenait à combattre.

1. Suétone, *de Clar. rhet.,* c. 1 ; Aulu-Gelle, XV, 11.

Il ne faut pas croire cependant que les jeunes Romains fussent absolument dépourvus de guides dans leurs études particulières : ils étaient assidus aux audiences des jurisconsultes, et plusieurs fréquentaient aussi les rhéteurs grecs ; Cicéron, jusqu'à sa préture, s'était exercé le plus souvent en grec, parce que ses parents, attachés à l'ancienne discipline, n'avaient pas voulu qu'il suivit les leçons du rhéteur latin L. Plotius. Il en témoigne ses regrets dans un fragment de lettre que Suétone nous a conservé [1], et bien d'autres éprouvaient sans doute les mêmes regrets que lui ; car, dès que l'interdiction fut levée, la jeunesse, qui déjà, de l'aveu de Crassus, venait en foule écouter ces maîtres (*ad quos juventus conveniat*), remplit de nouveau leurs écoles. Cicéron lui-même, quoique préteur, se dédommagea de la contrainte où l'avait retenu sa famille, et il vint entendre le rhéteur Antonius Gniphon. Il était déjà célèbre par ses courageux plaidoyers pour Roscius d'Amérie et pour une femme d'Arezzo, qu'il avait défendus, l'un contre les favoris de Sylla, l'autre contre ses lois ; il avait surtout la gloire d'avoir réduit au silence le plus grand orateur de Rome, Hortensius, plaidant pour un ami (*Orat.*, c. 38); et il venait de prononcer à la tribune son éloquent discours pour la loi Manilia. Si l'on veut savoir ce qu'il eût trouvé

1. *De Clar. rhet.*, c. 2.

chez Plotius, à quel genre de composition s'exerçaient le maître et les disciples, on en pourra juger par cet argument d'une cause usitée alors dans l'école, *in ludo*, et que Cicéron (*de Orat.*, II, 24) donne comme un exemple des sujets traités par les rhéteurs : *Lex peregrinum vetat in murum adscendere ; adscendit; hostes repulit; accusatur.* On voit que ces sujets étaient souvent imaginaires. Il y en avait aussi d'historiques, comme le procès d'Epaminondas (*de Invent.*, I, 33, 38); celui du père de Flaminius (*ibid.*, II, 17); celui d'Horace, meurtrier de sa sœur (*ibid.*, II, 26), etc. C'étaient, enfin, les mêmes matières de composition qu'au siècle de Quintilien.

Si donc, malgré les soins de ce rhéteur, la décadence de l'éloquence romaine fut alors si rapide, ce n'est point l'usage des *suasoriæ* ou harangues délibératives, et des *controversiæ* ou discours judiciaires, qu'il en faut accuser ; car cette méthode fut suivie dès qu'il y eut à Rome des écoles de rhétorique, et l'on *déclamait* déjà du temps de Cicéron (*Brut.*, c. 90). Les exercices recommandés par Quintilien (II, 5 ; X, 5; etc.), les narrations, les lieux communs, les parallèles, les thèses, les discours dans tous les genres, avaient occupé aussi la jeunesse de l'orateur romain, comme on le voit évidemment par ses premiers ouvrages didactiques. Mais d'où vient le discrédit où tombèrent peu

à peu les déclamateurs? d'où vient cette réputation d'enflure et de faux goût qu'ils méri-
tèrent, et que leurs élèves mêmes contribuèrent
à répandre? d'où vient qu'un des plus ingénieux écrivains du siècle de Néron s'amuse à
parodier d'une manière si plaisante l'éloquence
des écoles : *Hæc vulnera pro libertate publica
excepi ; hunc oculum pro vobis impendi ; date
mihi ducem, qui me ducat ad liberos meos; nam
succisi poplites membra non sustinent.* Il semble
lui-même nous apprendre ici, dès les premiers
mots (*pro libertate publica*), pourquoi ces fic-
tions oratoires ne produisaient plus le même
effet sur les jeunes esprits : c'est que les hommes
et les choses étaient changés.

Juvénal, élevé dans les cris de l'école,

faisait parler, sous la dictée de ses maîtres,
Annibal [1] et ces héros qui défendirent contre
Carthage la fortune de Rome ; et Domitien,
loin de repousser les barbares, qui dès lors
menaçaient l'empire, insultait aux armes romaines par le honteux simulacre d'un triomphe,
comme s'il ne restait plus à ceux qui avaient
déshonoré tous les honneurs, qu'à flétrir la plus
belle récompense du courage et de la victoire.
Juvénal, dans ses exercices de rhétorique, avait
aussi conseillé à Sylla d'abdiquer la dictature [2];

1. *Sat.*, X, 67.
2. *Ibid.*, I, 16.

et celui qu'on eût autrefois appelé tyran, les Romains de son temps l'appelaient *dieu*. Toutes ces matières d'éloquence, qui n'avaient rien que de naturel et de vrai lorsqu'il y avait une patrie et des lois, n'étaient alors que de vains jeux d'esprit, source inépuisable de pensées fausses, parce que tout était factice, et que l'imagination, accoutumée à d'autres spectacles, défigurait par l'exagération une grandeur qu'elle ne concevait pas.

A la place du déclamateur qui, dans l'école de Sénèque ou de Quintilien, balbutiait des mots dont il ignorait le sens, figurez-vous un jeune Romain qui, dès sa première enfance, a vu des trophées, des rois vaincus, de vrais triomphes, et qui tout à l'heure vient d'entendre Sergius Silus, défenseur de Plaisance, libérateur de Crémone, montrant les cicatrices de vingt blessures, et prouvant à ses collègues, qui veulent l'exclure des sacrifices parce qu'il a perdu la main droite, que les dieux, dont il a imploré le secours avant chaque victoire, ne rejettent pas les vœux du soldat blessé [1] : il pourra, s'il veut reproduire à son tour les sentiments d'un brave obligé de rappeler sa gloire, il pourra dire, comme le déclamateur, mais avec justesse, avec vérité, mais avec cette conviction profonde qui se communique au langage quand on parle de ce qu'on sait et de

1. Pline, *N.H.*, VII, 8 ; Solin, chap. 1, etc.

ce qu'on a vu : *Hæc vulnera pro libertate publica excepi !*

Ce genre de composition n'est donc pas en lui-même contraire au bon goût ; mais il est nécessaire, pour cela, qu'il n'ait rien de faux, et voilà pourquoi les sujets historiques adoptés dans nos écoles sont bien préférables aux sujets bizarres et imaginaires que traitaient ordinairement les anciens, et qui ont été blâmés par Quintilien lui-même (II, 10), quoiqu'il nous en reste un grand nombre qui portent son nom. Les faits de l'histoire sont comme des actions qui se passent éternellement sous nos yeux ; le jeune homme surtout les saisit avec avidité ; il les voit, il en est ému ; et quand les semences d'une éducation vertueuse ont germé dans son cœur, quand la flamme d'une religion sainte l'échauffe et l'éclaire, quand il s'est enrichi de tous les trésors de l'instruction, et qu'il a le bonheur de vivre sous un gouvernement dont les principes s'accordent avec ces notions ineffaçables de justice et de raison qu'il doit à la nature et à l'étude, il est impossible que son imagination, formée aux sentiments généreux et purs, agrandie par cette scène qui s'étend si loin devant lui et dont les tableaux se renouvellent sans cesse, ne produise pas quelquefois de ces nobles pensées que la maturité du talent ne désavouerait pas.

Nous pouvons sans doute admettre dans nos

exercices beaucoup d'autres genres de compositions, et c'est même un devoir pour nous, si nous voulons délasser quelquefois les esprits par la variété, et accoutumer le goût à prendre successivement, selon les convenances du sujet, tous les tons et tous les styles. Il n'est point de matière indiquée par les anciens rhéteurs, qui, même aujourd'hui, ne puisse offrir au talent naissant l'occasion de développer ses forces ; la jeunesse aimera toujours à promener son imagination sur cette longue suite de faits, de raisonnements, de pensées, qui, dans une seule année, peuvent intéresser sa curiosité ou appeler ses méditations. Sans retomber dans le babil infini des sophistes grecs, il semble qu'on peut se permettre quelques-uns des genres que repoussait la gravité romaine. Fables, narrations, discours mêlés de récits, lettres, portraits, parallèles, dialogues, développements d'un mot célèbre ou d'une vérité morale, requêtes, rapports, analyses critiques, éloges, plaidoyers, tous ces genres sont à la disposition du maître pour l'instruction de ses élèves. Autrefois même le désir d'alimenter sans cesse la curiosité de cet âge avait été porté trop loin dans quelques écoles de France; on y faisait des énigmes, des logogriphes, des devises. Personne ne nous reprochera d'y avoir renoncé : assez d'autres trésors nous sont ouverts ; il se présente assez d'autres moyens d'exercer l'imagination et l'intelligence. Mais comme, entre tous ces objets d'étude, le genre de l'éloquence historique est celui auquel on donne le plus de temps, et qui a réellement le plus de grandeur et d'utilité, c'est à celui-là que nous bornerons ici nos réflexions.

Ceux d'entre les modernes qui on blâmé les discours directs des historiens anciens, n'approuveront pas ce mode d'exercice littéraire, fondé principalement sur l'imitation de leurs plus éloquentes compositions. L'histoire a changé de forme ; un art nouveau, en multipliant les livres et les doutes, a ouvert aux recherches savantes un vaste champ dont le terme recule toujours ; on est trop occupé de conjectures pour être éloquent ; on discute, au lieu d'intéresser ; on cherche à établir les faits, au lieu de peindre les hommes. Les anciens, moins difficiles sur la vérité, quoique plus vrais peut-être, ne marchent pas avec cette timidité inquiète : ils ne s'arrêtent pas à chaque instant pour regarder autour d'eux et nous dire qu'ils n'osent avancer. Nous ne voyons pas le narrateur ; nous ne voyons que les héros qu'il fait agir et parler. Leurs habitudes, leurs mouvements, leurs gestes, sont représentés avec tant de vraisemblance et de naturel, que nous ne songeons pas à nous défier de l'historien. Ecoutez-les, et leurs discours vous révèleront leurs vues politiques, leurs desseins, leurs passions, leurs défauts ou leurs vertus. Et tous ces traits précieux sur les mœurs et le gouvernement, les fêtes de la religion et de la patrie, les coutumes de la société, les usages des peuples, que nos érudits ont rassemblés laborieusement dans leurs longs ouvrages d'antiquités, ne les trouvez-vous pas épars dans la harangues ou les narrations dramatiques des historiens d'Athènes ou de Rome? Ils savent donc instruire, mais ils savent aussi plaire et toucher; et celui qui les accuserait de ne nous rien apprendre, parce qu'ils sont éloquents, ressemblerait à un critique fâcheux qui préférerait aux belles scènes de l'Avare les chapitres d'un philosophe sur l'avarice. Voilà les mêmes observations, la même nature; mais vous aimerez mieux Plaute et Molière.

Un coup d'œil rapide jeté sur quelques époques des anciennes annales nous fera voir, plus clairement que tout l'appareil des raisonnements et des preuves, combien il y a de charme et d'intérêt dans cette représentation fidèle, où les hommes de tous les siècles semblent reprendre la vie et la parole pour nous transmettre les leçons du passé.

Nous ne citerons même pas l'exemple des livres saints, qui nous montreraient partout l'éloquence des discours prêtant à l'histoire des faits son mouvement et sa naïveté; Joseph reconnu par ses frères, Moïse sur la montagne, les derniers conseils de Josué au peuple d'Israël, la femme de Thécua implorant la grâce d'Absalon, David pleurant Jonathas.

Mais nous, qui avons appelé les harangues historiques de brillants défauts, préfèrerons-nous donc nos obscures qualités, nos incertitudes et nos scrupules, à l'heureuse confiance de cet Hérodote, qui, né sous le même ciel qu'Homère, fit parler Thémistocle comme Achille? Interrogez la Grèce, qui, sous les portiques d'Olympie, vient d'entendre l'historien de sa gloire; voyez les larmes de Thucydide. Ces acclamations des guerriers, ces cris de triomphe, ces pleurs, n'ont-ils applaudi que les mensonges d'un poëte? Ah! si l'historien timide et infidèle n'eût montré sur cette scène que des personnages muets et froids, s'il eût craint de faire retentir dans les conseils ou sur les champs de bataille la voix des héros, s'il n'eût mis dans la bouche des Perses l'éloge de leurs vainqueurs, Athènes n'eût point reconnu Miltiade, ni Sparte, Léonidas.

La guerre du Péloponnèse est commencée; les Athéniens viennent dans le Céramique honorer les victimes des combats; chaque tribu accompagne les cercueils de cyprès où reposent ses guerriers[1]. Au milieu des regrets et des gémissements, il s'élève une voix pour faire l'éloge de la patrie et celui des braves qui l'ont

1. Thucydide, II, 34.

défendue ; la patrie elle-même offre à ses enfants éplorés de sublimes consolations, le souvenir des glorieuses destinées d'un grand peuple, et l'immortalité, dernière espérance de l'homme. On ne voit plus alors que les palmes du courage ; on n'entend plus que les louanges de l'avenir. Est-ce un mortel, est-ce un dieu qui vient de parler? c'est Thucydide, ou Périclès. Si vous condamnez ces discours si touchants et si nobles, vous ne savez donc pas que les peuples, après les victoires et les conquêtes, ont besoin d'être consolés !

Reprocherez-vous aussi à Xénophon d'avoir rapporté ses propres discours dans la Retraite des Dix Mille ? Mais s'il nous instruit et nous plaît dans son Histoire grecque en nous redisant les harangues de ses contemporains, si l'on y cherche avec empressement celles de Critias et de Thrasybule, combien nous sommes plus heureux de l'entendre lorsqu'il nous fait ses confidents, lorsque toutes ses paroles nous charment encore, douces, élégantes, pleines de cette grâce persuasive qui triomphait et du découragement et de la témérité ! Ses Mémoires sur Socrate sont presque toujours en dialogues ; et leur raison naïve, leur simplicité majestueuse, les égalent peut-être à la force et au génie de Platon. Ils ont bien senti tous les deux qu'une apologie ne suffisait pas aux cendres de leur maître, mais que ses concitoyens, ses accusateurs, ses juges, en croyant l'entendre parler, verseraient des larmes. Ils connaissaient leur république, où la parole était souveraine, où il fallait s'emparer de l'imagination pour convaincre le cœur, où les partisans de Philippe s'étonnèrent bientôt d'aller combattre Philippe à la voix de Démosthène.

Les historiens de Rome nous font la même illusion. Salluste ne nous dira pas seulement, comme le bon Plutarque, qui pourtant sait aussi conserver aux grands hommes leur langage, que Marius ne sacrifia jamais aux Grâces, et que cette âme fière et ambitieuse se soulevait avec orgueil contre l'orgueil des nobles. Il nous le montrera [1] gouvernant à son gré, du haut de la tribune, ce peuple qui le croit son libérateur ; nous le verrons menaçant les familles patriciennes de ses triomphes et de sa gloire ; nous l'entendrons qui s'écrie : « Ils ont leurs ancêtres, des sacerdoces, des consulats, des images ; moi, j'ai mon courage et mes blessures. Je vous ferai voir, près de mon foyer, mes couronnes civiques, la lance que m'a donnée Scipion. Qu'ils gardent leurs richesses, leurs festins, leurs plaisirs ; qu'ils nous laissent les sueurs, la poussière des camps, la parure des armes, nos dangers, nos victoires. Ils nous méprisent, nous qui imitons leurs aïeux ; et ils déshonorent un

____
1. *Jugurtha*, c. 85.

héritage de gloire et de vertu. Leur noblesse finit, la mienne commence. »

Tite-Live a-t-il dit, comme l'aurait pu faire Denys d'Halicarnasse dans ses Antiquités : Il y avait sur le mont Aventin un temple consacré à Junon, et l'on racontait que la déesse y était venue d'elle-même ; le peuple honorait aussi la maison de Romulus, le dieu Terme, les boucliers de Mars, et le Capitole, auquel un oracle attachait l'empire du monde. « Non, s'écrie Camille après la prise de Véies et l'incendie de Rome [1], non, Romains, ne changez point de patrie ; n'allez pas habiter sur une terre étrangère et vaincue ; préférez vos ruines à l'exil. Contemplez ces ruines sacrées : là, sur l'Aventin, s'élève encore tout entier le temple de Junon, déesse aujourd'hui propice, qui de l'Etrurie vient de nous suivre à Rome, et dont les Gaulois auraient tremblé de profaner le sanctuaire ; ici, au pied du mont Palatin, le toit rustique de Romulus est debout, ce monument de notre fondateur, respecté par le fer et les flammes, défendu peut-être par un dieu. Plus loin, sur le roc Tarpéien, reste inébranlable ce dieu Terme, qui, protecteur de nos armes, ne reculera jamais. O Mars, ô Quirinus, Rome abandonnerait-elle vos boucliers sacrés ? et toi, Vesta, tes autels et tes prêtresses ? Les voilà, ces collines, ces champs, ce

____

1. Tite-Live, V, 51 et suiv.

Tibre aimé des dieux, ce ciel de mon enfance que je regrettais chez les Ardéates, et que bientôt je vous verrais pleurer comme moi. Le voilà ce Capitole, siége immobile de votre empire, gage de vos destinées, et d'où Jupiter a renvoyé sur l'ennemi la terreur et la fuite. Les barbares ont passé; la patrie est éternelle. »

Nous pourrions parcourir ainsi tous les siècles, depuis les temps les plus reculés de l'antiquité profane, jusqu'à ces jours mystérieux où un nouveau culte et de nouvelles espérances apparaissent à la terre, où la vraie religion, pour emprunter à Massillon ses termes inspirés [1], *pareille à la colonne de feu, obscure et lumineuse en même temps, vient conduire à jamais le camp du Seigneur, le tabernacle et les tentes d'Israël, à travers les périls du désert, les écueils, les tentations, et les voies ténébreuses et inconnues de cette vie.*

Ici l'histoire change; de grands événements se passent chez les hommes, qui ne savent plus les raconter. Il faut donc suppléer à leur silence, il faut imaginer ce qu'aurait pu dire Thucydide ou Tacite d'Attila aux portes de Rome, de Constantinople assiégée, des barbares dans l'empire; et l'on trouvera encore dans ces malheureux siècles des vertus cachées, des actions

1. Massillon, *Carême*, sermon pour le jeudi après les Cendres.

généreuses, des traits d'un langage informe et rude, mais qu'une céleste croyance empreint d'un caractère inconnu aux beaux jours de Périclès et d'Auguste. L'Orient nous montre alors sa secte fantastique, ses califes, ses conquérants; nous y voyons le faux prophète s'avancer avec l'Alcoran et le glaive, ses descendants étendre son empire, et le pasteur d'Arabie, sans sortir des États de ses maîtres, conduire sa caravane des murs de Bagdad au palais d'Abdérame, réservé aux petits-fils de Pélage.

Mais quelle variété de faits et de caractères ne trouverons-nous pas surtout dans l'histoire de la plus ancienne monarchie! A la race de Mérovée et de Clovis, déchirée par la lutte sanglante de tant de principautés qui se disputent les provinces romaines, et par les longues révolutions qui fondèrent la puissance des rois, succède le génie de Charlemagne, héritier de Rome dans l'Occident, et dont le seul nom remplit son siècle et sa dynastie. Bientôt paraissent dans nos annales Philippe Auguste, saint Louis, Charles le Sage, et cette alliance, si familière à nos princes, de la grandeur et de la bonté. Nous reconnaissons tour à tour, dans cette longue suite de tableaux et de scènes, et le Gaulois brave, ingénieux, hospitalier, s'unissant à Pharamond, qui vient le venger de Rome; et le Franc superbe, invincible dans les combats, fidèle au serment et à l'amitié ; soumis au prince qu'il éleva sur le pavois, sans oublier jamais l'indépendance des forêts de la Germanie ; défendant les droits du peuple, et donnant à ses souverains, dans sa noble liberté, le plus sûr gage de son amour et de leur empire. Nous retrouvons et les guerriers de Martel, qui répondent aux blasphèmes du musulman par une prière chrétienne et par une victoire, et les héros des croisades qui se lèvent à la voix éloquente de l'ermite ou de l'apôtre, s'arment du signe glorieux qui doit conquérir le saint tombeau, et marchent où les conduit l'oriflamme.

Les mœurs et les discours du vieux temps nous offrent aussi d'innombrables sujets de peintures neuves et touchantes. Le poëte, dans ses chants naïfs, célèbre les vainqueurs des tournois ; l'orateur sacré, dans un éloge funèbre, regrette Du Guesclin regretté par ses ennemis, et déjà l'éloquence française paye un tribut religieux à la cendre des héros. Le goût des récits et du merveilleux, l'enthousiasme du courage, l'amour du souverain, se partageaient le cœur de nos aïeux, embellissaient leur prospérité, les consolaient de leurs revers. On s'assemblait autour du foyer de l'antique château ; la mère de famille souriait à ses enfants, qui lui demandaient la romance d'Isaure ; le jeune chevalier répétait le chant de Roland que lui avait appris son père, et le vieillard, cherchant dans ses souvenirs, redisait à ses petits-fils les aventures d'autrefois.

« O mes amis, leur disait-il peut-être, bénissez le ciel qui vous fait vivre lorsque les temps d'oppression et de conquêtes sont passés. J'ai vu Louis XI ; il était morne et pâle ; j'ai pleuré sur la France et sur lui. J'ai suivi Charles VIII à Naples avec les descendants des La Hire et des Dunois, et nous avons reconnu à Fornoue les soldats de Charles le Victorieux. Mais ces expéditions lointaines faisaient-elles le bonheur de vos pères ? Pourquoi soutenir, au prix du sang, des prétentions douteuses sur des peuples qui ne sont pas nos frères, et fatiguer l'Europe du bruit de nos armes ? On sait que nous sommes braves : reposons-nous dans la gloire des lettres et la douceur des vertus civiles. Un nouveau règne commence ; Louis XII, sur le trône, oublie les injures de l'héritier du trône ; il ne se souvient que de la France, dont tous les yeux le contemplent, dont tous les cœurs l'adorent. Puisse la guerre ne jamais troubler celui qui a tout pacifié ! puissent nos ennemis, s'il nous en reste encore, songer que nous avons des Nemours et des Bayard ! Qu'ils voient notre prince environné de leur loyauté courageuse, sûr de notre cœur et de nos vœux, instruit par l'expérience des hommes et de la fortune, soumis aux lois comme son plus humble sujet, et ordonnant par son dernier édit de les suivre toujours, malgré les ordres contraires qu'on pourrait arracher au souverain; inaccessible aux flatteurs, aux présomptueux, et dérobant le mérite modeste à son obscurité; chérissant les arts et les monuments du génie, où il retrouve les sages maximes de son gouvernement, les devoirs sacrés qu'il remplit, et la mémoire éternellement chère des grands monarques dont il suit l'exemple; juste, pour être plus aimé; économe, pour faire plus de bien; l'ami du laboureur, le protecteur du pauvre, le bon roi. »

Ces tableaux que nous indiquons à peine nous semblent propres à intéresser la jeunesse et à l'éclairer. Les historiens de l'antiquité sont ici, comme on le voit, nos principaux guides; car il faut avouer que les auteurs français ont moins réussi qu'eux à donner au récit des faits la vie, le mouvement, la variété. Cependant quelques discours de Mézeray nous représentent assez fidèlement la rudesse et la naïveté de nos pères. On peut citer un ou deux morceaux de Saint-Réal, les Révolutions de Portugal et de Suède par Vertot, plusieurs imitations de Rollin. On trouvera surtout de très-beaux exemples dans les oraisons funèbres et les panégyriques prononcés par nos grands orateurs sacrés. D'autres écrivains ont aussi connu l'art de répandre sur des faits réels ou imaginaires cet intérêt qui semble reproduire dans toute leur vérité les actions et les discours. Il suffit de rappeler Fénelon, dans le Télémaque, Aristonoüs, et quelques-unes de ses fables ; Montesquieu, dans le Dialogue de Sylla et d'Eucrate, dans Lysimaque, etc. Voilà de grands noms, des autorités imposantes, et peut-être serait-ce effrayer les jeunes gens que de leur proposer de tels modèles.

Je vais, pour les rassurer, leur faire connaître, non pas des modèles qui puissent désespérer leur émulation, mais de simples compositions scolastiques, du genre de celles qu'ils font tous les jours. Elles sont l'ouvrage de quelques-uns de mes anciens élèves, dont j'ai vu naître le talent, et dont je conserve l'amitié. Je leur demande pardon de publier ainsi leurs premiers essais, qu'ils ont sans doute oubliés depuis longtemps.

HISTOIRE SAINTE.

RETOUR DES TRIBUS D'ISRAEL DANS LEUR PATRIE.

ARGUMENT.

Vous peindrez les tribus exilées qui pleurent sur les fleuves de Babylone, les prophètes qui suspendent la harpe sacrée aux arbres des rives étrangères, les Lévites qui refusent de chanter les hymnes de Sion [1].

Après soixante et dix ans de captivité, ils entendent publier enfin l'édit de Cyrus : « Le Dieu du ciel, qui m'a fait roi de la terre, m'ordonne de relever son temple de Jérusalem, et de rendre aux captifs leur liberté [2]. »

Alors le grand prêtre Josué, fils de Josédech, va porter au pied du trône les actions de grâces de ses concitoyens : « C'est toi, dira-t-il à Cyrus, que les prophètes ont annoncé. Reçois les vœux de tes sujets fidèles [3]. »

Les tribus quittent la terre d'exil; Zorobabel, fils de Salathiel, est à leur tête; et tout ce peuple, en traversant le désert, s'écrie : « Dieu est bon, sa miséricorde est sur Israël. »

RÉCIT 4.

Filles de Sion, suspendez un moment vos cantiques sacrés, écoutez les malheurs de vos

1. *Psalm.* 136. — 2. *Paralipomen.*, II, 36, 23; Esdras, I, 1, 2. — 3. Isaïe, XLV, 1. *Voy.* aussi Bossuet, *Histoire universelle*, huitième époque; Josèphe, *Antiquités*, XI, 1, etc.

4. Par M. Vaïsse, aujourd'hui préfet.

pères : les souvenirs de la captivité ont quelque douceur, lorsqu'on les chante auprès des temples de la patrie.

Assis sur les bords des fleuves de Babylone, nous gémissions en pensant à Jérusalem ; nous pleurions tout le jour, la nuit nous pleurions encore, et nous ne voulions pas être consolés, parce que notre patrie était absente. Nous avions suspendu nos harpes aux saules du fleuve ; nos harpes étaient muettes ; quelquefois seulement elles accompagnaient nos soupirs par de tristes soupirs. Babylonien, fier de ta robe de pourpre et de ta riche tiare, ne nous demande pas les cantiques de Sion. Eh ! qui chantera les cantiques de Sion dans la terre de la captivité ?

Le printemps avait soixante et dix fois ramené les fleurs, et nous ne nous étions pas assis à l'ombre des arbres du Jourdain, nous n'avions pas entendu le chant des oiseaux de Ségor. Nous passions les jours dans le souvenir de Sion, et ce souvenir était toute notre joie. Souvent nous appelions Jérusalem. « Quelle est donc cette Jérusalem que vous pleurez toujours ? » nous demandaient les jeunes filles qui étaient nées dans la captivité. Jérusalem était la cité puissante entre les cités de la terre, la ville du Seigneur. Entourée de remparts imprenables, défendue par de hautes tours, elle élevait jusqu'aux nues sa tête altière, pareille au Liban couvert de ses antiques forêts. Ses temples étaient de marbre, l'encens fumait toujours sur ses autels arrosés du sang des holocaustes ; ses rois avaient des palais de cèdre, et

soixante vaillants entouraient leur trône. Les nations venaient à Jérusalem porter leurs offrandes
et leurs prières. Nous avons péché : les murs imprenables, les hautes tours , les palais ont été
renversés dans la poussière ; les peuples ne reviennent plus à Jérusalem, et les chemins sont
dans le deuil ; les villes de Juda ne sont plus que
désolation et solitude ; Jérusalem est comme la
veuve éplorée qui a perdu ses enfants. O vous qui
passez auprès de ses débris, dites s'il est une douleur semblable à la sienne ? l'herbe croît sur les
ruines du palais de David, et le serpent rampe
autour de l'autel du vrai Dieu.

Jérusalem, naguère si belle et si puissante, qui
te fera renaître avec tous tes charmes ? qui nous
rendra tes fêtes et tes cantiques ? Hélas ! nous
avons allumé la colère divine ; notre péché est
écrit avec le fer sur des tables de diamant, et nos
larmes ne peuvent l'effacer. Le glaive du Seigneur
est tiré : quand rentrera-t-il dans le fourreau ?

Babylone, Babylone, toi qui enchaînes nos
mains désarmées pour nous traîner loin de nos
campagnes, béni soit celui qui te rendra tous les
maux que tu nous as faits, et qui cachera tes murs
si avant dans la poussière, que le voyageur se bais-
sera pour te reconnaître !

Et toi, Dieu de nos pères, tu as promis à Abraham une postérité plus nombreuse que les étoiles
du ciel et les sables de la mer ; tu as promis à ses
enfants un empire éternel ; et voilà que nous lan-
guissons de douleur sur une terre étrangère, et
nous sommes les enfants d'Abraham ! L'ennemi

est tombé sur nos villes comme les tourbillons d'une flamme dévorante, et le Babylonien insulte à notre douleur ; il nous demande où est ce Dieu puissant, ce Dieu de force et de victoire qui veillait sur Israël, comme l'aigle du haut des airs protége ses petits.

Notre Dieu est dans le ciel ! Sion , tressaille de joie sous tes ruines. Celui qui conduisit nos pères au milieu des flots de la mer Rouge suspendus , celui qui fit jaillir d'un rocher aride les sources d'eau vive , n'a pas détourné les yeux loin de son peuple ; il s'est souvenu des jours d'Abraham et de Jacob. Lève-toi, prince qu'il a choisi pour rendre à Juda ses sacrifices et sa liberté ; sors du sein de ta mère, et dès ta naissance porte déjà l'empreinte du doigt de Dieu.

Les jours sont venus , les paroles de Cyrus ont retenti dans les chemins de Babylone : « Le Seigneur, Dieu du ciel, m'a donné tous les royaumes de la terre ; il a commandé de relever son temple à Jérusalem qui est en Judée. Vous tous qui êtes son peuple , que le Seigneur soit avec vous ; retournez à Jérusalem, et bâtissez la maison du Seigneur. »

A cette voix , les vieillards de Juda et de Benjamin se levèrent ; les prophètes reprirent les harpes sacrées ; les jeunes vierges chantèrent les cantiques de Sion , et Mardochée secoua la cendre qui souillait ses cheveux blancs.

Le grand prêtre Josué, fils de Josédech , alla porter au pied du trône les actions de grâces d'Israël. « C'est toi, dit-il à Cyrus, que nos prophètes ont annoncé. Le Seigneur est avec toi ; il te conduira par la main au travers des combats ; il renversera les nations devant toi ; à ton approche il mettra les rois en fuite, et brisera les portes d'airain. Nous, tes sujets fidèles, nous prierons pour ta gloire et ton bonheur ; le Dieu du ciel et de la terre entendra nos vœux. »

Alors on quitta la terre de l'étranger ; Zorobabel, fils de Salathiel, était à la tête des tribus.

O jour bien différent de celui où les enfants de Sion, arrachés à leur patrie et chassés vers la terre d'exil par un vainqueur impitoyable, retournaient les yeux, et jetaient un dernier regard sur le toit de leurs pères ! Ils entendaient au loin le fracas de leurs temples renversés et de Jérusalem qui s'écroulait. Comme ils pleuraient amèrement ! comme ils mêlaient leurs gémissements aux lamentations du prophète qui disait un dernier adieu à la patrie !

Le jour de colère et de désolation est passé : nous allons donc revoir ces lieux où fut le palais de David et le temple de Salomon. Nous irons donc pleurer encore sur les tombeaux de nos pères ; nous entendrons aux rives du Jourdain le son des harpes prophétiques ; les louanges du Seigneur retentiront dans les champs d'Israël, et les cèdres abaisseront leur tête superbe.

Quelle est celle qui s'avance belle comme l'aurore, majestueuse comme le soleil, terrible comme un camp hérissé de lances ? Jérusalem nous apparaît semblable à la nouvelle épouse, environnée de la pompe nuptiale. O Jérusalem, montre-nous ton visage céleste, fais entendre ta voix, chante les hymnes du Seigneur. Ta voix est si douce! ton visage a tant d'attraits!

Sion renaît du milieu de ses ruines; le Liban nous a prêté ses cèdres odoriférants; le temple s'est élevé, appuyé sur cent colonnes d'airain; il retentit des hymnes sacrés; l'encens fume toujours sur ses autels, mais ce n'est plus le temple de Salomon.

Filles de Sion, reprenez vos cantiques; chantez le Seigneur du ciel et de la terre; sa miséricorde est sur Israël.

HISTOIRE ANCIENNE.

—

DISCOURS DU PHILOSOPHE ANACHARSIS.

ARGUMENT.

Il commencera par dire aux Scythes qu'il arrive d'un pays qui les appelle barbares, mais qui n'a point leurs vertus.

A Athènes, il a vu des assemblées populaires, des fêtes, des plaisirs; à Sardes, il a vu Crésus; et il a regretté leurs tentes et leurs troupeaux.

Gardez votre pauvreté; sacrifiez toujours au dieu Mars et à son glaive; on admire, même chez ces peuples, votre constance dans l'amitié, votre bonne foi, votre courage.

Mais il a entendu aussi le législateur Solon et d'autres sages s'indigner de leur cruauté dans la guerre et de leurs funérailles sanglantes, de leurs victimes humaines.

Conquérants de l'Asie, renoncez à un culte barbare que le dieu Zalmoxis ne vous demande pas [1].

DISCOURS [2].

O Scythes! ô vous que la nature a faits vertueux, écoutez un de vos frères qui arrive d'un pays où les philosophes se demandent ce que c'est que la vertu. Là, on vous appelle barbares ; on trouve votre vie misérable, parce que vous n'obéissez point aux passions qui asservissent les hommes ; on bâtit des villes pour s'y enfermer et s'y corrompre ; on méprise les déserts immenses où vous enlevez le matin la tente dressée le soir.

J'ai vu les nations qui se glorifient le plus de leurs lumières et de leur puissance. J'ai demandé aux Athéniens s'ils étaient libres ; ils se sont indignés, et ils ont renversé leurs magistrats. Je leur ai demandé s'ils étaient heureux ; ils ont ri de mon aveuglement, et ils m'ont fait voir leurs fêtes et leurs plaisirs. Je suis allé chercher le bonheur en d'autres contrées. A Sardes, j'ai vu

1. *Voy.* Hérodote, liv. III, *passim ;* Quinte-Curce, VII, 33 ; Plutarque, *Solon, Banquet des sept Sages ;* Lucien, *le Scythe, Anacharsis, Toxaris ;* Elien, *Hist. div.,* II ; 41 ; V, 7 ; Athénée, IV, 49 ; X, 50 ; XIV, 2 ; Clément d'Alexandrie, *Admonit. ad gent.,* p. 14, etc.

2. Par M. Poret, aujourd'hui professeur de philosophie au collége Rollin.

Crésus et ses trésors ; pour lui son or est tout, et il se rend justice ; malheur à lui si la fortune lui échappe ! Partout j'ai regretté vos déserts, vos troupeaux, votre vie libre et pure.

Les peuples que j'ai visités sont réduits à l'admiration stérile de vos vertus. Votre fidélité inébranlable dans l'amitié, votre respect pour la sainteté des serments, sont chez eux sans exemple, si ce n'est dans les temps fabuleux de leur histoire ; ils n'apprennent qu'avec terreur le courage que vous inspirent les tombeaux de vos pères. O Scythes, sacrifiez toujours à Mars et à son glaive ; gardez votre heureuse pauvreté ; défendez votre vertu contre les arts de la Grèce. Montés sur vos chars légers, précipitez vos coursiers plus prompts que les vents ; fuyez les vices qui vous poursuivent, et ne regardez pas derrière vous.

Ne croyez pas cependant que le voyageur ne trouve chez les nations étrangères que la corruption et l'erreur. Non, je puis vous dire qu'au milieu de ces peuples j'ai rencontré de loin à loin quelques sages qui se montraient différents des autres hommes ; ainsi, parmi les glaces de nos solitudes, il s'élève çà et là des arbres toujours verts, qui attestent que la nature ne nous abandonne pas. J'étonnais, je charmais ces hommes amis des dieux par le tableau de vos mœurs simples et hospitalières. O ma patrie, avec quel doux orgueil je t'entendais louer par ces étrangers jaloux de tes vertus ! j'aurais voulu t'attirer l'hommage de toute la terre. Une seule chose, le dirai-je? affligeait leurs âmes généreuses : quand j'étais obligé de leur parler des traitements que nous faisons subir aux prisonniers, de nos funérailles sanglantes, de nos sacrifices humains; à ces tristes récits, je les voyais saisis d'horreur et de pitié. Hélas! disaient-ils, il est donc vrai que tout ce qui est de l'homme est borné, même la vertu; et ils ne trouvaient pas de consolation.

Plein de douleur, éclairé par leurs discours, impatient d'être utile à cette patrie dont nous sommes tous les enfants, je suis rentré dans son sein. J'ai secoué les opinions vulgaires qui règnent chez ces nations; j'ai fait taire les vains préjugés, et je n'ai laissé parler que la sainte voix de la nature et de la religion. Ecoutez ce qu'elle m'inspire. La colère des dieux a mis sur la terre deux fléaux inexorables, la guerre et la mort, qui sans cesse moissonnent les peuples. Faibles que nous sommes, devons-nous étendre leurs ravages? faut-il exterminer ceux que nous avons soumis? Quoi! le vaincu, désarmé, suppliant, est-il encore notre ennemi? il nous tend la main, n'est-il pas notre frère? Peuple généreux, toi qui hais les tyrans, par quelle étrange fatalité, ennemi de ton bonheur, as-tu trouvé en toi-même le désir de t'imposer le joug le plus dur et le plus honteux? Pensez-vous, Scythes, que ces hommes que vous faites descendre dans un même tombeau, pour consoler les mânes de vos citoyens, ne vous accusent pas auprès du Juge suprême?

Combien de fois avez-vous vu leurs ombres menaçantes errer sur les sommets du mont Riphée, ou dans vos champs couverts de neige!

O mes concitoyens, que la pitié entre dans vos cœurs! et toi, Zalmoxis, es-tu donc un dieu sans pitié? as-tu soif du sang des hommes? O Scythes, ô mes frères, ne faites pas cette injure aux immortels; tout l'univers les montre bienfaisants. Périsse ce culte sanguinaire qui ne peut sans impiété s'adresser aux dieux, auteurs et conservateurs de toutes choses! Tremblez de les irriter, ces dieux, en immolant les hommes qui sont leur ouvrage.

HISTOIRE ROMAINE.

DION CHRYSOSTOME FAIT ÉLIRE NERVA.

ARGUMENT.

Dion Chrysostome, proscrit par Domitien, erra longtemps de ville en ville et de pays en pays, manquant de tout, réduit le plus souvent, pour subsister, à labourer la terre, et honorant sa misère par ses vertus et sa noble patience. De sa première fortune, il ne lui restait qu'un dialogue de Platon et une harangue de Démosthène, qu'il portait partout avec lui. Il parcourut ainsi la Mésie et la Thrace, pénétra jusque chez les Scythes, qui l'admirèrent, et se fixa chez les Gètes, où campait une nombreuse armée romaine.

Lorsque Domitien périt, Dion était en habit de

mendiant dans le camp romain, inconnu à tout le monde, et occupé aux travaux les plus pénibles. L'armée, en apprenant le meurtre de l'empereur, était prête à se révolter. Tout à coup Dion jette les haillons qui le couvrent, s'élance sur un autel, et de là s'adressant aux soldats, il se fait connaître, leur peint avec énergie les crimes de Domitien, la situation de l'empire, qui a besoin d'une main sage et pacifique, capable de réparer ses longs désordres, d'apaiser les troubles qui le déchirent, et de le faire respecter des barbares.

Il prouve que Nerva est ce prince nécessaire au salut de l'empire et au bonheur du monde, et dans une péroraison véhémente il les exhorte à le reconnaître.

Ce discours éclaire et anime les soldats, et Nerva est proclamé.

RÉCIT [1].

Rome, sous ses consuls, donnait des couronnes à la vertu; elle était libre alors. Rome, esclave sous Domitien, honora les grands hommes par des proscriptions. Accusé par l'estime publique de vertu et de génie, Dion fut proscrit : il abandonna sans regret une ville qui n'avait plus que le nom de Rome, et, emportant avec Platon et Démosthène les consolations de la philosophie et les souvenirs de la liberté, il alla chercher un pays où l'on pût être impunément éloquent et vertueux. Longtemps il promena sa misère parmi

1. Par M. Michelet, aujourd'hui membre de l'Institut, professeur au collége de France.

les barbares, étonnés de son génie et de l'injustice de sa patrie ; enfin il arriva aux bords du Tanaïs, où campait une armée romaine ; il y fixa sa course errante, et retrouva dans les camps Rome exilée de ses murs. Là, honorant sa misère par une noble patience, il exerçait dans les travaux les plus pénibles ces vertus austères que vante le philosophe et que pratique le sage ; là, il plaignait les malheureux qui, pour ne pas quitter leurs palais, flattaient le tyran et attendaient la mort.

Cependant un bruit soudain se répand dans l'armée. On dit que l'empereur n'est plus ; on le dit en secret ; on tremble de paraître le croire. Mais bientôt des messages certains confirment les murmures de la renommée. Domitien n'est plus ; mais Rome, endurcie à l'esclavage, ne s'apercevait pas qu'elle était libre ; immobile, elle attendait que l'armée lui donnât un maître. L'armée seule fut affligée ; les soldats, habitués à faire acheter tous les ans leur obéissance, se rappelaient avec douleur cette libéralité qui fait tout pardonner aux tyrans, et ils croyaient regretter Domitien. Le souvenir du passé, l'incertitude de l'avenir, agitent ces âmes guerrières : ils vont par tout le camp se communiquer leurs inquiétudes ; mais bientôt l'abattement se change en fureur ; ils prennent les armes, ils frappent leurs boucliers, ils enlèvent les aigles, ils crient : « à Rome ! à Rome ! » ils tremblent d'avoir été prévenus par une autre armée ; ils partent pour vendre la patrie.

Alors un homme couvert de haillons perce la

foule étonnée, et, jetant tout à coup ses lambeaux, il s'élance sur l'autel de la patrie qu'on avait élevé au milieu du camp ; ses yeux, ses traits, sa taille étaient d'un dieu ; tout se tait. « Je suis Dion, s'écrie-t-il ; peut-être connaissez-vous mes malheurs ; j'ai vu le jour en Asie, mais mon cœur est romain ; je viens parler pour Rome ; braves guerriers, croyez les paroles d'un homme qu'on a proscrit pour n'avoir jamais flatté.

« Vous marchez contre votre patrie, ô Romains ! je ne vous reproche pas de vouloir venger votre empereur ; je loue votre reconnaissance. Trop redoutables pour être opprimés, vous ne l'avez connu que par des bienfaits. Vous n'avez pas vu le sénat assiégé, et Rome inondée de sang ; vous n'avez pas vu Carus Métius accuser les enfants d'avoir pleuré leur père ; vous n'avez pas vu traîner à la mort Sénécion, Rusticus et le vertueux Helvidius ; vous n'avez pas vu le vainqueur des Bretons, votre ancien général, Agricola, expier sa gloire et la vôtre par une mort prématurée. Romains, les dieux ont eu pitié de Rome ; vous êtes libres : mais les plaies de la patrie sont encore sanglantes, et vous allez la replonger dans les convulsions de la guerre civile et de l'anarchie ! L'entendez-vous ? c'est elle, c'est elle-même qui de cet autel vous crie par ma bouche : « O mes enfants, pourquoi m'élever des autels si vous me déchirez le sein ? C'est donc en vain que j'ai vaincu le monde, si je ne puis reposer après huit cents ans de guerre ! Peuple infatigable de Mars, laissez respirer ma vieillesse ; réunissez-vous sous un chef pacifique qui ferme le temple de Janus, qui me fasse oublier Domitien et mes maux, qui ne craigne pas le mérite et qui encourage la vertu. Alors, puisqu'il vous faut des combats et de la gloire, vous tournerez contre les Daces et les Gètes des armes devenues invincibles par la concorde ; vous expierez vos guerres sacriléges à force de vaincre les barbares, et vous reculerez jusqu'aux bornes du monde les frontières de l'empire éternel!... »

« Romains, cet homme que vous demande la patrie, vous le connaissez : dans des temps plus heureux, vous avez admiré sa prudence et sa valeur ; maintenant il cache dans l'obscurité d'un exil éloigné des vertus dont Rome n'est pas digne ; il exerce dans les méditations de la philosophie cette sagesse qui fera le bonheur des nations, s'il se dévoue à l'empire ; lui seul peut encore ramener dans Rome la vertu et les dieux. Romains, vous allez décider du sort de la terre ; ce sage, digne de commander à vous et au monde, s'appelle Nerva.... »

Il parlait, et leur fureur tombait peu à peu : vaincus par la force de ses discours, ils déposent leurs armes ; on loue la sagesse de Nerva ; on raconte les vertus de ses ancêtres ; un cri s'élève, et les rives du Tanaïs répètent le nom de Nerva. C'est ainsi que l'éloquence donna au monde Nerva et Trajan.

MÊME SUJET [1].

Dion Chrysostome avait mérité par ses vertus la haine de Domitien : un tyran cruel et timide ne pouvait pardonner à celui dont il avait à redouter l'éloquence, la sagesse et l'exemple. Dion fut proscrit. Contraint de quitter Rome qu'il avait éclairée, il répandit quelques larmes sur cette ville, reine du monde et esclave d'un homme ; et, levant les mains vers le Capitole : « O Jupiter, s'écria-t-il, devais-tu nous laisser le souvenir de Titus ? » Il erra longtemps de ville en ville, de pays en pays, seul, ignoré, pauvre, mais toujours plus ferme au milieu des plus affreux malheurs ; et lorsque de cette main qui avait tracé les préceptes d'une morale sublime, il était forcé de manier le soc pesant de la charrue, il semblait répandre sur un état obscur tout l'éclat de ses vertus. Souvent, fatigué de son travail, il s'asseyait près du sillon commencé, et, prenant un dialogue de Platon et une harangue de Démosthène, seul reste de sa première fortune, il méditait sur la sagesse avec le philosophe, ou se laissait entraîner à la véhémence de l'orateur indigné contre la tyrannie. Il portait partout avec lui cette véritable richesse ; elle le suivit dans la Mésie et dans la Thrace, qu'il parcourut, toujours armé de sa noble pa-

---

1. Par M. Théry, aujourd'hui proviseur du collége royal de Versailles.

tience et de sa confiance dans les dieux. Les Scythes entendirent tout à coup, au milieu de leurs déserts, une voix éloquente; ils virent avec surprise un étranger, pauvre et malheureux, les subjuguer par une puissance qui leur était inconnue; et, comme si la justice divine eût voulu faire oublier à Dion que la fortune lui enviait les hommages des Romains, ces peuples barbares, frappés de sa vie et de ses discours, le prirent pour un de leurs dieux, caché sous une forme humaine, et voulurent lui élever des autels.

Mais Dion se souvint que chez les Gètes campait une nombreuse armée romaine; à cette pensée il sentit l'amour de Rome se réveiller dans son cœur : « C'est là, dit-il, c'est là que je veux fixer ma vie errante, jusqu'à ce que les dieux aient vengé l'empire. Je serai du moins au milieu de ceux que j'avais choisis pour mes concitoyens; je me croirai encore dans ma patrie. » Aussitôt il se rendit chez les Gètes, et, protégé par son obscurité, il attendit en silence le jour d'une meilleure destinée.

Cependant un Romain avait eu pitié de Rome et de l'empire; Domitien n'était plus. Déjà ce bruit est parvenu jusqu'aux provinces les plus reculées; déjà l'armée vient de l'apprendre. Le souvenir des libéralités de l'empereur, l'indifférence pour les malheurs éloignés et pour des crimes dont elle n'avait pas souffert, surtout l'inquiétude qui naît des événements inattendus et le désir vague de la nouveauté portent dans tous les rangs le trouble et le désordre; des murmures, des cris se font entendre; les centurions, les tribuns, sans autorité, ne peuvent plus s'opposer à la révolte. Tout à coup, parmi les soldats qui agitaient leurs lances avec fureur, paraît un homme couvert des haillons de la misère. On se rappelle que depuis longtemps il vit dans le camp romain, inconnu à l'armée, occupé des travaux les plus pénibles, et se dérobe aux questions et à la curiosité des soldats. Il semble animé d'une inspiration divine, et, à la vue de l'armée, jetant loin de lui les haillons dont il est revêtu, il s'élance sur un autel de Jupiter où fumait encore l'encens d'un sacrifice :

« Me reconnaissez-vous, s'écrie-t-il, ô mes concitoyens? reconnaissez-vous celui qui aurait consacré ses jours au bonheur de notre commune patrie, si le tyran avait pu souffrir une âme libre? Grâces vous soient rendues, dieux immortels! enfin Dion peut faire entendre sa voix à des Romains : il n'est plus ce *dieu*, ce *seigneur* qui vous outrageait; votre justice à délivré Rome et l'univers. Oui, Romains, c'est par la volonté des dieux que Domitien vient de perdre une vie souillée de crimes. Avant de lui accorder des regrets, ressouvenez-vous de son épouvantable tyrannie; voyez ce monstre, ce fléau du genre humain, dont son frère fut les délices, se baigner à la fois dans le sang du peuple et du sénat, étouffer les restes de cette liberté que Rome avait retrouvée sous Titus; et, fier de quelques victoires qu'il dut à votre courage et à la fortune de Rome, fouler aux pieds l'empire avili et complice de sa honte, insulter à la majesté publique, ou, se renfermant au fond d'un palais gardé par la terreur, chercher dans une incroyable folie le délassement de ses forfaits. Cette patrie qui vous est chère, la reconnaîtriez-vous aujourd'hui? ce n'est plus cette Rome de Titus, heureuse, libre et florissante : épuisée, moins par les guerres du dehors que par la tyrannie qui la dévorait, elle n'a plus de forces que pour se déchirer elle-même. A la place du tyran qui est tombé, s'élèvent déjà de toutes parts de nouveaux tyrans prêts à s'entre-détruire ; la patrie gémit également et des victoires et des revers qui vont ensanglanter son sein ; et, pour consommer sa ruine, les barbares, pressés par le souvenir de leurs honteuses défaites et par l'assurance de nos désordres, se préparent à fondre sur ses débris. Quelle main sage et pacifique relèvera l'empire, et guérira de si profondes blessures ? quel est l'homme aimé des dieux, dont les vertus et le courage rendront au monde le bonheur, la paix, la liberté, au nom romain, cette puissance qui étonnait et soumettait les nations? O mes concitoyens! vous le connaissez tous, celui que Rome appelle par ses vœux. Combien de fois avez-vous entendu louer les vertus de Nerva! combien de fois vos compagnons d'armes ont-ils fait retentir jusqu'à vous le bruit de son courage! Que lui manque-t-il pour l'empire, sinon d'être né parmi vous? Mais n'est-il pas devenu Romain par sa fidélité et ses services? n'est-ce pas ce même Nerva dont l'aïeul renonça à la vie pour n'être plus témoin des caprices et des forfaits d'un tyran? Sous un tyran plus odieux encore, il a conservé pour le crime cette haine héréditaire dans sa famille ; il a conservé surtout cet amour de Rome qui lui fut inspiré avec l'amour de la vertu. Le voilà celui que nous devons choisir pour réparer les maux de la patrie ! Romains ! c'est à vous de donner un maître au monde ; il faut à l'empire un sauveur, et Rome l'attend de vous seuls ! Jupiter lui-même vous désigne Nerva. Romains ! saluez Nerva empereur, et les autres armées vont le saluer après vous. »

A ce discours, à la vue de cet homme debout sur l'autel de Jupiter, et dont les yeux brillaient d'une flamme divine, les Romains crurent voir et entendre le dieu dont il venait d'attester le nom. Les crimes du tyran mort, les vertus de Nerva se retracèrent à la fois à tous les esprits, et, comme animés tout à coup d'un enthousiasme involontaire, les soldats, élevant leurs lances, proclamèrent Nerva empereur.

DISCOURS D'UN SÉNATEUR ROMAIN CONTRE LE PROJET DE TRANSPORTER LE SIÉGE DE L'EMPIRE A BYZANCE.

ARGUMENT.

L'orateur célèbrera d'abord les commencements du règne de Constantin, la force et la gloire rendues à l'empire, les barbares repoussés, les lois florissantes, Rome enfin rappelée à son ancienne grandeur.

Il s'étonnera qu'on veuille, en ce moment même, placer l'empire dans une ville grecque. Il reconnaîtra les avantages de la situation de Byzance; mais il demandera s'il n'y avait pas aussi quelques avantages dans la situation de Rome, qui a soumis l'univers.

C'est la tradition des souvenirs, c'est le patriotisme qui fait la force des peuples.

Sans doute la puissance romaine est attaquée jusque dans l'Italie; mais c'est là qu'il faut la défendre, sans espérer de pouvoir recommencer dans un autre lieu de si grandes destinées.

L'empereur ne pourra partager ses forces sans les affaiblir; il aura créé deux capitales, mais l'empire n'aura plus de centre.

Une grande révolution s'achève; une religion nouvelle s'accroît chaque jour. Pour n'être pas funeste à Rome, il faut qu'elle établisse dans Rome le siége de son empire, et qu'elle y conserve le siége de l'empire terrestre; ainsi, dès sa naissance, elle héritera de la grandeur de Rome, et lui communiquera son immortalité.

DISCOURS [1].

Grâces soient rendues au génie tutélaire de la ville éternelle! il est enfin venu celui que Rome avait en vain si longtemps appelé de ses vœux; celui qu'elle devait mériter par un siècle de douleurs et de misères; Constantin a paru, elle a tout oublié, ses plaies se sont fermées d'elles-mêmes, et ses larmes se sont taries. Elle ne verra plus Caracalla,

____

1. Par M. Lorain, aujourd'hui proviseur du collége royal de Saint-Louis.

du fond de son palais tout sanglant encore du meurtre de son frère, promener dans l'univers ses terribles folies ; le lâche Héliogabale ne déshonorera plus de ses ignominieuses voluptés le sceptre du pieux Antonin, et le diadème de Marc-Aurèle ne ceindra plus le front de l'imbécile Gallus. Voyez-vous comme déjà Rome se relève plus belle de son long abaissement ? Non, elle n'a rien perdu encore de son antique majesté. Le trône était la proie du soldat ; aujourd'hui c'est le prix du mérite. Les barbares avaient osé franchir le seuil de l'empire ; voyez-vous ces faisceaux d'armes et ces enseignes vaincues, consacrées sur l'autel de la patrie ? voilà les dépouilles des barbares. Rome avait perdu ses tables, et l'épée du vainqueur, encore fumante du sang des citoyens, traçait seule nos lois ; Constantin, même après la victoire, n'a point voulu que l'éclat redouté du glaive épouvantât la justice, et nous avons des lois qui semblent le fruit de la paix.

Et c'est au moment où la patrie est enfin rappelée à son ancienne grandeur, c'est au moment où je retrouve Rome, que j'irais me condamner à la perdre ! Ah ! plutôt, si nous avions jamais dû nous punir par un exil volontaire, c'était quand le bruit des armes retentissait à nos portes et jusque dans nos murs ; c'était quand trente armées, toutes romaines, nous apportaient trente tyrans à la fois, qu'il fallait songer à quitter la terre de l'esclavage : alors nous pouvions renoncer sans regrets à un nom que nous avions su déshonorer. Moi-même

je me serais arraché à mes foyers, j'aurais conduit votre fuite : peut-être, sur la voie Appienne,
quelque souvenir aurait encore fait couler mes
larmes ; j'aurais peut-être quelquefois encore
tourné les yeux vers ces murs qu'on n'osait plus
défendre ; mais du moins, l'espoir d'échapper à
tant de désastres serait venu me consoler malgré
moi. Peu nous importait alors de courir à Byzance ; Rome n'était plus ; nous n'avions plus de
patrie. Mais aujourd'hui que Constantin nous a
rendu avec Rome la gloire et le bonheur, permettez-
moi de livrer mon cœur à tout le charme de nos
destinées nouvelles, sans espérer un sort plus doux
si nous allions reculer le siége de l'empire aux
rives du Bosphore.

Je sais bien que l'heureuse situation de Byzance
peut unir par les liens du commerce l'Europe et
l'Asie ; je sais qu'il serait beau de voir du haut
d'un nouveau Capitole, dans les ports d'une nouvelle Rome, nos vaisseaux s'empresser tour à tour
pour apporter et pour aller recueillir, à travers les
mers, les tributs des nations et les dépouilles du
monde. Mais est-ce donc aujourd'hui seulement
que Byzance nous offre ces précieux avantages ; et
Rome, cette Rome qui a soumis l'univers, n'au-
rait-elle pas aussi des avantages puissants dont elle
pourrait se prévaloir pour défendre ses droits ?
Vous courez à Byzance ; trouverez-vous autour
de la ville nouvelle ces peuples dès longtemps pa-
cifiés, ces enfants de la grande famille qui en-
tourent au loin leur mère commune d'un rempart

invincible? Vous allez transporter Rome dans une ville de la Grèce; mais quel est le téméraire qui osera se flatter d'y transporter aussi tant de gloire? Nos aigles, si longtemps victorieuses, vont prendre leur vol vers les rives du Bosphore; mais la victoire changera-t-elle aussi de patrie?

O Rome, ville chérie, il faudra donc abandonner tes murailles sacrées! il faudra dire un éternel adieu à tous ces pieux souvenirs qui du moins échauffaient encore nos âmes, quand il ne nous restait plus que des souvenirs! Le forum ne sera plus pour nous l'antique théâtre de l'éloquence, ni le Capitole le sanctuaire du dieu des batailles. Nous n'y montrerons plus à nos enfants l'intrépide Manlius précipitant du haut des remparts le Gaulois étonné; nous ne leurs dirons plus : « Venez au Capitole, venez offrir avec nous vos vœux et votre amour aux images vénérables du divin Auguste, du divin Titus, de Trajan, d'Antonin, de Marc-Aurèle, et surtout de Constantin, qui est aussi notre père; » nous n'irons plus visiter les tombeaux de nos ancêtres et interroger leur cendre. Hélas! il nous faudra aussi abandonner les tombeaux de nos pères! O sénateurs! si vous nous enlevez le patriotisme et les souvenirs qui font les héros, de quelles vertus nouvelles vous flattez-vous donc d'armer nos cœurs contre l'épée du Gaulois et l'arc du Parthe, contre ces flots de rebelles tout prêts à rompre leurs digues désormais impuissantes?

Déjà ces barbares, dont vous avez tant de fois triomphé, se sont élancés sur l'Italie; et vous, vous allez les fuir, quand peut-être il suffit pour les vaincre du souvenir de vos anciennes victoires! Croyez-vous que ces Gaulois si fiers dont on nous menace encore, traverseront sans épouvante le Rhône dont leur sang a si souvent rougi les flots? L'ombre de Germanicus ne peut-elle pas arrêter les Germains sur le bord de leurs forêts, et les Cimbres et les Teutons ne craindront-ils point de rencontrer à leur tour un Marius au pied des Alpes? Oui, sénateurs, c'est dans l'Italie même, au sein de nos victoires, qu'il faut défendre nos victoires et l'Italie. Nous voudrions en vain recommencer la carrière ; on n'obtient qu'une fois du ciel de si brillantes destinées. Ne songeons point à les renouveler; il sera encore assez beau de nous en montrer dignes.

Demandons à l'Italie des ressources toujours nouvelles ; la patrie des héros et du courage ne saurait être épuisée. Mais loin de nous l'idée de diviser nos forces pour les affaiblir. Constantin, en partageant sa puissance, ne pourrait opposer aux barbares que de faibles barrières. Qu'il n'y ait qu'une Rome, qu'il n'y ait qu'un empire! Ah! si jamais nous écoutions le funeste projet de déchirer l'héritage de nos pères, Rome, dépouillée de ses droits, n'aurait plus que sa gloire ; Byzance, fière d'un titre usurpé, étalerait en vain son or et ses richesses; l'empire n'aurait plus de centre commun, et bientôt nous verrions les membres dispersés de ce grand corps envahis tour à tour par une multitude de barbares ; heureux encore si leur insolente pitié laissait pour asile aux maîtres du monde une province dont elle aurait dédaigné la conquête !

Vous frémissez, sénateurs, votre juste impatience m'accuse. Ah ! si je me suis laissé emporter trop loin par mes vives inquiétudes, c'est mon amour pour la patrie qui me rend seul coupable. Cependant, j'oserai le dire, malgré les craintes qui m'agitent et me tourmentent, je vois encore un moyen certain de la sauver. Depuis longtemps une grande révolution se prépare, non pas de ces révolutions terribles et sanglantes qui s'annoncent au loin par la chute des Etats et la désolation des peuples, mais une révolution aimable et bienfaisante, qui touche les cœurs pour changer les empires ; elle abhorre le sang et les pleurs ; sa douce influence se fait reconnaître par la paix de la conscience et par des mœurs plus polies et plus pures. Une religion nouvelle s'élève et s'accroît tous les jours. Je ne connais pas encore le Dieu des chrétiens, mais déjà mon cœur brûle de le connaître. Quand presserai-je contre mon sein cette croix des martyrs, victorieuse de toutes les persécutions ? quand trouvera-t-elle enfin dans nos âmes un sanctuaire digne de sa majesté ? O sénateurs ! heureux, heureux le jour où elle irait s'asseoir sur le trône des Césars et sur l'autel de nos dieux ! Alors nous n'aurions plus à craindre que, lasse enfin de nos superbes dédains, elle allât porter chez nos ennemis sa gloire humiliée, et consacrer dans des mains plus pieuses la victoire que jusqu'à présent nous avons toujours regardée comme notre héritage. Alors elle établirait dans Rome le siége de l'empire divin, et elle y conserverait le siége de l'empire terrestre ; alors la terre ferait respecter le ciel dont elle recevrait sa puissance ; alors, léguant à la religion naissante l'héritage de sa grandeur passée, Rome, par un heureux échange, en hériterait à son tour toute sa grandeur future.

HISTOIRE DE FRANCE.

HENRI IV REFUSE DE DONNER L'ASSAUT A LA VILLE DE PARIS.

DISCOURS [1].

Mes amis, mes compagnons, mes frères d'armes, que me demandez-vous ? que veulent ces soldats qui poussent des cris de guerre autour de ma tente ? Quoi ! on veut que je commande l'assaut ! on veut que je donne l'ordre et le signal du carnage ! et nos ennemis sont nos concitoyens, et ce sont des Français que nous irions égorger dans leurs murs, et cette ville dont on demande la ruine est la capitale de mon royaume ! Je sais bien que de funestes souvenirs excusent et autorisent peut-être nos ressentiments ; catholiques et calvinistes, nous aurions tous, je le sais, des crimes à punir dans

[1]. Par feu Jules de Gombert.

Paris, et les mânes d'Henri III et de Coligny appellent des vengeurs. Mais quoi ! n'est-ce pas assez de vengeances ? et les fautes de mes sujets ne sont-elles pas expiées par tant de maux ?

Voyez ces prisonniers que le sort de la guerre a fait tomber entre nos mains ; voyez leur maigreur affreuse, et la mortelle pâleur de leur visage ; écoutez les récits de ces Français, et les déplorables détails de leur misère : quel cœur si insensible n'en serait ému de pitié ? O mes sujets, ne craignez rien de moi, tandis que vous souffrez ! Non, le Béarnais n'est pas un barbare ; il ne vous accablera pas dans votre détresse. Hélas, par quelle fatalité suis-je donc réduit à combattre mon peuple et à faire toujours la guerre dans mon pays ! Combien de sang français a déjà coulé, versé par des mains françaises ! Ah ! c'était du moins sur le champ de bataille, et tous ceux qui ont trouvé la mort l'avaient cherchée ; mais que j'attaque une ville presque sans défense, que je l'abandonne au pillage, que je livre des femmes, des vieillards, des mourants, au glaive de mes soldats ! non, tant de cruauté ne peut entrer dans mon cœur ; non, mon panache blanc, qui vous a guidés tant de fois dans le chemin de l'honneur et de la victoire, ne vous guidera pas au carnage, et jamais le drapeau des lis ne sera un signal de ruine pour la capitale de France. Si je ne puis régner qu'à ce prix, s'il faut que j'égorge mon peuple pour conquérir le trône, je renoncerai plutôt aux droits de ma naissance, je dirai adieu pour toujours à cette France que j'aurais voulu rendre heureuse ; Biron, j'exécuterai le dessein dont tu m'as déjà détourné une fois ; j'abandonnerai ce pays funeste où les sujets assassinent leurs rois, et où les rois combattent leurs sujets ; je ne veux pas de la couronne, si, avant de la porter, il faut la teindre du sang de mes enfants.

Les malheureux ! comme si mon culte outrageait le vrai Dieu, ils m'ont maudit ; ils ont méconnu les titres les plus sacrés, et le légitime descendant de saint Louis ne leur a paru qu'un usurpateur ! Ah ! s'ils étaient abandonnés à leur propre cœur, si des impulsions étrangères et de perfides conseils ne les avaient égarés, la guerre serait finie ; nous sommes faits pour nous aimer, les Français et moi. Mais parce que les émissaires de Philippe les ont séduits, parce que la faction des Seize les opprime, faut-il pour cela nous baigner dans leur sang ? méritent-ils la mort parce qu'on les trompe ? Mes amis, l'action que vous me conseillez serait injuste. Je dois aimer les Parisiens malgré leurs égarements ; leur constance m'étonne et ne m'irrite pas ; j'admire leur valeur, dont je déplore l'usage ; je les combats et je les plains. Du moins, j'accomplis ainsi le précepte de la loi sainte, qui commande l'oubli des injures, la clémence, la pitié. Je désire bien moins occuper le trône que le mériter.

Ainsi, si d'autres considérations étaient de quelque poids après ces grands motifs d'humanité et de justice, je vous dirais que mon intérêt, qui est celui de la France, m'ordonne aussi de respecter

Paris. Cette capitale est pour tous nos Français un centre commun, une commune patrie; les sciences et les lettres y réunissent leurs lumières, les arts leurs chefs-d'œuvre, le commerce ses richesses. Que d'antiques monuments, que d'établissements utiles seraient dévastés par nos soldats dans l'ivresse de la victoire et dans l'ardeur du pillage ! Voulez-vous dissiper en un seul jour ce trésor de la France? Et l'amour des peuples. que je perdrais pour jamais par cet acte de barbarie, n'est-ce pas aussi un trésor, et le plus précieux de tous? où le retrouverais-je, grand Dieu ! quand j'aurais élevé mon trône sur des ruines, quand je régnerais dans une ville déserte et ensanglantée?

Cessez donc, messieurs , de m'adresser des conseils et des prières qui m'affligent sans m'ébranler. Non, je ne vous donnerai pas ce signal ; c'est la première fois qu'Henri refuse le combat à sa brave noblesse : il ne trouve plus de courage contre un peuple sans défense qui porte le nom de Français. Mes amis, je vous dois tout, j'aime à le reconnaître hautement, et peut-être un jour vous prouverai-je que je ne suis pas un ingrat ; mais ne me demandez jamais des choses que je sois forcé de vous refuser. Je puis vous sacrifier tout, hors mon amour pour mon peuple. Mon peuple souffre et gémit, et vous me parlez de l'attaquer ! Moi, je veux le nourrir. Qu'on m'amène tous les prisonniers parisiens ; je veux leur rendre la liberté ; je les c argerai de dire à leurs concitoyens qu'Henri n'est pas leur ennemi, qu'il compatit à leurs besoins, qu'il veut les sauver de la famine. Ils viendront, ces malheureux Français, ils viendront se rassasier dans le camp du Béarnais ; ils me verront, ils me connaîtront, ils m'aimeront peut-être, où du moins ils ne mourront pas !

Je sais bien que la politique réprouve ce que je fais ; je sais que nourrir les Parisiens, c'est renoncer à un succès certain et nous soumettre de nouveau à toutes les chances de la guerre et de la fortune ; je sais que le duc de Parme avec ses Espagnols arrivera bientôt sous les murs de Paris. Eh bien ! Français, quel plaisir de combattre nos vrais ennemis ! Quel est celui d'entre nous qui pourrait reculer devant ces honorables périls et qui ne voudrait se trouver aux prises avec l'étranger ? N'est-il pas vrai, Sully, Biron, Mornay, Turenne, et toi, brave Crillon, qui n'étais pas à Arques, et vous tous vaillants gentilshommes qui me pressez tant au champ d'honneur, n'est-il pas vrai qu'un jour de bataille sera pour vous tous un jour de fête, si, au lieu d'égorger les Français, nous chassons les Espagnols ? O mes compagnons ! quand j'aurai nourri mon peuple rebelle, et repoussé l'ennemi loin du sol de la France, peut-être ne me contestera-t-on plus mes droits ; je forcerai mes sujets à me chérir : c'est la seule violence que je veuille leur faire. Je les subjuguerai, mais à force de bienfaits et de gloire. Alors j'entrerai dans leur ville, que le sang n'aura pas souillée, mais en père. C'est un bon exemple que je donnerai à la postérité ; et si quelqu'un de mes descendants, après avoir plaint longtemps des sujets égarés, revenait prendre possession du palais de ses aïeux, il imiterait Henri IV, et, comme moi, il n'entendrait retentir sur son passage que des cris d'allégresse et d'amour. Je veux que la valeur et la clémence soient les vertus de mes enfants ; je veux qu'ils prennent pour devise : *vaincre et pardonner.*

TABLE.

II. DES MŒURS.

SECONDE PARTIE.

DE LA DISPOSITION.

I. DE L'EXORDE.

TROISIÈME PARTIE.

DE L'ÉLOCUTION.

I. QUALITÉS GÉNÉRALES DU STYLE.

II. QUALITÉS PARTICULIÈRES DU STYLE.

DES FIGURES.

FIN.

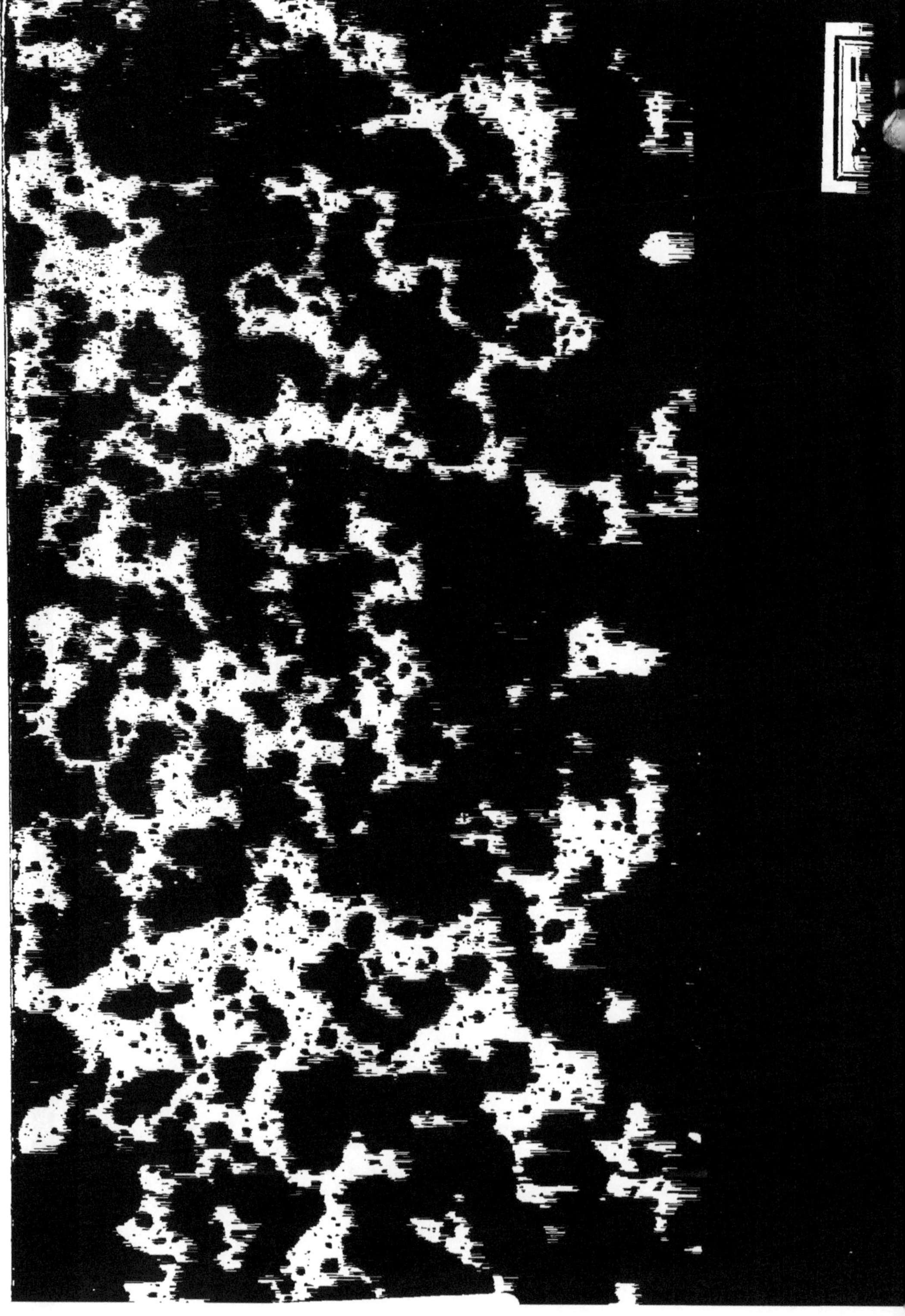

www.ingramcontent.com/pod-product-compliance
Ingram Content Group UK Ltd.
Pitfield, Milton Keynes, MK11 3LW, UK
UKHW020720120726
13693UKWH00001B/80

9 782013 359160